LA BOÎTE À OUTILS

DE L'Acheteur

Stéphane **Canonne**

Philippe **Petit**

DUNOD

Maquette de couverture : Maogani

ISBN : 978-2-10-051820-3

Remerciements

À nos familles et amis qui ont été d'un soutien extraordinaire pendant cette longue entreprise d'écriture et, tout particulièrement, Sophie, Mathéo, Anne-Marie, Lucile et Louis.
Que nos clients, stagiaires, collègues et partenaires sachent qu'ils ont contribué au contenu de cet ouvrage au travers de discussions et sollicitations portant sur les problématiques achats rencontrées sur le terrain.
Un grand merci à l'équipe éditoriale pour sa confiance et sa patience face à nos exigences professionnelles souvent contraignantes.

Avant-propos

En permettant à l'acheteur professionnel d'exprimer tout son talent, l'entreprise se dote de leviers supplémentaires pour réaliser ses ambitions. Réduire les prix et les coûts bien sûr, mais aussi être innovant, gérer le risque fournisseurs, par exemple. Le faire intervenir uniquement pour négocier le prix du fournisseur déjà choisi par l'utilisateur n'apporte que peu de valeur à l'entreprise. En revanche, impliquer le service achats très tôt afin de décliner les orientations stratégiques de l'entreprise fournit un potentiel d'apport de valeur bien plus grand. Et pour cela, l'acheteur dispose de nombreux outils servant chacune des étapes du processus achats. Celui-ci a un périmètre large qui ne se réduit donc pas au simple acte d'achat consistant à négocier-passer-suivre une commande.

- Les phases d'analyses amont internes (le portefeuille existant, les besoins à servir) et externes (marchés, fournisseurs) complétées d'analyses de coûts permettent d'établir des stratégies d'achats par famille.
- La partie centrale du processus bien que très opérationnelle requiert néanmoins tout autant de rigueur et de professionnalisme pour conduire au choix du « bon fournisseur ». La recherche d'efficience s'exprime plus particulièrement ici par la focalisation progressive de l'énergie de l'acheteur vers ce qui est de plus en plus important. Suite à la négociation, la contractualisation formelle permet d'engager la mise en œuvre de la prestation par le fournisseur.
- Comme tout processus, celui-ci se termine par le pilotage de la performance afin d'évaluer et améliorer les actions des fournisseurs mais aussi de tous les acteurs de la fonction achats.

Les outils présentés dans cet ouvrage, souvent complémentaires les uns des autres, ont été globalement répartis suivant cette progression chronologique. Ils sont simples et pratiques afin de répondre aux problématiques actuelles des entreprises qui veulent s'appuyer sur fonction achats très professionnelle.

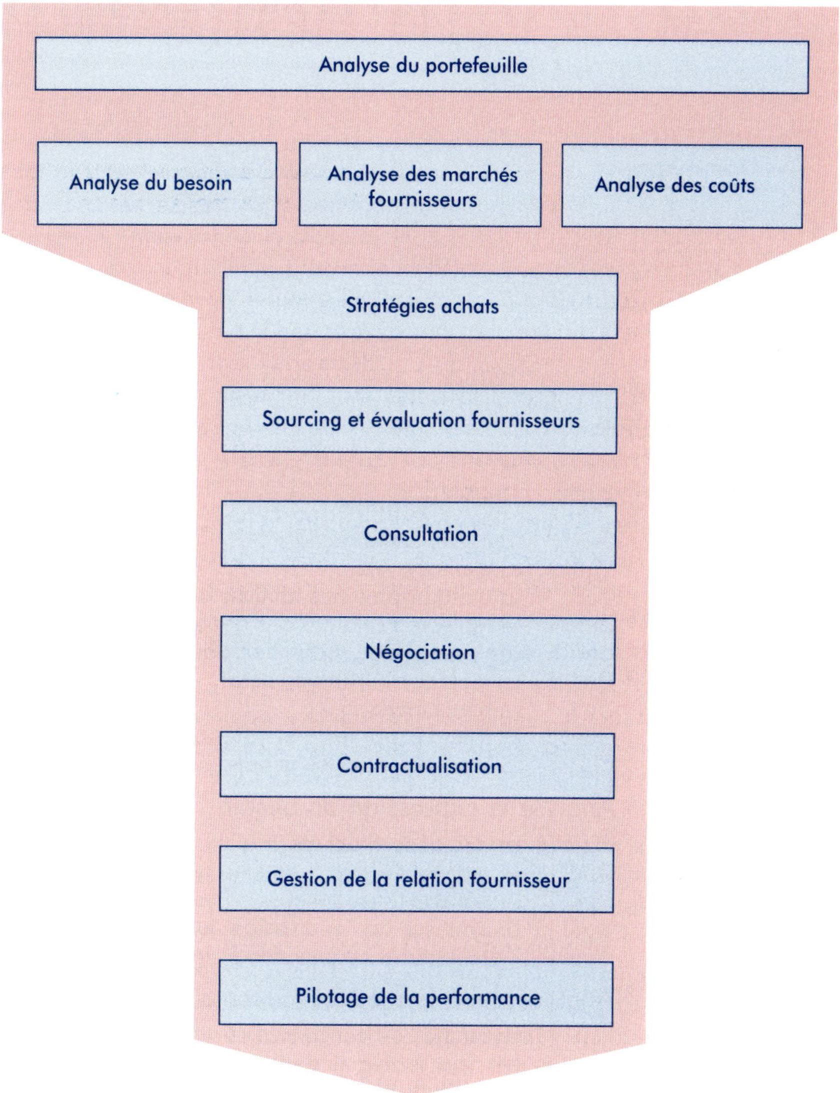
Analyse du portefeuille
Analyse du besoin
Analyse des marchés fournisseurs
Analyse des coûts
Stratégies achats
Sourcing et évaluation fournisseurs
Consultation
Négociation
Contractualisation
Gestion de la relation fournisseur
Pilotage de la performance

Sommaire

La Boîte à outils, mode d'emploi

Une double page de présentation de la thématique

Les outils sont classés par dossier

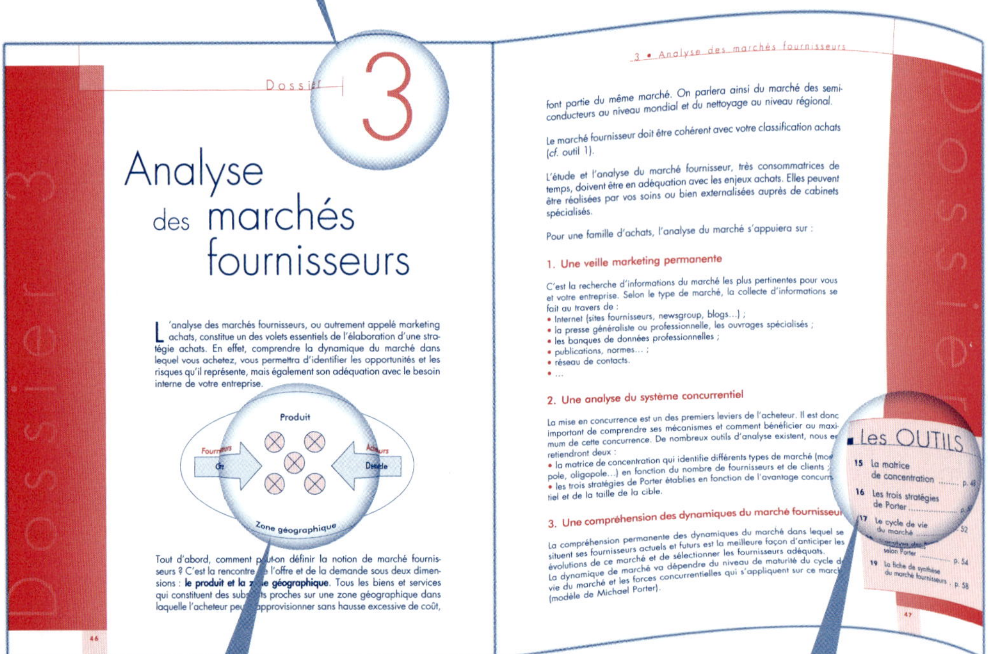
Dossier 3

Dossier 3

Analyse des marchés fournisseurs

L'analyse des marchés fournisseurs, ou autrement appelé marketing achats, constitue un des volets essentiels de l'élaboration d'une stratégie achats. En effet, comprendre la dynamique du marché dans lequel vous achetez, vous permettra d'identifier les opportunités et les risques qu'il représente, mais également son adéquation avec le besoin interne de votre entreprise.

Tout d'abord, comment p ut-on définir la notion de marché fournisseurs ? C'est la rencontre e l'offre et de la demande sous deux dimensions : **le produit et la z e géographique**. Tous les biens et services qui constituent des subs ts proches sur une zone géographique dans laquelle l'acheteur peu approvisionner sans hausse excessive de coût,

46

3 • Analyse des marchés fournisseurs

font partie du même marché. On parlera ainsi du marché des semi-conducteurs au niveau mondial et du nettoyage au niveau régional.

Le marché fournisseur doit être cohérent avec votre classification achats (cf. outil 1).

L'étude et l'analyse du marché fournisseur, très consommatrices de temps, doivent être en adéquation avec les enjeux achats. Elles peuvent être réalisées par vos soins ou bien externalisées auprès de cabinets spécialisés.

Pour une famille d'achats, l'analyse du marché s'appuiera sur :

1. Une veille marketing permanente

C'est la recherche d'informations du marché les plus pertinentes pour vous et votre entreprise. Selon le type de marché, la collecte d'informations se fait au travers de :
- Internet (sites fournisseurs, newsgroup, blogs…) ;
- la presse généraliste ou professionnelle, les ouvrages spécialisés ;
- les banques de données professionnelles ;
- publications, normes… ;
- réseau de contacts.
- …

2. Une analyse du système concurrentiel

La mise en concurrence est un des premiers leviers de l'acheteur. Il est donc important de comprendre ses mécanismes et comment bénéficier au maximum de cette concurrence. De nombreux outils d'analyse existent, nous en retiendront deux :
- la matrice de concentration qui identifie différents types de marché (mo pole, oligopole…) en fonction du nombre de fournisseurs et de clients ;
- les trois stratégies de Porter établies en fonction de l'avantage concurr tiel et de la taille de la cible.

3. Une compréhension des dynamiques du marché fournisseur

La compréhension permanente des dynamiques du marché dans lequel se situent ses fournisseurs actuels et futurs est la meilleure façon d'anticiper les évolutions de ce marché et de sélectionner les fournisseurs adéquats. La dynamique de marché va dépendre du niveau de maturité du cycle de vie du marché et les forces concurrentielles qui s'appliquent sur ce marché (modèle de Michael Porter).

Les OUTILS

47

L'intérêt de la thématique vu par des spécialistes de la fonction achats

Un menu déroulant des outils

Les outils de l'acheteur sur 2 ou 4 pages

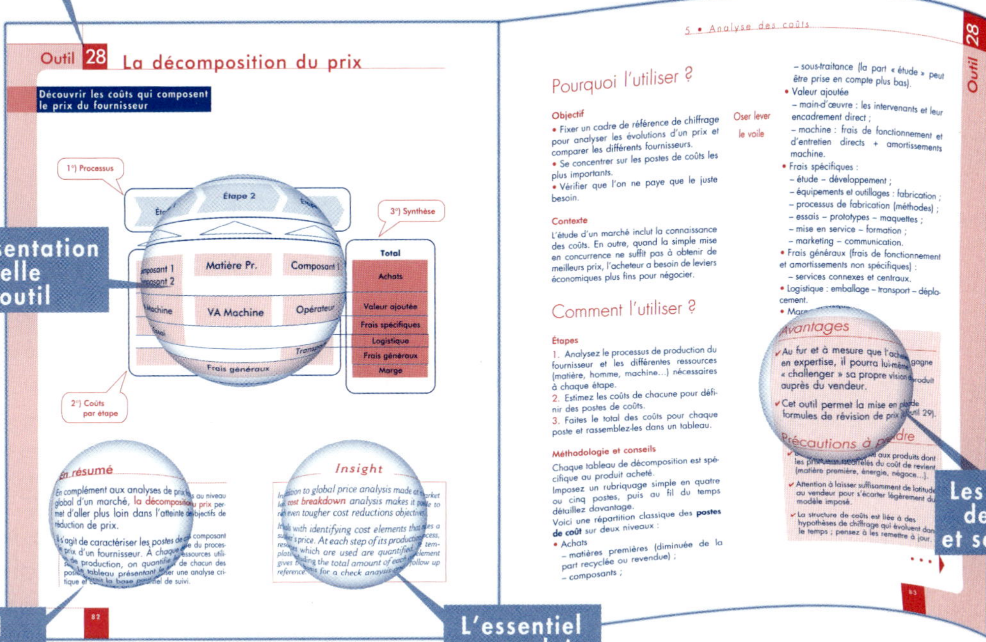

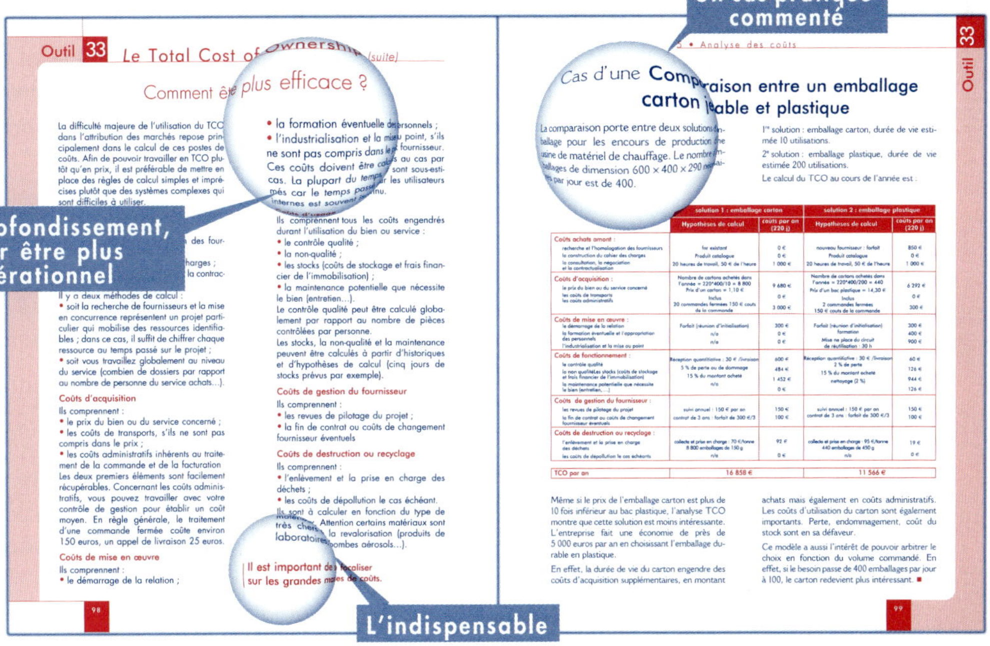

Analyse du portefeuille achats

L'analyse du portefeuille achats, c'est-à-dire le périmètre de votre responsabilité, est la première étape que vous devez mener lors de votre prise de fonction. C'est aussi l'une des plus importantes dans la construction d'une stratégie achats. Avant d'envisager de mettre en place les pratiques achats les plus évoluées, il faut savoir combien vous dépensez, quoi, chez qui, où et comment.

En théorie, toutes ces informations devraient être faciles à obtenir. En réalité, beaucoup conviennent que la tâche est compliquée et que l'image obtenue est plutôt floue, surtout en fonction du périmètre sur lequel l'analyse du portefeuille est menée. Elle peut en effet se conduire au niveau local (site), régional ou global (groupe).

L'analyse du portefeuille achats suit trois étapes :

1. Sources d'information

Tout d'abord, il est important d'identifier l'ensemble des parties prenantes du processus achats, qui sont tout autant de sources d'information : comptables, prescripteurs techniques, utilisateurs, autres acheteurs…
Une des sources d'information les plus importantes est la comptabilité afin d'obtenir les dépenses brutes du périmètre concerné. De plus, les systèmes d'information intégrés de l'entreprise de type ERP, sont souvent des sources d'information précieuses.

2. Collecte d'information

La multiplicité des systèmes et la multiplicité des sources d'information rendent la collecte d'information périlleuse. Beaucoup ont opté pour des systèmes e-achats intégrés. Reste que le nettoyage des données nécessite un effort important dans la durée. Avant d'entamer la collecte, identifiez concrètement les données dont vous avez besoin, tant au niveau micro que macroscopique.
Quoi qu'il en soit, il faut être vigilant sur la fiabilité des données collectées pour éviter des erreurs pour la suite.
Les dépenses en euros ne sont qu'une partie des données. D'autres, comme le niveau qualité des fournisseurs, le nombre de références, la maturité des pratiques, peuvent être pertinentes à analyser. La collecte de données qualitatives pourra prendre la forme d'entretiens, d'observations terrain ou encore d'enquêtes.

3. Analyse des données

Une donnée ne devient information qu'à partir du moment où elle est analysée et exploitée. **Une des clefs d'analyse est la segmentation par familles d'achats** ce qui suppose deux impératifs :
• la classification des familles et sous-familles doit être partagée et appliquée à toute l'entreprise et à tous les systèmes ERP et d'e-procurement au travers de codes articles cohérents ;
• la codification fournisseurs doit être cohérente avec les structures des entreprises. En effet, de nombreux fournisseurs sont des groupes consolidés.

L'analyse portera autant sur les aspects quantitatifs (combien) que qualitatifs (comment) pour poursuivre quatre objectifs :
• **Benchmarking interne** : vérifier si des écarts existent dans le prix d'achats d'un même produit sur des sites ou zones différentes.
• **Gestion des priorités** : différentier les familles d'achats sur lesquelles repose le plus d'enjeu et sur lesquelles il faudra passer le plus de temps.
• **Pro-activité** : anticiper les évolutions de volume ou de besoin pour préparer ses négociations. Elle permet également de prévoir la charge achats sur le court, moyen et long terme et définir des projets transversaux.
• **Stratégie** : identifier les anomalies sur des familles (nombre de fournisseurs ou de références incohérents avec le montant achat, contrat-cadre non respecté, manque de synergie entre les entités) afin de déterminer les leviers stratégiques adéquats (standardisation, rationalisation du panel fournisseurs, massification…).

Dossier

Les OUTILS

La classification achats

Segmenter le portefeuille achats en familles homogènes

Code	Groupe d'achats	Code	Famille	Code	Sous-Famille	Code ERP	Exemple
A	Matières premières	A.1	Métal	A.1.1	Acier plat	XXXX	feuille 2 mm
A	Matières premières	A.1	Métal	A.1.1	Acier rond	XXXX	fil d'acier 1 mm
B	Composants	B.1	Composants mécaniques	B.1.1	Ressort	XXXX	ressort hellicoidal
B	Composants	B.2	Composants électriques	B.2.1	Alimentation	XXXX	onduleur
C	Hors production	C.1	Services	C.1.1	Conseil	XXXX	conseil stratégique

En résumé

La classification achats définit une codification unique et partagée permettant de structurer l'ensemble des achats d'une entreprise en familles et sous-familles cohérentes et homogènes. Parmi des milliers d'actes d'achats sur des millions d'articles par an, elle regroupe les produits ou services qui répondent à une stratégie achat unique. La classification stipule à minima :

- les groupes d'achats, c'est-à-dire les masses générales qui structurent les dépenses d'une entreprise ;
- les familles d'achats. Chaque famille de produits/services traduit un besoin interne identique *et* un marché fournisseur homogène ;
- les sous-familles d'achats ;
- le code ERP correspondant, permettant de faire le lien avec la nomenclature technique.

Insight

The purchasing classification defines an unique and shared coding system structuring the spend data into homogeneous categories and subcategories. Among thousand orders of millions of articles per year, it gathers goods and services meeting specific purchasing strategy. The classification stipulates at least the:

- *Purchasing groups.*
- *Categories.*
- *Sub-category.*
- *ERP code.*

Pourquoi l'utiliser ?

Objectif

• Définir un référentiel pour segmenter le portefeuille achats en familles homogènes.
• Regrouper les achats relevant d'une même approche stratégique et structurer l'analyse du portefeuille.
• Déterminer une codification commune à tous les systèmes d'information améliorant ainsi la fiabilité des données collectées.

Contexte

La segmentation est une étape préliminaire à toute analyse de portefeuille. La classification s'utilise dans le cas où aucune n'existe encore aux achats ou dans le cas où l'analyse ne repose que sur le plan comptable général.

Une vision stratégique, synthétique et partagée du portefeuille achats

Méthodologie et conseils

• Une famille d'achats est toujours définie par :
  – des besoins homogènes en termes de spécifications, consommations et volumes…
  – et un marché fournisseur homogène en termes de technologies, domaine de compétences, organisation de marché (fabricant, revendeur, distributeur)…
• Il est conseillé d'impliquer les parties prenantes du processus achats dans l'élaboration de la classification afin qu'ils puissent faire part des spécificités des familles.
• Les familles d'achats peuvent être exprimées sous forme fonctionnelle (ex : reprographie). ■

Comment l'utiliser ?

Étapes

• Collectez l'ensemble des articles achetés au travers du plan comptable de l'entreprise ou d'autres systèmes d'information et regroupez-les en groupes d'achats macro, comme par exemple : achats de production, achats hors production, achats d'investissement ou achats de négoce.
• Rassemblez-les en famille et sous-famille d'achats en respectant une arborescence logique. Par exemple :

Groupe : achats hors production
↳ **Famille d'achats : services généraux**
  ↳ **Sous-famille : intérim**

• Établissez une codification appropriée et arborescente pour chaque groupe, famille et sous famille.

Avantages

✔ Les périmètres de chaque typologie d'achats sont clarifiés, permettant de structurer une organisation en achats famille.

✔ Il demande peu d'évolution à partir du moment où la première classification est réalisée.

Précautions à prendre

✔ Ne cherchez pas à trop détailler les sous-familles (ex. : prestation de nettoyage de bureaux, d'ateliers, de lieux de vie, d'extérieur…).

✔ Il faut s'assurer que la codification définie est appliquée par tout le monde et par tous les systèmes de l'entreprise.

La méthode ABC

La loi de Pareto (ou 80/20) appliquée au panel fournisseurs

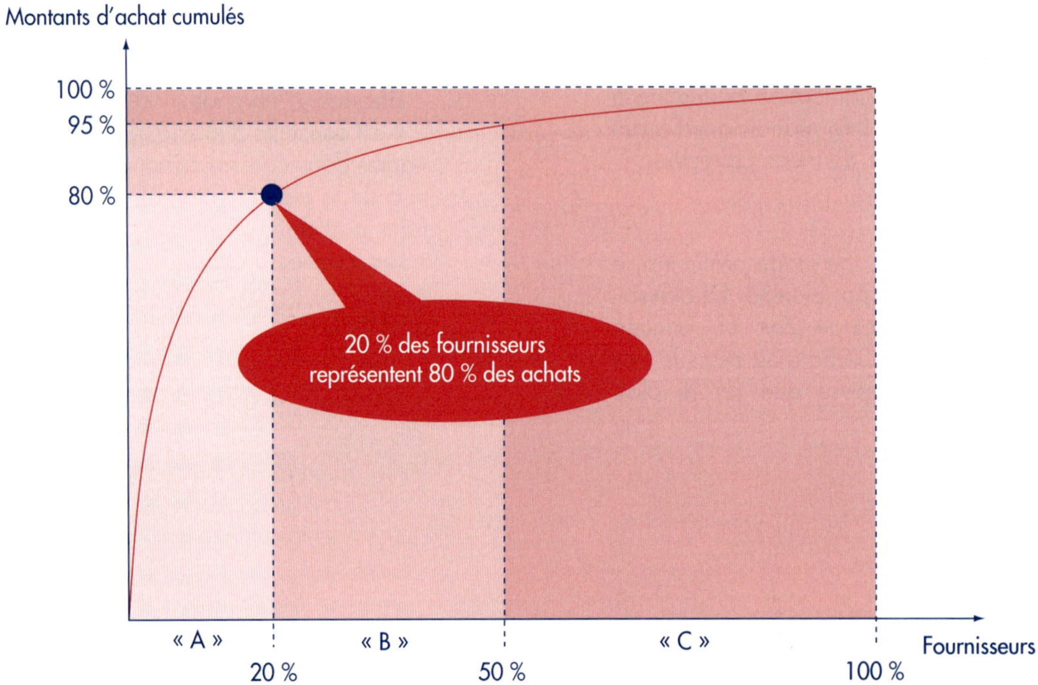

En résumé

La méthode ABC ou « Pareto » appliquée au panel fournisseurs donne la répartition de ceux-ci suivant un critère : le montant d'achats.

Elle permet de définir trois classes de fournisseurs et de leur attribuer des actions prioritaires :

- « A » : peu nombreux (20 % du panel) qu'il faut pourtant suivre de très près car ils représentent 80 % du montant d'achats ;
- « B » : classe intermédiaire sans actions prioritaires ;
- « C » : au contraire des « A », diminuer leur nombre.

Insight

The ABC or "Pareto" method applied to suppliers panel provides a supplier distribution over one criterion: purchased volume.

This method allows to define three suppliers classes and to point out priority actions:

- *"A": not many suppliers (20 %) you have to follow up quite closely though.*
- *"B": in-between class without any priority action.*
- *"C": conversely to "A", reduce the number of "C" suppliers.*

Pourquoi l'utiliser ?

Objectif

- Dégager rapidement des axes prioritaires d'actions.
- Se recentrer régulièrement sur ce qui est important pour votre fonction.

80 % des effets sont le produit de 20 % des causes

Contexte

- À chaque prise en main d'un nouveau portefeuille, ou quand celui-ci subit d'importantes modifications.
- Au tout début d'un projet pour répartir les ressources achats à déployer.

	Fournissseurs	Montant – Par fournisseur (k€)	Montant – En cumul (k€)	Montant – En cumul (%)
	Fournisseur X	3 042	3 042	16 %
	Fournisseur Y	2 653	5 695	30 %
	Fournisseur Z	2 440	8 135	43 %
	…	…	…	
20 %			15 008	80 %
	…	…	…	
50 %			17 822	95 %
	…	…	…	
100 %			**18 760**	100 %

Comment l'utiliser ?

Étapes

- **Listez les fournisseurs** et classez-les par montant achats décroissant.
- **Calculez le montant cumulé** (en k€) ainsi que la part qu'il représente (en pourcentage) par rapport au montant d'achat total.
- **Délimitez les trois groupes de fournisseurs :**
  - A : ce petit nombre de fournisseurs (20 %) représente une grosse part des achats (80 %) ;
  - B : ces fournisseurs (30 %) représentent 15 % du montant total d'achats ;
  - C : cette autre moitié de fournisseurs ne représente que 5 % du montant total d'achats.
- **Définissez les plans d'actions et les priorités** par groupe de fournisseurs.

Méthodologie et conseils

- Fournisseurs « A » : ce sont eux qui ont le plus d'impact économique. Vous devez suivre de près et négocier toutes dérives tarifaires.
- Fournisseurs « B » : situation « intermédiaire ».
- Fournisseurs « C » : consacrez-leur au final le moins d'énergie. Regroupez-les, supprimez-en afin de diminuer leur nombre.
- Suite à ces actions, pensez à reconstruire votre Pareto. ■

Avantages

✔ Cette analyse est simple à mettre en œuvre et permet facilement de communiquer. Elle procède d'un traitement objectif du panel fournisseur.

✔ De même, vous pouvez traiter le montant par famille achats, la criticité par produit, par fournisseur, les montants facturés…).

Précautions à prendre

✔ Vérifiez que le critère retenu est cohérent avec vos objectifs. Par exemple, si c'est sécuriser les approvisionnements, établissez d'abord un classement par niveau de criticité.

La cartographie des familles d'achats

Identifier les familles d'achats à fort enjeu

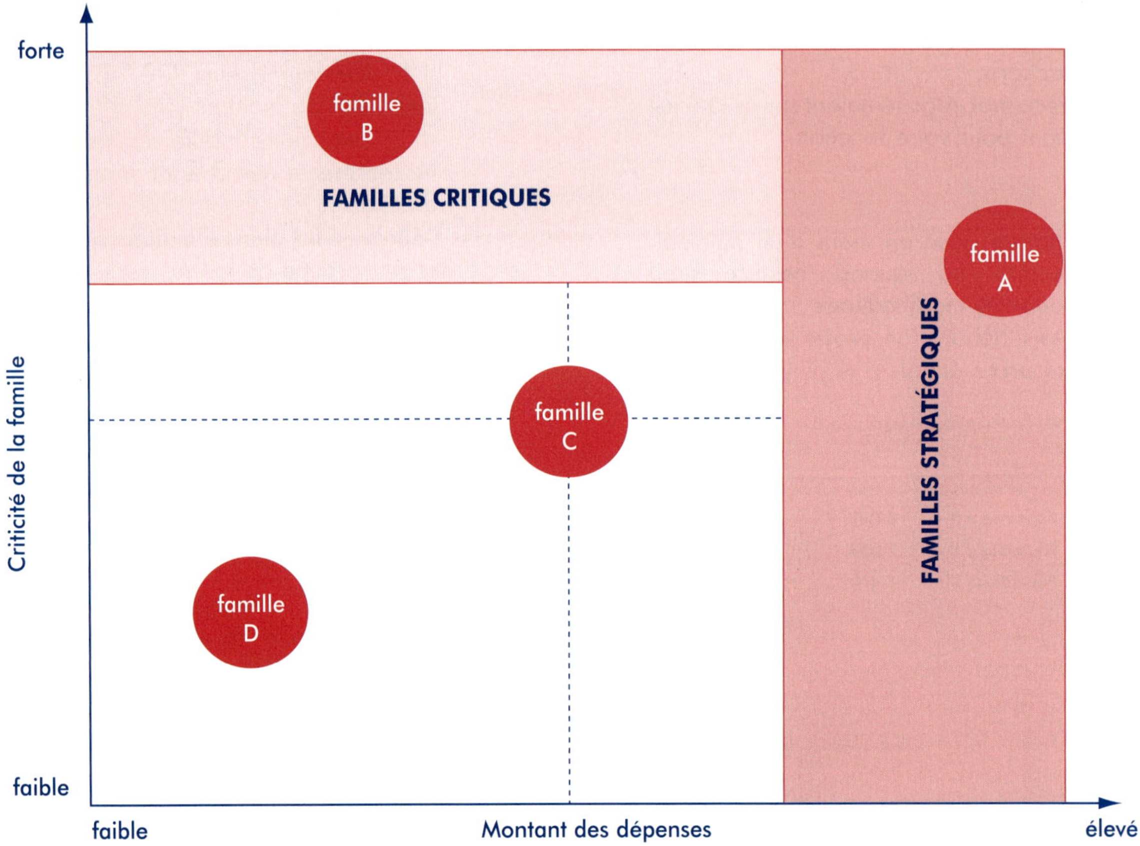

En résumé

La cartographie des familles d'achats est un outil d'analyse qui se situe entre l'ABC (*cf.* outil 2) et la matrice de Kraljic (*cf.* outil 35). Elle permet d'identifier les familles d'achats à fort enjeu pour l'entreprise, dites familles clefs, en prenant en compte :

- le montant de chaque famille ;
- la criticité de chaque famille, c'est-à-dire le risque que peut représenter la famille pour l'entreprise en termes de qualité, de profitabilité, de disponibilité, de sécurité…

Ces familles clefs se divisent en deux catégories :

- les familles dites « critiques » qui représentent un risque très important pour l'entreprise ;
- les familles dites « stratégiques » qui représentent les enjeux les plus importants.

Insight

The category mapping approach is between the ABC and the Kraljic's one. It identifies the high stake category, also called key category, taking in account:

- *The spend value.*
- *The level of risks that represent the category in terms of quality, profitability, unavailability, safety…*

It differentiates :

- *The critical categories representing a high level of rish for the company.*
- *The strategic categories representing the highest states.*

Pourquoi l'utiliser ?

Objectif

- Identifier les familles prioritaires sur lesquelles se portera l'essentiel des moyens et des efforts.
- Appliquer des stratégies spécifiques et adapter les organisations en fonction.

Contexte

Cet outil s'utilise au préalable d'une analyse de portefeuille. Il est particulièrement adapté pour les familles hors production.

La gestion des priorités fait partie des compétences clés de l'acheteur

Comment l'utiliser ?

Étapes

- Définissez un référentiel de criticité de famille comme, par exemple, le produit ou service acheté :
  - demande une importante expertise technique de la part du fournisseur ;
  - requiert des moyens de production complexes et coûteux ;
  - est très spécifique par rapport au marché ;
  - a un impact potentiel sur la sécurité des utilisateurs ou sur la réglementation en vigueur ;
  - a un impact sur la qualité perçue par le client final et donc sur l'image de votre entreprise ;
  - impacte fortement la rentabilité de l'entreprise ;
  - présente des grandes incertitudes sur ses prévisions de consommation ;
  - nécessite une très forte réactivité ;
  - est imposé par le client final ou le client interne ;
  - comporte des exigences qualité largement supérieures au marché ;
  - …
- Collectez le montant annuel des dépenses et quantifiez la criticité de chaque famille d'achats.
- Classez les familles d'achats dans la matrice et identifiez les familles critiques et stratégiques.
- Adoptez des stratégies axées sur la sécurisation des risques pour les familles critiques et sur la réduction des coûts pour les familles stratégiques.

Méthodologie et conseils

Il n'est pas nécessaire d'établir une quantification complexe de la criticité. Vous pouvez très bien définir une échelle de criticité qualitative de type : non critique, peu critique, critique, très critique.

L'important est de définir des priorités d'action. À ce titre, la gestion des familles qui ne sont pas clefs peut être déléguée aux prescripteurs. ■

Avantages

✔ L'outil vous permet de réaliser une cartographie rapide des familles clefs sans connaître les marchés fournisseurs.

✔ Il engage un dialogue avec les prescripteurs et les utilisateurs sur la criticité relative entre les familles.

Précautions à prendre

✔ Un référentiel commun de criticité devra être partagé pour tendre vers une évaluation la plus objective possible.

Le tableau d'analyse des dépenses par famille

Comprendre les spécificités de chaque famille d'achats

		Niveau de standardisation		Évolution des dépenses		Balance entre prix pièce et coût complet			Principaux fournisseurs	
Code Famille	**Famille d'achats**	**Nombre de références**	**Nombre de pièces achetées**	**Dépenses 2008**	**Budget 2009**	**Prix moyen par pièce**	**Nombre de facture**	**Prix moyen par facture**	**Nombre de fournisseurs**	**Principaux fournisseurs**
1.1	Vis	1 234	6 500 000	620 000 €	750 000 €	0,10 €	867	715 €	13	XXX
1.2	Chaine	43	4 300	2 350 000 €	2 400 000 €	546,51 €	65	36 154 €	2	YYY
	TOTAL									

Poids relatif dans le portefeuille achats

En résumé

Le tableau d'analyse des dépenses permet de collecter et d'analyser les dépenses du portefeuille par famille d'achats. Les données comme le montant achat, le nombre de références, le nombre d'articles, le nombre de factures ainsi que le nombre de fournisseurs sont analysés par famille ou sous-famille d'achats pour extraire les informations clefs sur :

– leur niveau de standardisation et de complexité ;

– leur poids relatif dans le portefeuille achats ;

– l'équilibre entre prix pièce et coût complet ;

– leurs principaux fournisseurs.

Insight

This tool aims to collect and analyse portfolio spend data. The data are analysed by category or sub category in order to provide key information on:

– Their level of standardization and complexity.

– Their relative weight in the purchasing portfolio.

– The balance between part price and Total cost of ownership.

– The key players.

Pourquoi l'utiliser ?

Objectif

- Analyser les dépenses par famille pour donner une vision synthétique des informations clés de chaque famille d'achats.
- Établir les priorités d'action achats en fonction des enjeux de chaque famille et en fonction de leur maturité.

Contexte

Cette analyse est particulièrement recommandée lorsqu'un état des lieux est nécessaire, notamment sur des portefeuilles achats qui ont été très peu travaillés.

« Tous les produits et prestations achetés à la loupe »

Comment l'utiliser ?

Étapes

- Extrayez de votre ERP (*Enterprise Ressource Planning*) les informations suivantes :
  - les dépenses de l'année précédente ;
  - le nombre de références ;
  - le nombre d'articles achetés ;
  - les fournisseurs associés.
- Classez-les par famille d'achats.
- Collectez auprès du service comptabilité, le nombre de facture par famille.
- Collectez les prévisions budgétaires par famille.

Méthodologie et conseils

- La comparaison entre les dépenses de l'année dernière et le budget apporte des éléments globaux sur les évolutions prévisionnelles des dépenses de chaque famille. Une forte hausse donnera l'occasion de négocier les prix avec les fournisseurs et d'alerter sur les possibles problèmes de capacité. Une forte baisse vous alertera sur des possibles négociations avec les fournisseurs sur les dispositifs en place.
- Le nombre de références comparé au nombre de pièces achetées indique le degré de standardisation de chaque famille.
- Le prix moyen par pièce indique la nécessité de se focaliser sur la structure de prix de la pièce ou de son coût complet (TCO). On s'attachera plus à améliorer le coût complet d'une famille dont le prix moyen est inférieur à 1 €, par exemple en passant par un distributeur, plutôt qu'en négocier le prix.
- Le coût complet du traitement administratif d'une commande est estimé à 150 €. Le prix moyen par facture permet d'identifier les familles sur lesquelles une amélioration de l'efficience achats est nécessaire.
- Le nombre de fournisseurs rapporté aux montants achats met en lumière la possible rationalisation du nombre de fournisseurs à mettre en œuvre. ■

Avantages

✔ L'outil peut-être utilisé partiellement, notamment quand des informations manquent.

✔ Il vous incite à aller chercher l'information dont vous avez besoin.

Précautions à prendre

✔ La correspondance des codes articles de l'ERP et des codifications famille est essentielle pour avoir les bonnes données dans les bonnes familles (*cf.* outil 1).

Outil 5

Les tableaux de répartition des dépenses

Identifier la répartition des dépenses par site/division et par fournisseur

Répartition par sites

Famille d'achats (k€)	Sous-famille	Site A	Site B	Site C	Site C	Site D	Total	
Emballage	Carton	110	20	100	200	120	550	Massification des volumes globaux
	plastique		450	250			700	Coordination entre les sites B et C
	film	5	8	70	1	10	94	C peut être leader pour le groupe
	etiquette	5	7	4	3	2	21	Non prioritaire
Total		120	485	424	204	132	1 365	B et C sont les clients internes principaux sur la famille

Répartition par fournisseurs

Famille d'achats (k€)	Sous-famille	Fournisseur 1	Fournisseur 2	Fournisseur 3	Fournisseur 4	Fournisseur 5	Total	
Equipements deprotection individuelle	Gants	30		10	1		41	Transférer les références du fnr 4
	Masques	3		2			5	
	Lunettes					55	55	Monosource : fnr à surveiller
	chaussure de sécurité	25	5	51	21		102	beaucoup de fnr pour 1 famille
	vêtements de travail	145		322	40		507	Famille prioritaire
Total		203	5	385	62	5	669	2 fnr généralistes principaux, 1 specialiste. Fnr 2 et 4 à àliminer

En résumé

Les tableaux de répartition des dépenses permettent de comprendre pour une famille donnée, comment est réparti le montant achat entre les différentes entités du groupe (sites, pays, divisions, *Business Unit*...), et entre les différents fournisseurs. L'outil revient à répondre à la question « qui achète quoi à qui ? ».

Insight

The distribution spend charts aim to understand how the category spend are shared out between each company entity and between the suppliers. They address the question: "Who buy what to who?" They highlight the opportunity of panel rationalisation or bundling within the company.

Pourquoi l'utiliser ?

Objectif

- Identifier les familles prioritaires en termes de rationalisation du panel fournisseur (monosource, trop de fournisseurs...).
- Repérer les principales entités avec qui vous aurez à vous coordonner pour mener à bien les actions de massification et de globalisation des volumes.

Contexte

Cette analyse s'adresse plutôt à des acheteurs famille ou des acheteurs leader qui ont la charge d'une ou plusieurs familles d'achats dans un environnement global ou groupe.

« Qui achète quoi, chez qui, combien ? »

Comment l'utiliser ?

Étapes

- Collectez les dépenses d'une famille réparties par entité et fournisseur. Vous pouvez ainsi solliciter les entités du groupe pour remplir ces tableaux.
- Identifiez les opportunités de synergie entre les entités :
  - si une entité représente 80 % du volume du groupe (cas du site C pour la sous-famille « film »), elle peut faire bénéficier de sa puissance d'achat les autres entités en prenant elle-même la gestion des appels d'offres ;
  - si une sous-famille est achetée par deux ou trois entités (cas de l'emballage plastique), elles peuvent se coordonner pour mener des actions achats communes ;
  - lorsque les volumes sont assez équivalents chez un nombre conséquent d'entités (cas de l'emballage carton), vous pouvez aborder en central une démarche achats conjointe et coordonnée avec chaque entité afin de massifier les volumes et d'augmenter votre puissance d'achat.
- Identifiez les opportunités de rationalisation du panel fournisseur :
  - soit trop, soit pas assez de fournisseurs. Y a-t-il différents besoins qui expliquent le profil actuel de la base fournisseurs ?
  - fournisseurs dont le montant achat est très faible ;
  - mono-sources, c'est-à-dire un seul fournisseur pour une sous-famille.

Méthodologie et conseils

- Ces tableaux seront particulièrement mis à profit par une représentation graphique de type histogramme empilé. Elle permettra de présenter visuellement les principales répartitions.
- Bien communiquer sur les avantages et les gains associés à la massification ou la rationalisation. Pour obtenir des informations fiables de la part des entités, il faudra au préalable obtenir leur assentiment. ■

Avantages

✔ L'outil peut avantageusement être utilisé comme préparation budgétaire. Ainsi, vous pouvez ajouter une colonne « prévision budgétaire » pour chaque entité et identifier les risques et opportunités par sous-famille sur les panels fournisseurs actuels.

Précautions à prendre

✔ L'adhésion des clients internes et des utilisateurs à la démarche doit être obtenue en préalable de toute demande d'information.

✔ Il est nécessaire de vérifier si des freins techniques à la globalisation existent.

La matrice de transversalité

Identifier la transversalité des fournisseurs ou des produits

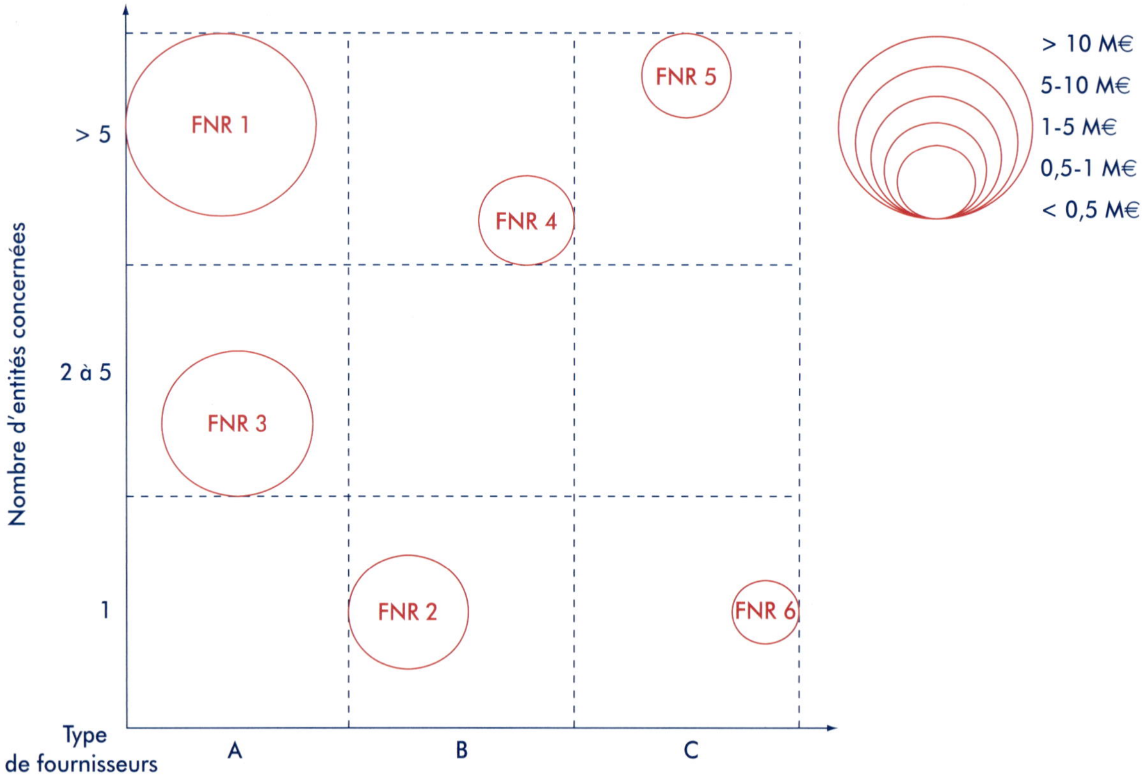

En résumé

La matrice de transversalité permet d'identifier les fournisseurs avec lesquels une démarche commune peut être entreprise au sein d'un groupe.

En fonction du nombre d'entités concernées et des différents types de fournisseurs, elle distingue cinq approches de gestion de la relation fournisseur :

– centralisée ;

– coordonnée ;

– transversale ;

– locale ;

– déléguée.

Insight

The crosslink matrix identifies the suppliers with who a group approach can be deployed. According to the number of entities concerned and the type of suppliers, five approaches are distinguished:

– Centralised.

– Coordinated.

– Transversal.

– Local.

– Delegated.

Pourquoi l'utiliser ?

Objectif

- Mutualiser et massifier les besoins pour obtenir de meilleures conditions.
- Établir une gestion efficace de la relation par fournisseur.
- Organiser les synergies entre les entités.

Contexte

Cette matrice concerne principalement les grandes organisations où les acheteurs famille ou leaders organisent la relation fournisseur entre plusieurs entités ou démarrent une rationalisation du panel fournisseur.

Comment l'utiliser ?

Étapes

Pour une famille donnée, positionnez les fournisseurs sur la matrice en fonction de leur montant achats et le nombre d'entités qui achètent auprès de ces fournisseurs.

Méthodologie et conseils

Selon la position sur la matrice, le fournisseur pourra être géré d'une façon :

- centralisée : les fournisseurs de type A qui travaillent avec un nombre important d'entités (fournisseur 1 sur la matrice) peuvent être considérés comme stratégiques pour l'entreprise. Ils requièrent donc une organisation adéquate au niveau central, souvent au travers d'un point d'entrée appelé *Supplier Key Account Manager* ;
- coordonnée : les fournisseurs de type A et B qui travaillent avec un nombre restreint d'entités (fournisseur 3 sur la matrice) représentent souvent des enjeux importants. Les entités concernées se coordonnent entre elles pour mettre en commun les demandes et les actions vis-à-vis d'eux ;

Think global, act local

- transversale : les fournisseurs de type B ou C qui travaillent avec un nombre important d'entités (fournisseur 4 ou 5 sur la matrice) peuvent être gérés à deux niveaux :
  - en central au travers d'un contrat-cadre, afin d'assurer l'application des conditions générales d'achats de la société ;
  - en local pour l'opérationnel et la gestion de la relation fournisseur ;
- locale : les fournisseurs de type A et B qui travaillent avec seulement une entité (fournisseur 2 sur la matrice) sont gérés directement en local ;
- déléguée : les fournisseurs de type C qui travaillent avec seulement une entité (fournisseur 6 sur la matrice) peuvent directement être gérés par les clients internes selon un processus achats défini. ■

Avantages

✔ Elle peut-être représentée d'une façon dynamique en indiquant par des flèches les évolutions que l'on souhaite appliquer aux fournisseurs.

Précautions à prendre

✔ Il s'agit de bien distinguer la notion de « groupe fournisseur », avec une activité bien identifiée, du groupe multi-activités consolidé.

✔ Le degré de transversalité n'implique pas automatiquement une gestion centrale des fournisseurs. Le risque et l'homogénéité des produits et services fournis par le fournisseur sont également à prendre en compte pour décider du niveau de centralisation.

Outil 7

Le benchmarking

Se comparer aux meilleurs pour s'améliorer significativement

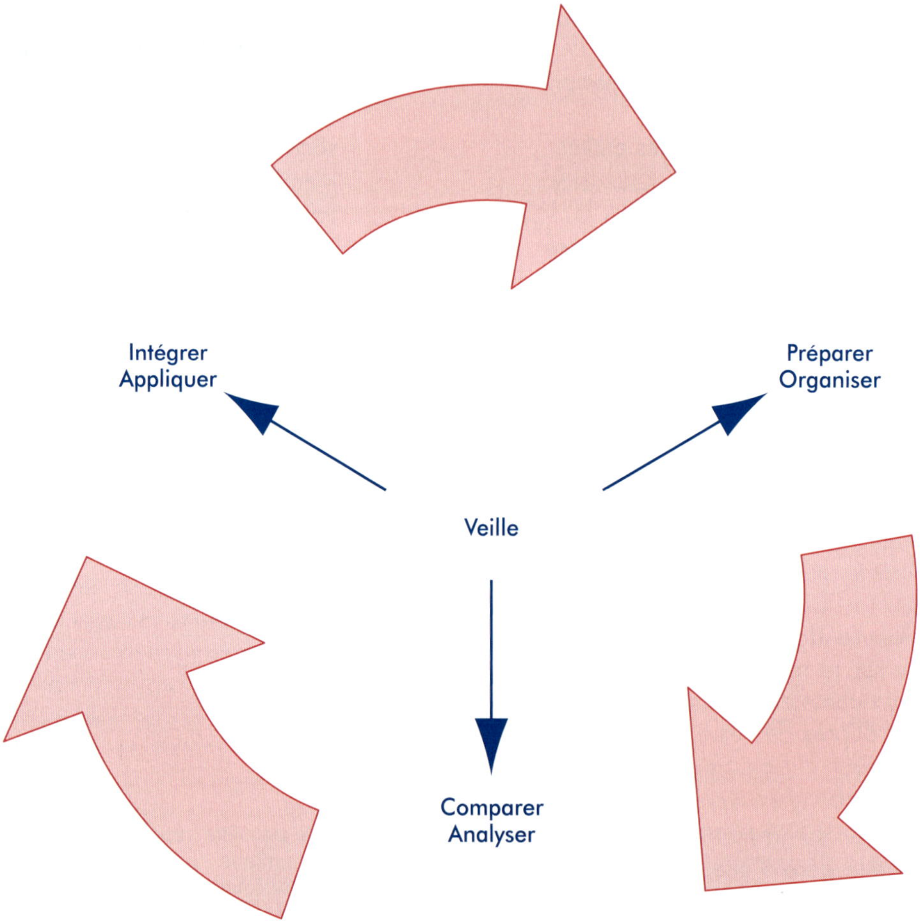

En résumé

Le benchmarking est une démarche de développement comparée qui consiste à s'inspirer des meilleures pratiques achats observées à l'extérieur.

Bien plus qu'un outil de veille, il s'agit de tirer partie des données glanées de manière structurée afin de gagner durablement en efficience sur les aspects :

- qualitatifs : moyens mis en œuvre par le service achats (méthodes & organisation) ;
- quantitatif : résultats obtenus (niveau de performance chiffré).

Insight

To benchmark is a development compared approach which consists in getting inspired by best pratices observed outside.

Much more than information gathering, it deals with taking advantage of structured data collection in order to durably improve effectiveness concerning:

- *Qualitative aspects: means deployed by the purchasing department (methods & organization).*
- *Quantitative aspects: results obtained (figured performance level).*

Pourquoi l'utiliser ?

Objectif

Se comparer aux meilleurs afin de faire évoluer vos pratiques achats vers l'excellence.

Contexte

Trouver des repères concrets, des objectifs quantifiés, des référentiels métiers est particulièrement nécessaire en amont du processus pour les marketeurs et managers achats.

« Si tu connais ton ennemi et toi-même, tu n'auras jamais peur des prochaines batailles » (Sun Tzu)

Comment l'utiliser ?

Étapes

- Préparer et organiser.
  Déterminez le ou les axes prioritaires du benchmarking :
  – produits et services achetés (qualité, coût, délai) ;
  – pratiques achats (techniques, outils et méthodes) ;
  – management et organisation de la fonction.
  Repérez les partenaires à qui se comparer et mettez-vous d'accord sur le protocole :
  – quelles informations ?
  – niveau de confidentialité ?
  – réciprocité des échanges
- Comparer et analyser.
  Collectez l'information auprès de sources publiques, au moyen de questionnaires ou d'entretiens.
  Déterminez les écarts de performance actuels, qualitativement et quantitativement : prix de marché d'un produit, remises négociées par d'autres, typologie/niveau de délai/service, organisations logistiques...
  Identifiez les meilleures pratiques (« de référence ») qui se détachent.
  Repérez les pistes d'amélioration les plus profitables dans votre domaine.
- Intégrer et appliquer.
  Communiquez et transposez les meilleures pratiques à votre contexte.
  Fixez-vous des objectifs : moyens à mettre en œuvre et résultats chiffrés (coût/prix objectif, montant d'achats par acheteur, nombre de fournisseurs, réactivité...).
  Établissez les règles et les étapes de l'application opérationnelle en intégrant le suivi des résultats et la réévaluation.

Méthodologie et conseils

- Les partenaires à solliciter se trouvent parmi vos confrères, directement, en associations ou en clubs professionnels.
- De nombreuses ressources sont disponibles sur Internet : sites institutionnels, presse en ligne, bases de données...
- Les sujets de comparaison peuvent également porter sur : processus opérationnel, processus administratifs (traitement des commandes, systèmes d'information achats...), structure (organigramme, global/local...).
- Grâce à une communication efficace vous favoriserez l'adhésion, en montrant beaucoup (vos sources notamment) et expliquant peu. ■

Avantages

- ✔ Par cette ouverture, vous pourrez trouver de nouvelles idées et innover davantage en matière d'organisation et de pratiques achats.
- ✔ L'objectivité et l'impartialité de la démarche stimuleront les progrès en achats.

Précautions à prendre

- ✔ Choisissez des partenaires de culture proche de la vôtre en évitant les concurrents !
- ✔ Limitez précisément vos investigations à un domaine représentant un enjeu suffisamment important.

La liste des parties prenantes du processus achats

Identifier les parties prenantes à chaque étape du processus achats

Parties prenantes

Nom et coordonnées de chaque partie prenante

Définition des données d'entrée et de sortie pour chaque étape

PROCESSUS ACHATS

		Clients internes			Prescripteurs		Utilisateurs		Acheteurs	Supports	
Analyse du portefeuille	Données d'entrée/sortie										
Expression du besoin	Données d'entrée/sortie										
Analyse du marché fournisseur	Données d'entrée/sortie										
Analyse des coûts	Données d'entrée/sortie										
Stratégie achats	Données d'entrée/sortie										
Consultation	Données d'entrée/sortie										
Négociation	Données d'entrée/sortie										
Contractualisation	Données d'entrée/sortie										
Pilotage de la performance fournisseurs	Données d'entrée/sortie										

En résumé

Les achats sont une fonction support qui est amenée à interagir avec nombre de parties prenantes. Cet outil permet de définir la liste des personnes internes avec lesquelles l'acheteur travaillera à chaque étape du processus achats, de l'analyse du portefeuille jusqu'au pilotage des performances fournisseurs. On distingue cinq catégories de parties prenantes :

- les clients internes qui sont à l'origine de la demande d'achats et pour lesquelles l'acheteur fournit un livrable, service ou bien ;
- les prescripteurs qui ont la charge de définir le besoin et qui auront une influence sur le choix du produit ou du service acheté ;
- les utilisateurs qui en feront usage ;
- les acheteurs, autres membres de la communauté qui sont impliqués dans le processus ;
- les fonctions supports, personne ou département qui apporte un soutien à l'acheteur.

Insight

Purchasing is a support function that interacts with many stakeholders. This tool defines the list of internal persons with who buyer will work at each step of the purchasing process, from the portfolio analysis to the supplier performance monitoring. We distinguish five categories of stakeholder:

- *Internal clients, who issue the purchasing request and for whom the buyer delivers a good, service or deliverable.*
- *Prescribers, who are in charge of defining the need and who will influence the choice of the purchased good or services.*
- *Users, who will use it.*
- *Buyers, other members of the purchasing community involved in the process.*
- *Supports, persons or department that support buyer's actions.*

Pourquoi l'utiliser ?

Objectif

• Identifier votre réseau interne avec lequel vous allez interagir.
• Clarifier les données d'entrée et de sortie avec chaque interlocuteur pour assurer une bonne coordination auprès des acteurs du processus achats, notamment en termes de planning.
• Établir des relations efficaces en interne.

La performance achats n'est pas uniquement celle de l'acheteur.

Contexte

La liste des parties prenantes est un des outils achats les plus polyvalents. Il est recommandé de l'utiliser le plus tôt possible, dès la réception de la demande d'achat, et de la mettre à jour tout au long du processus. Cet outil est applicable à toutes les typologies d'achats (direct, indirect, négoce...), des plus complexes aux plus simples, et à tous les acheteurs (famille, projet, site).

Comment l'utiliser ?

Étapes

• Identifiez les parties prenantes du processus achats en les classant en cinq catégories :
   – qui sont mes clients internes ?
   – qui définira les spécifications ?
   – qui fera l'usage du bien ou le service acheté ?
   – quels sont les autres acheteurs impliqués ?
   – quelles sont les personnes qui m'apporteront du support dans le processus ?

   Chaque partie prenante est définie nominativement avec ses coordonnées professionnelles.

• Les rencontrez pour partager et définir les données d'entrée et de sorties à chaque étape du processus achats :
   – qu'attendent-ils de moi en termes de services ou de délivrables ?
   – de quoi ai-je besoin pour y arriver ?
• Définissez le mode de communication et de collaboration :
   – comment travaillons-nous ensemble ?
   – comment communiquons-nous ensemble ?

Méthodologie et conseils

Il est préférable de limiter le nombre de parties prenantes à quinze. Au besoin, comme pour les utilisateurs, constituez des groupes de parties prenantes avec un interlocuteur principal.
Définissez bien les attendus *avec* les parties prenantes concernées afin d'établir la collaboration sur de bonnes bases. Le travail collaboratif ne se résume pas à des données d'entrée et de sortie. Il existe sur certaines phases, comme la négociation, du travail en commun.

Avantages

✔ Cet outil procure une vision globale de l'ensemble des interlocuteurs internes et propose un cadre de discussion avec eux.

✔ Il est simple et évolutif.

Précautions à prendre

✔ Il est préférable de ne pas être exhaustif dans l'identification des parties prenantes. Il s'agit de retenir les plus importantes.

✔ L'outil peut être consommateur de temps. Ne l'utilisez pas systématiquement. Réservez-le sur les projets les plus complexes.

• • • ▶

Comment être plus efficace ?

Identification des parties prenantes

Les parties prenantes varient en fonction du type d'achats réalisé et le degré de transversalité de l'acheteur.

Ainsi, un acheteur projet qui est intégré dans une équipe de développement de type automobile ou aéronautique aura une relation très soutenue avec les membres du projet. Les clients internes sont donc souvent le chef de projet, le responsable commercial et l'industriel ; les prescripteurs sont la technique et la qualité.

Un acheteur famille aura un rôle plus transversal et un nombre potentiel très important de clients internes et de prescripteurs. Il pourra alors regrouper une famille de clients internes comme, par exemple, l'ensemble des acheteurs sites concernés par la famille.

Les typologies de parties prenantes ne sont pas hermétiques. Dans les cas les plus simples, le prescripteur peut être à la fois client interne et utilisateur. La ségrégation en soit n'est pas importante ; le mode d'interaction et les attendus de chacun le sont beaucoup plus.

Données d'entrée et de sortie

Aborder ces éléments avec ses interlocuteurs permet de clarifier la valeur ajoutée attendue de l'acheteur. L'outil permet de provoquer une discussion sur ce dont l'acheteur a besoin pour travailler correctement et sur les livrables attendus. La partie planning peut même être abordée au cours de la discussion et des engagements mutuels peuvent être pris à cette occasion.

Définir le mode de coopération (travail individuel, collectif…) est également nécessaire à cette étape. Le travail collectif est à privilégier. En effet, l'efficacité du binôme acheteur-prescripteur est souvent un gage du succès.

Outil de communication

Cet outil est une excellente base pour aborder les moyens de communication à utiliser à chaque étape du processus. E-mail, téléphone, réunion, vidéo-conférence, présentation, mais aussi outils e-achats, sont autant de moyens de communication qui ont chacun leurs avantages et inconvénients. Ils doivent être choisis avec votre interlocuteur en fonction de l'objectif assigné.

> **Les achats sont une fonction support qui est amenée à interagir avec nombre de parties prenantes. Cet outil est un moyen pour organiser la relation.**

Exemple d'**Achat projet dans un contexte de développement automobile chez un fournisseur de rang 1**

		Clients internes			Prescripteurs		Utilisateurs	Acheteurs
		Nom : M. Chevalier Fonction : Chef de projet	Nom : C. Chen Fonction : Resp. commercial	Nom : N. Fari Fonction : Resp. industriel	Nom : R. Boiseau Fonction : Resp. Technique	Nom : O. PPM Fonction : Resp. Qualité	Nom : D. Simon Fonction : Resp. Usine	Nom : A. Garou Fonction : Resp. Achats famille
Stratégie achats	données d'entrée							Stratégie d'achat pour chaque famille
	données de sortie	Stratégie d'achat pour chaque famille du projet		Stratégie d'achat pour chaque famille du projet	Stratégie d'achat pour chaque famille	Stratégie d'achat pour chaque famille du projet	Stratégie d'achat pour chaque famille du projet	Stratégie d'achat pour chaque famille du projet
Consultation	données d'entrée				**spécifications techniques validées**			
	données de sortie				**offres techniques des fournisseurs**			liste des fournisseurs consultés
Negociation	données d'entrée				**en commun sur le premier tour de négociation**	6 semaines		**en commun**
	données de sortie							
Contractualisation	données d'entrée	participe à la commission d'attribution de marché					participe à la commission d'attribution de marché	
	données de sortie	**listes des fournisseurs nommés**	**listes des fournisseurs nommés**	**listes des fournisseurs nommés**	**listes des fournisseurs nommés. Contrat applicable**	**listes des fournisseurs nommés**	**listes des fournisseurs nommés**	**listes des fournisseurs nommés**
Pilotage de la performance fournisseur	données d'entrée		Demandes d'évolution		évolutions techniques			programme de livraison
	données de sortie	Performance des fournisseurs	réponses aux demandes d'évolution	Performance des fournisseurs	Performance des fournisseurs	Performance des fournisseurs		Performance des fournisseurs (synthèse)

La matrice ainsi remplie fait apparaître clairement les attendus de chacun :

– l'acheteur projet a pu ici s'engager vis-à-vis du chef de projet sur des délais relatifs à la réception de certaines données d'entrée. Par exemple, il s'engage à un engagement fournisseur six semaines après la validation du cahier des charges techniques ;

– elle implique largement le chef de projet et le responsable usine dans l'attribution des marchés. Les fournisseurs seront alors choisis collégialement et non seulement par les achats ;

– elle assure une cohérence achats en relayant les stratégies achats famille au sein du projet. Les acheteurs projet et famille travaillent ainsi de concert, notamment au cours de la définition du panel de consultation et de la négociation ;

– elle communique à toute l'équipe projet, l'avancement sur les étapes clefs du projet : la stratégie d'achat pour chaque famille du projet, la liste des fournisseurs nommés ou leurs niveaux de performance. ■

Le scan des activités achats

Répartition des ressources achats à chaque étape du processus

Temps réellement passé

1 Analyser des besoins internes	5 %
2 Analyser des marchés amont	4 %
3 Définir des stratégies	2 %
4 Sélectionner des fournisseurs	8 %
5 (Faire) exprimer des besoins	10 %
6 Consulter des fournisseurs	12 %
7 Négocier	35 %
8 Elaborer des contrats	4 %
9 Emettre des commandes	6 %
10 Emettre des appels de livraison	1 %
11 Suivre l'exécution de prestations	8 %
12 Piloter la performance achats	5 %
	100 %

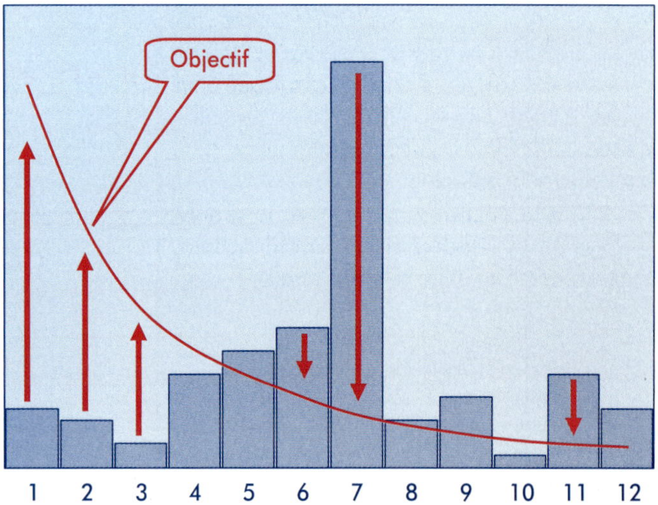

En résumé

Le temps est compté au sein de la fonction achats et les budgets de fonctionnement doivent être répartis de manière à optimiser l'efficacité du service. Chaque acteur du processus achat a ainsi tout intérêt à focaliser son énergie là où elle est le plus profitable pour les objectifs qui lui sont attribués.

Le scan des activités achats mesure le temps réellement passé à chacune des étapes du processus et, suivi d'une comparaison à l'objectif, il permet de rééquilibrer la charge de travail.

Cette quantification en jours peut ensuite être affinée en euros réellement dépensés.

Insight

Time counts in purchasing and overheads budgets are to be properly distributed in order to optimize the efficiency of the department. It is worth for each actor of the purchasing process to focus his or her energy on what is more valuable for his or her personal objectives.

Purchasing scan measures the time spent at each step of the purchasing process and, then comparing it to the objective, makes it possible to balance the workload.

This measurement in days can then be refined calculating Euros really spent.

Pourquoi l'utiliser ?

Objectif

• Pour l'acheteur : organiser son temps en fonction de la valeur ajoutée achats.
• Pour le manager achats : vérifier la pertinence de l'affectation des ressources achats.

Contexte

Après un an ou deux dans le même périmètre d'achats et dès que les tâches opérationnelles deviennent trop accaparantes, il faut prendre du recul. Il s'agit d'allouer son temps vers ce qui sert au mieux ses objectifs, c'est-à-dire vers des tâches situées le plus souvent en amont du processus achats.
De même à l'échelle du service, le manager veille à l'adéquation profil-tâches/temps passé sur une base annuelle.

Placer son énergie là où elle « rapporte » le plus car le temps c'est de l'argent.

Comment l'utiliser ?

Étapes

• Établissez la liste des dix à quinze étapes principales du processus achats opérationnel.
• Sur une période significative de deux à trois mois, mesurez le temps réellement passé pour chacune d'elle.
• Comparez la répartition à l'objectif établi par la direction achats, suite à un benchmarking par exemple (*cf.* outil 7).
• Établissez un plan d'actions pour tendre vers l'objectif et mesurez à nouveau.

Méthodologie et conseils

• La première fois, contentez-vous d'estimer sommairement les temps passés ; puis mettez en œuvre rapidement un plan d'actions simple :
  – déléguez des tâches à faible valeur ajoutée (saisie de commandes, contrôle factures...) ;
  – consacrez davantage de temps à quelques tâches clés (analyse du portefeuille, réunions de projet, obtenir plus tôt des cahiers des charges...).
• La mesure plus objective et précise se fait dans un deuxième temps, une fois que vous avez déjà obtenu de premiers résultats après quelques mois.
• La répartition « idéale » correspond à une intervention des acheteurs le plus en amont du processus d'achats.
• Pour le manager des achats, il s'agit d'étendre la mesure temporelle à une mesure en termes de « ressources achats » quantifiée en euros :

$$(\text{Temps passé en jours}) \times \frac{\text{Salaire annuel + Charges + Frais généraux)}}{\text{(Nombre de jours travaillés par an)}}$$ ■

Avantages

✔ Mesure factuelle du temps, utile aussi bien pour l'acheteur que pour le manager de l'équipe.

✔ Mise en évidence d'écarts souvent insoupçonnés. L'acheteur passe ainsi souvent trop de temps en tâches administratives et pas assez pour préparer à l'avance ses entretiens de négociation.

✔ Permettre de justifier de l'usage de son temps et d'améliorer l'efficience du service.

Précautions à prendre

✔ Évitez de transformer l'outil en moyen de pression sur l'acheteur.

✔ Restez simple : chercher à augmenter la précision de la mesure en multipliant le nombre d'étapes ferait perdre en facilité d'usage.

✔ Limitez dans le temps, une mesure statistique suffit largement.

Analyse et expression du besoin

Cette étape dans le processus achats apparaît souvent bien éloignée des prérogatives essentielles de l'acheteur, alors qu'elle impacte fortement la future relation client-fournisseurs.

Qu'attend-on de l'acheteur ?

Pour répondre au mieux aux attentes du client interne, l'acheteur doit obtenir très précisément toutes les informations nécessaires. La difficulté réside dans le fait que :

- le client interne n'exprime pas de manière exhaustive ce qu'il désire, soit parce qu'il considère comme implicite (« c'est évident, cela va sans dire… »), soit parce qu'il change d'avis en cours de route (« mais je crois que je te l'avais spécifié… »).
- le client interne a, au contraire, un *a priori* très fort sur ce qu'il souhaite : « Je veux *ce* produit fabriqué par *ce* fournisseur. » Cependant, ce n'est pas forcément ce qui le satisfera complètement !

Face à ses interlocuteurs internes, l'acheteur est ainsi souvent amené à « négocier » en interne et « challenger » le besoin initialement exprimé.

L'enjeu

Comme toujours, l'énergie à déployer doit être à la hauteur de l'enjeu. Entre, d'une part, un produit simple ne comportant aucun risque et, d'autre part, une prestation de développement pour fournir un produit hautement stratégique, le choix des outils à mettre en œuvre sera différent. D'où la nécessité de bien comprendre le besoin de quantifier les risques et de s'aligner sur la stratégie de la famille d'achat concernée.

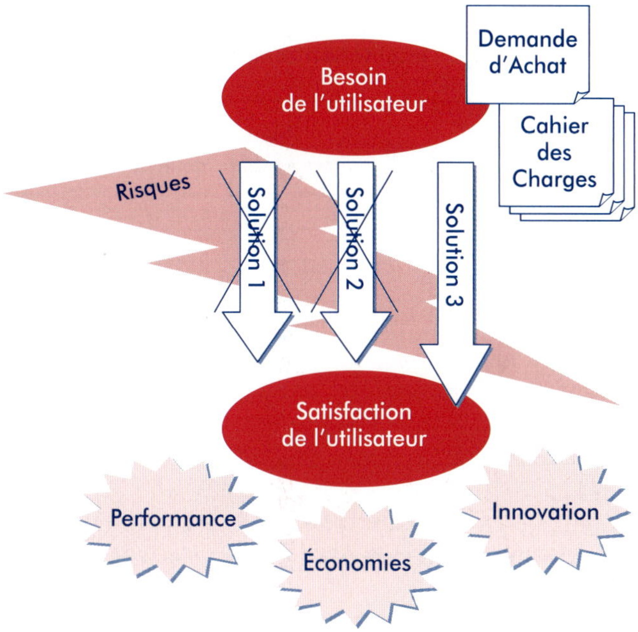

Faire faire

Comme le formalisme n'est pas naturel en entreprise, il est parfois tentant pour l'acheteur de se substituer à ses clients internes, par exemple en ce qui concerne la rédaction du cahier des charges. L'entreprise tirera plutôt avantage d'une collaboration « acheteur-prescripteur » forte, chacun faisant profiter simultanément à l'autre de son expertise métier.

L'acheteur pourra ainsi se concentrer sur le formalisme indispensable pour :

- engager et suivre les relations avec les fournisseurs qui vont être impliqués ;
- garder les traces des requêtes émanant des clients internes (surtout quand elles s'avèrent inappropriées) ;
- faciliter les relations entre les interlocuteurs internes et externes (surtout quand ils sont nombreux et trop « bavards »). Certaines positions ou choix prématurés pouvant avoir une répercussion sur les relations contractuelles futures ;
- préparer les bases pour effectuer des analyses performance/coût approfondies (*cf.* dossier 5 « Analyse des coûts »).

Dossier

Les OUTILS

La demande d'achats

Approbation pour le déclenchement officiel d'un acte d'achat

D.A. n°		Date de saisie	
Demandeur		**Imputation comptable**	

Référence ou C.d.C.	Désignation ou description	Quantité	Prix ou budget	Date de livraison	Lieu de livraison

En résumé

Assimilable à une commande interne destinée au service achats, la demande d'achats déclenche « officiellement » le processus opérationnel devant se conclure par un acte d'achat formel, c'est-à-dire une commande fournisseur. Elle autorise ainsi l'acheteur à engager un budget précis pour un besoin donné.

Insight

*Comparable to an internal purchase order intended for the purchasing department, **the purchase request** "officially" starts the request for quotation process which is to end with a formal purchase order. It allows the buyer to spend a specific budget corresponding to a specific need.*

Pourquoi l'utiliser ?

Objectif

Autoriser le service achats à engager une commande en lien avec un budget.

Contexte

Après une demande de prix et avant une consultation, puis une commande, vous établissez le lien formel entre :
- le demandeur/utilisateur qui souhaite engager une dépense ;
- le contrôle de gestion (respect des budgets).

Cela concerne les prestations et les produits nouveaux ou déjà référencés, mais pas les investissements.

À toute commande, sa demande d'achat (DA) validée

Méthodologie et conseils

- Si vous êtes le premier à « imposer » cette démarche à l'ensemble de l'entreprise, mettez en avant les avantages et utilisez le contrôleur de gestion comme allié.
- Le demandeur peut suggérer un ou plusieurs fournisseurs ; cela peut faciliter l'identification du produit et d'autres fournisseurs.
- Le document présenté ci-contre doit être adapté au contexte de l'entreprise et à certains domaines d'achats bien spécifiques, notamment les prestations. ■

Comment l'utiliser ?

Étapes

- Diffusez les règles d'utilisation du document à l'ensemble de l'entreprise.
- Vérifiez le remplissage correct des différentes zones :
  - numéro de DA et date de saisie : incrémentation automatique ;
  - demandeur : son nom et celui de son service ;
  - imputation comptable : quel budget ?
  - référence ou cahier des charges (CdC) : le code pour un article connu, sinon les spécifications (*cf.* outils 11 à 14) ;
  - désignation ou description : son nom, un descriptif pour un produit très simple ou standard ne nécessitant pas de cahier des charges ;
  - quantité(s), date(s) et lieu(x) de livraison : à détailler notamment pour obtenir des prix fonction des volumes et de la distance ;
  - prix ou budget : dernier prix connu ou montant alloué.

Avantages

- ✔ Cette démarche évite aux acheteurs de « travailler pour rien ».
- ✔ Pour les achats parfaitement référencés et récurrents, la procédure est automatisable au sein du système d'information.
- ✔ Fournir aux utilisateurs un état d'avancement des demandes en cours.
- ✔ Permettre de constater objectivement parmi vos clients internes ceux qui entravent le processus achats (référence mal renseignée, délais demandés trop courts…).

Précautions à prendre

- ✔ Le renseignement de l'imputation comptable est une condition sine qua non de poursuite du processus d'achat.
- ✔ Bien distinguer la demande d'achat de la commande : la DA est un document à usage strictement interne, ensuite transformé en commande. Cette dernière intègre des informations supplémentaires, les engagements contractuels par exemple.

Outil 11 La matrice ACDE

Quatre rubriques pour caractériser le besoin d'un client interne

Attentes *(Internes)*	**Contraintes** *(Externes)*
➢	➢ ....
➢	➢ ....
➢	➢ ....
➢	➢ ....

Données *(Internes)*	**Exigences** *(Internes)*
➢	➢ ....
➢	➢ ....
➢	➢ ....
➢	➢ ....

En résumé

Afin d'obtenir l'expression précise d'un besoin, l'acheteur fait décrire celui-ci à son client interne suivant quatre rubriques.

- Attentes : les résultats attendus en tout premier lieu du produit ou de la prestation.
- Contraintes : les impératifs externes.
- Données : toutes les informations chiffrées.
- Exigences : les impératifs internes non négociables.

Insight

In order to get a precise definition of need, the buyer makes his internal client describe it in four categories:

- *Expectations: main results expected from product or service.*
- *Constraints: external requirements.*
- *Data: all key figures.*
- *Demands: internal nonnegotiable requirements.*

Pourquoi l'utiliser ?

Objectif

• Rendre très exhaustive la description d'un besoin.
• Distinguer dans une demande ce qui est impératif de ce qui peut se négocier en interne comme en externe.

Contexte

Vous utilisez cette matrice dès que le produit ou la prestation à rechercher est un peu complexe à décrire ou que vos interlocuteurs rencontrent quelques difficultés à exprimer spontanément leur « réel » besoin. Cela vous permettra ensuite de rédiger un cahier des charges complet pour consulter formellement plusieurs fournisseurs.

Un investissement en temps pour éviter les mauvaises surprises

Comment l'utiliser ?

Étapes

Triez les informations suivant les quatre rubriques :

• Les attentes.
  Vous classez ici toutes les attentes principales à satisfaire, celles qui constituent souvent la raison d'être du projet d'achat. Caractérisez dans ce produit ou ce service :
  – ce qui est particulièrement important pour l'utilisateur ;
  – les résultats ou les performances souhaités.
  Les attentes s'expriment sous forme de fonction et/ou de caractéristiques techniques.
• Les exigences.
  Ce sont les impératifs internes incontournables et donc non négociables par le fournisseur : respect d'une norme ou d'un standard de votre entreprise, environnement de travail, par exemple. Une offre qui ne répondrait pas à une des exigences sera systématiquement rejetée.
• Les données.
  Notez ici toutes les informations chiffrées à connaître précisément pour faire établir une offre : volumes, délai, lieux de livraison…
• Les contraintes.
  Ce sont les impératifs externes à respecter obligatoirement : normes internationales, législation, environnement…

Relisez l'ensemble afin d'évaluer les excès ou les manques.

Méthodologie et conseils

• Obtenez la demande de votre interlocuteur le plus en amont possible sous la forme de résultats attendus. Le cas échéant, proposez-lui de travailler ensemble.
• Faites-lui différencier précisément les quatre rubriques en distinguant notamment les aspects internes et externes.

Avantages

✔ Les informations que vous collectez sont plus nombreuses et bien plus précises.

✔ On peut ainsi mettre en évidence des risques (*cf.* outil 14) ou certains aspects superflus d'une demande.

✔ Cet outil simple ne requiert aucune expertise.

Précautions à prendre

✔ L'implication du demandeur représente un gage de succès pour vous.

✔ Laissez votre interlocuteur s'exprimer librement afin de pouvoir obtenir le maximum d'informations de sa part.

✔ Pour éviter les solutions « luxueuses », rappelez au demandeur qu'une exigence est incontournable pour le fournisseur.

• • •

Comment être plus efficace ?

Éviter sur et sous-qualité

Même sans être spécialiste de l'analyse de la valeur (*cf.* outil 32), vous savez que les surcoûts proviennent soit d'éléments inutiles, soit d'éléments manquant. Il est en effet tentant pour votre client interne de profiter de votre sollicitude en rajoutant des exigences superflues. C'est pourquoi il est utile de rapidement quantifier le coût de l'option supplémentaire demandée ; le tableau fonctionnel (*cf.* outil 12) fournit systématiquement cette information.

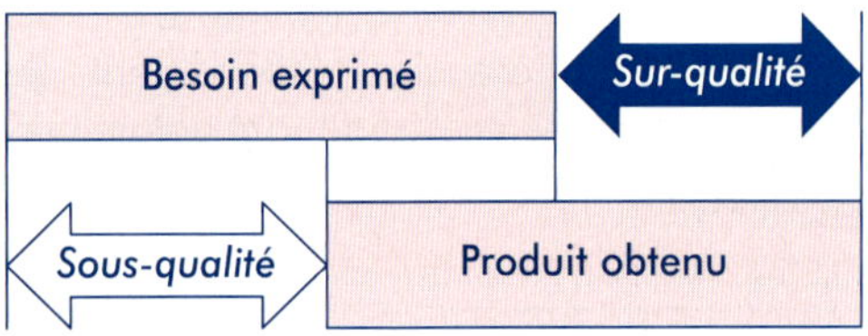

- Sur-qualité → « Sur prix ».
- Sous-qualité → Sur-coût, donc « sur-prix » au final.

Distinguer spécifications « fonctionnelles » *versus* « techniques »

Spontanément, vos interlocuteurs préféreront vous décrire la solution à laquelle ils ont pensé en premier, ou bien le produit très particulier qu'ils ont l'habitude d'utiliser. Cette pratique permet à l'acheteur de gagner du temps et à son client interne d'être rassuré. Cependant elle ne garantit pas le « bon choix », c'est-à-dire tenant compte de toutes les exigences, contraintes et données relatives à ce besoin. En outre, elle prive l'entreprise d'opportunités d'innovations permettant essentiellement d'obtenir à moindre coût le même résultat, voire davantage. Il s'agit, par exemple, d'une technologie plus performante, d'un procédé diminuant les coûts énergétiques pour le même prix et le même niveau de performance.

Soignez la relation avec vos interlocuteurs

- L'utilisateur.

  Dites-vous bien qu'il vous reprochera immédiatement tout dysfonctionnement du produit ou de la prestation achetée, surtout si, dans le passé, il s'approvisionnait sans vous. Raison de plus pour obtenir le maximum d'informations et de critères en valorisant le rôle de votre interlocuteur : « Si je trouve suivant *tes* critères, une prestation encore meilleure que ce que tu obtenais déjà dans le passé, tu seras encore plus satisfait ! Dis-m'en donc davantage sur ton besoin et tes exigences… »
- Le prescripteur.

  C'est l'expert métier qui doit rapidement devenir votre allié afin de :

  – garantir le respect des « règles de l'art » lors d'achat très techniques (hautes technologies, bâtiment, santé…) par la précision et l'exhaustivité de l'expression des spécifications contenues dans chacune des rubriques A, C, D et E ;

  – fournir des informations quantitatives permettant davantage d'objectivité dans l'appréciation de la satisfaction de l'utilisateur ;

  – obtenir un soutien face à un utilisateur peu loquace (on est plus fort en binôme).

Profitez aussi au maximum des experts de vos fournisseurs, ils seront forcément très motivés. Le risque est qu'ils ne spécifient que des fonctionnalités présentes dans leurs produits…

Exemple de **Matrice ACDE : climatisation d'un bureau**

• Le contexte

Voici le cas d'une matrice décrivant le besoin en matière de climatisation d'un bureau. Elle a été remplie en trois étapes :

– interview entre l'acheteur et le chef de service, suite à une demande verbale très succincte de ce dernier : « achetez un bloc de clim et faites-le installer sur la fenêtre du milieu » ;

– compléments apportés par écrit par un membre des services généraux en charge des bâtiments ;

– validation (pour la forme) par le chef de service.

Notez que sans intervention volontariste de l'acheteur, il est très probable qu'un cahier des charges informel aurait été passé directement aux services généraux qui auraient ensuite demandé aux achats de passer une commande peu détaillée au prestataire habituellement sollicité…

Attentes (Internes)	**Contraintes** (Externes)
➢ Confort des personnes : température et humidité ➢ Même niveau de confort toute l'année 24h/24	➢ Ergonomie : norme NFX 35-102 par défaut ➢ Hygiène – Sécurité – Environnement : règlement émis par le CHST de l'entreprise
Données (Internes)	**Exigences** (Internes)
➢ Dimensions de la salle : voir plan ➢ Mobilier et équipement : voir plan ➢ 20 personnes maxi présentes ➢ Température = 18 °C à 22 °C ➢ Hygrométrie = 50 % à 70 %	➢ Afficher la température du milieu de la salle ➢ Réglages faciles pour des non experts à moins de 30 cm de chaque porte (voir plan)

• Attentes

Ce sont bien les résultats attendus, décrits ici sous forme de ressenti en matière de confort. L'acheteur a pris soin de canaliser la subjectivité :

– en ouvrant le domaine du possible à autre chose qu'un simple « bloc de clim » ;

– en la limitant aux grandeurs objectives que sont la température et l'hygrométrie.

• Contraintes

Obtenues grâce à l'expertise des services généraux. Par défaut, l'acheteur aurait demandé à un fournisseur.

• Données

C'est le complément chiffré du besoin, en ce qui concerne les résultats attendus et l'environnement direct. L'aide de l'expert est également précieuse…

• Exigences

Le dialogue à trois a permis d'obtenir suffisamment tôt ces « détails » supplémentaires, évitant ainsi un surcoût délicat à négocier une fois les travaux terminés. ■

Outil 12

Le tableau fonctionnel

Quantifier formellement le besoin d'un client interne

Fonctions	Critère	Moyen de mesure	Niveau	Flexibilité	Limite d'acceptation	Taux d'échange
Confort	Température	Thermomètre	18 °C	1	22°	3 %/°C
…						

En résumé

L'acheteur améliore significativement l'expression d'un besoin en passant des aspects qualitatifs aux aspects quantitatifs :

- en chiffrant le critère permettant de mesurer le niveau de performance haut et bas à atteindre ;
- en précisant de combien ce niveau est négociable ;
- en indiquant le coût pour améliorer la valeur obtenue ou la contrepartie possible.

La satisfaction de l'utilisateur se vérifie ainsi plus objectivement mais également la pertinence des solutions proposées par les fournisseurs interrogés.

Le tableau fonctionnel vous fournit ainsi des bases objectives pour préparer les négociations et effectuer des analyses de coût.

Insight

The buyer significantly improves the definition of need by adding quantitative data to qualitative aspects:

- *By putting a figure on the criterion measuring the performance level (high and low) to be achieved.*
- *By clarifying to what extent this level is negotiable.*
- *By indicating the cost to improve this level or the exchange he can expect in return.*

The user's satisfaction is therefore checked in a more objective way and so is the relevance of solutions proposed by suppliers.

The functional bord gives you an objective basis to prepare negotiations and make cost analysis.

Pourquoi l'utiliser ?

Objectif

• Quantifier et valoriser précisément les résultats attendus : niveau de performance idéal et limites.

• Tendre vers le « bon » rapport qualité/prix.

Contexte

Outre la réalisation d'un produit ou d'une prestation, chaque fois que votre entreprise souhaite sous-traiter la conception, votre client interne doit exprimer de manière très complète tout ce qu'il en attend. C'est une démarche complémentaire de celle du ACDE (*cf.* outil 11) et plus élaborée car elle nécessite l'intervention d'experts métiers chez vous et le fournisseur-concepteur.

Ce faisant, vous préparez le terrain pour une éventuelle analyse de la valeur (*cf.* outil 32) de la ou des solutions qui seront proposées par le fournisseur.

Le juste nécessaire, ni trop, ni pas assez pour mener des négociations constructives de part et d'autre.

Comment l'utiliser ?

Étapes

Établissez la liste des fonctions attendues du produit ou de la prestation puis caractérisez chacune d'elles par :

• **un niveau** qui indique la valeur souhaitée ;

• **une flexibilité** qui dimensionne la marge de manœuvre vis-à-vis du fournisseur si le niveau n'est pas atteint :

- 0 : flexibilité nulle, niveau non négociable (impératif),
- 1 : flexibilité faible, niveau peu négociable,
- 2 : flexibilité moyenne, niveau négociable,
- 3 : flexibilité forte, totalement négociable ;

• **une limite d'acceptation**, niveau du critère d'acceptation au-delà (ou en deçà) duquel le besoin est jugé « non satisfait » ;

• **un taux d'échange**, surcoût nécessaire pour améliorer la valeur du niveau. Par exemple, l'amélioration de la température peut être obtenue en augmentant l'épaisseur de l'isolation, ce qui grève le coût de + 3 % pour chaque degré Celsius gagné.

Méthodologie et conseils

Toutes les valeurs sont une aide précieuse pour préparer les discussions entre vous, le fournisseur et le prescripteur. Ainsi :

• **la flexibilité** dimensionne la marge de manœuvre vis-à-vis du fournisseur si le niveau n'est pas atteint ;

• **le taux d'échange** est très utile pour la préparation de la négociation avec le fournisseur. C'est la contrepartie que vous pouvez négocier en échange de niveau non atteint en cohérence avec le degré de flexibilité. Et inversement, c'est le surcoût nécessaire pour améliorer le niveau proposé par le fournisseur. Par exemple + 0,60 € chaque fois qu'on améliore de 1 % le niveau de performance attendu de la fonction 1. ■

Avantages

✔ Cette quantification du besoin permet de cibler précisément ce que le fournisseur-concepteur doit améliorer et de combien. Les négociations prennent de la hauteur en associant les aspects techniques et économiques.

Précautions à prendre

✔ Vérifiez que le prescripteur, voire l'utilisateur final, n'impose pas des contraintes trop importantes ; le but étant de trouver une solution technique, mais pas à n'importe quel prix !

Outil 13 La synthèse de l'expression du besoin

Les éléments clés du cahier des charges

Cahier des charges n° : *X522B* **Objet :** *Climatisation du bâtiment B*

Date : .... Rédacteur : ....

Cadre général

Objectif	– Réussir l'intégration matérielle des personnes dans leur nouveau cadre de travail (bâtiment B).
Contexte	– Optimisation du site (325 personnes) suite à la mutation de 18 personnes.

Quelles motivations ?

Dans quel cadre ou projet ?

Spécifications

Objectifs	– Assurer un confort de travail optimum. – .... – ....
Environnement	– Chef de projet : M. .... – Équipe projet : Mr. ... (Sces Généraux), Mme ... (DRH). .... – Description actuelle des locaux : voir documents ...... – .... – ....
Cycle de vie	– Plan à 3 ans – Inclut les aspects : énergétiques, maintenance, ..
Fonctions	– Température : .... – Hygrométrie : .... – .... – ....
Contraintes	– Norme : .... – .... – ....

Quelles finalités ?

Où, avec qui, quoi ?

Combien de temps, quel périmètre ?

Pour faire quoi ?

Respecter quoi ?

En résumé

Dans vos courriers d'appel d'offres, formalisez la partie consacrée à la description du besoin à satisfaire. La synthèse de l'expression du besoin doit comprendre l'utilisation proprement dite ainsi que le cadre contextuel et temporel.

Grâce à toutes ces informations, vous diminuerez les risques d'incompréhension, profiterez au maximum de l'expertise des fournisseurs consultés et faciliterez de manière collaborative l'optimisation du coût des solutions proposées et ainsi le choix final.

Insight

In your request for quotation mails, formalise the section dedicated to the description of need. The synthesis of the expression of need has to describe the actual use within its own context.

Thanks to all this information you reduce misunderstanding risks, take advantage of suppliers' expertise, more easily collaborate to cost reduction of proposed solutions and to optimization of the final choice.

Pourquoi l'utiliser ?

Objectif

Rassembler de manière exhaustive et précise toutes les informations permettant de caractériser un produit (ou une prestation) à acheter.

Contexte

Un client interne vous a sollicité pour consulter des fournisseurs. Dans un premier temps, vous avez collecté et caractérisé les données fournies par votre client interne relatives au produit (ou à la prestation) recherché (*cf.* outils 11 et 12). Maintenant vous devez les formaliser afin de lancer un appel d'offres (*cf.* outil 42).

Clarté et exhaustivité du cahier des charges.

Comment l'utiliser ?

Étapes

Obtenez de la part de vos interlocuteurs internes les informations relatives à chaque rubrique.

• **Cadre général**

Appréciez d'emblée l'enjeu que représente cet achat pour l'entreprise grâce à la connaissance de l'**objectif général** et du **contexte global**. Les fournisseurs appréhenderont ainsi mieux le sens de votre achat.

• **Spécifications**

Objectifs :
– décrivez les finalités motivant l'acquisition du produit exprimées par les futurs utilisateurs.

Environnement :
– identifiez les parties concernées par le projet (demandeurs, utilisateurs, décideurs) ;
– faites décrire le milieu dans lequel il sera utilisé ou réalisé.

Cycle de vie :
– projetez dans le temps les phases jalonnant la vie du produit depuis sa conception jusqu'à son recyclage ou son élimination.

Fonctions et contraintes (*cf.* outil 12) :
– caractérisez très précisément les fonctions attendues et les limites (normes, standards, réglementations…) à respecter impérativement. Des critères quantifiés faciliteront l'évaluation, le tri puis le choix parmi les solutions proposées.

Méthodologie et conseils

• Même si vous connaissez bien le sujet, passez du temps à identifier tous les interlocuteurs internes liés au produit ou à la prestation en question.
• Vérifiez qu'ils possèdent l'expertise suffisante pour décrire leur besoin sinon vous devrez solliciter quelques uns de vos « bons » fournisseurs.
• Pour les besoins peu complexes à caractériser, vous pouvez utiliser directement le présent outil sans utiliser les outils 11 et 12. ■

Avantages

✔ Vous diminuer les risques d'incompréhension (feinte ou réelle) de la part des fournisseurs que vous interrogerez.

✔ Ce travail formel en collaboration avec vos interlocuteurs vous font gagner en crédibilité.

Précautions à prendre

✔ Laissez des latitudes aux fournisseurs d'améliorer le cahier des charges, car vous n'êtes pas à l'abri d'un oubli ou d'une erreur.

✔ Des informations supplémentaires d'ordre administratifs, juridiques, logistiques, qualité, etc., devront être détaillées dans votre courrier d'appel d'offres (*cf.* outil 42).

L'analyse des risques achats internes

Identifier et évaluer les risques internes à l'entreprise

Famille d'achats	Montant	Facteur de risque			Conséquences	Probabilité (P)	Impact (I)	Criticité P x I	Plan d'actions	Priorités
Pièce plastique injectée	20 M€	Technique	Expression du besoin	le cahier des charges n'est pas exprimé en termes fonctionnels (plans)	engagement de moyens et non de résultats	4	3	12	Écrire un cahier des charge fonctionnel type en termes d'engagement de résultats	1
				les spécifications sont trop « fermées » sur une solution	limite le nombre de fournisseurs disponibles Augmente les prix	3	3	9		
				données d'entrée imprécises/absentes/ non figées	dérive économique	3	3	9		
			Évolution	modifications fréquentes des spécifications attendues	dérive économique et de planning. Obsolescence	4	2	9		
		Logistique	Planning	le planning de livraison des premières pièces est très serré	retard de la mise sur le marché	3	4	12	Revue hebdomadaire de l'avancement du planning fournisseur	1
			Variabilité de la demande	grande variabilité des ordres de livraison en diversité	retard ou rupture de livraisons	3	3	9	Mise en place d'un pool stock absorbant ces variations	2
			Temps de cycle	le temps de cycle de réapprovisionnement demandé est insuffisant	retard ou rupture de livraisons	3	3	9		
		Qualité	Niveau qualité	le niveau qualité demandé est conforme au marché	non qualité récurrente Perturbations	2	3	6		
			Vision Client	pièces fonctionnelles et visibles pour le client	retours client	3	4	12	Assurer la validation fonctionnelle et d'aspect avec le client	1
		Commercial	Rentabilité des projets	le prix du produit ne représente qu'une part limité de la rentabilité des projets	–					
			Confidentialité	les données échangées sont confidentielles	perte de savoir faire et de propriété intellectuelle, contrefaçon	2	4	8	Faire signer un accord de confidentialité	2
			Communication	les prescripteurs ne parlent pas anglais. Le Cahier des charges est en français	fournisseurs exclusivement français	3	3	9	Faire traduire les cahiers des charges	2
			Juridique	nous sommes propriétaires de l'outillage, utilisé par le fournisseur	perte de propriété en cas de dépôt de bilan	2	4	8	Contrat prêt d'outillage et plaque de propriété sur tous les outillages	3

En résumé

Le risque achats est caractérisé par tout facteur de risque (péril, danger) lié à l'acte d'achat susceptible de causer des nuisances à l'entreprise. Ceux-ci peuvent être internes à l'entreprise ou externes (fournisseur, marché). La gestion des risques suit une démarche d'identification des risques achats, d'évaluation de leur criticité et de mise en place de plan d'actions afin d'en réduire les effets. La criticité est la combinaison de l'impact potentiel et de la probabilité d'un risque.

Insight

Purchasing risks are related to purchasing factors (hazards) likely to cause damages to the company. The risk factors may come from internal or external. The level of risk intensity is calculated upon the likelihood and the impact of each risk factor. Risk management is based on risk identification, evaluation and setting up of mitigation plan.

Pourquoi l'utiliser ?

Objectif

- Identifier et évaluer les risques associés à l'expression du besoin et plus généralement à la situation de l'entreprise vis-à-vis du marché, afin de mettre en place des actions préventives permettant de les réduire ou de les éviter.
- Établir des niveaux de priorité dans le traitement des risques.
- Définir un niveau de criticité général de la famille.

Entre rouler à 200 km/h en ville ou à 50 km/h sur autoroute...

Contexte

Une des missions prioritaires de l'acheteur est d'identifier et de gérer les risques d'achats. L'acheteur doit en effet être conscient au plus tôt des risques pris. La mise en place d'un large spectre de dispositifs permettant de les comprendre, de les réduire et de les sécuriser est la clef de son succès.

Comment l'utiliser ?

Étapes

- Identifiez les facteurs de risques et leurs conséquences parmi les domaines suivant :
  - technique : niveau d'expertise, maturité du produit/service, cycle de vie de la technologie ; complexité du produit, sécurité et réglementation, expression du besoin, évolution... ;
  - logistique : planning, prévisions, variabilité de la demande, temps de cycle... ;
  - qualité : niveau qualité, processus de qualification, vision client... ;
  - commercial : rentabilité des projets, confidentialité, imposition, attractivité, analyse des coûts, communication, juridique...
- Évaluez de 1 à 4 le niveau de probabilité d'occurrence et l'impact de chaque risque. Calculez le niveau de criticité.
- Construisez les plans d'actions adaptés pour les risques les plus critiques, au-dessus de 9.
- Définissez le niveau de priorité de chaque plan d'actions.

Méthodologie et conseils

- L'analyse des risques est un travail de groupe. La participation des prescripteurs et des clients internes permet de partager la même vision des risques encourus.
- Afin d'identifier correctement les risques d'achats récurrents, basez-vous sur le retour sur expérience et l'historique des incidents.
- Il est préférable d'évaluer la criticité uniquement pour les principaux risques.
- L'analyse du risque s'effectue tout au long du processus achats, en amont pour établir la stratégie et en aval des plans d'actions pour vérifier leur efficacité. ■

Avantages

✔ L'analyse peut s'effectuer autant sur un produit que sur une famille d'achats.

Précautions à prendre

✔ L'évaluation du risque est éminemment subjective. Vous vous efforcerez d'être factuel et objectif, notamment en évitant les adjectifs de type : mauvais, bon, inadaptée...

Analyse des marchés fournisseurs

L'analyse des marchés fournisseurs, ou autrement appelé marketing achats, constitue un des volets essentiels de l'élaboration d'une stratégie achats. En effet, comprendre la dynamique du marché dans lequel vous achetez, vous permettra d'identifier les opportunités et les risques qu'il représente, mais également son adéquation avec le besoin interne de votre entreprise.

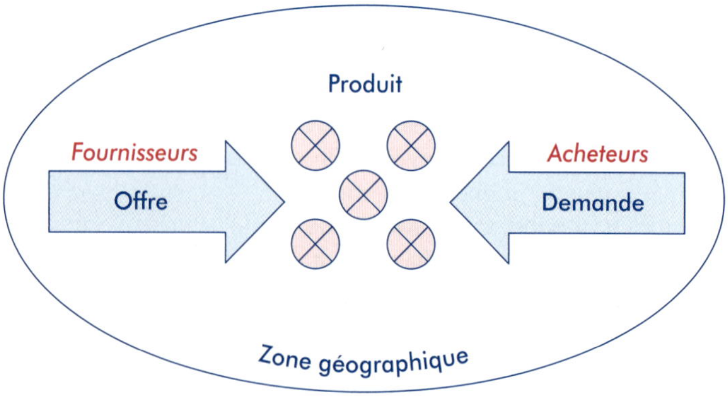

Tout d'abord, comment peut-on définir la notion de marché fournisseurs ? C'est la rencontre de l'offre et de la demande sous deux dimensions : **le produit et la zone géographique**. Tous les biens et services qui constituent des substituts proches sur une zone géographique dans laquelle l'acheteur peut s'approvisionner sans hausse excessive de coût, font partie du même marché. On parlera ainsi du marché des semi-conducteurs au niveau mondial et du nettoyage au niveau régional.

Le marché fournisseur doit être cohérent avec votre classification achats (*cf.* outil 1).

L'étude et l'analyse du marché fournisseur, très consommatrices de temps, doivent être en adéquation avec les enjeux achats. Elles peuvent être réalisées par vos soins ou bien externalisées auprès de cabinets spécialisés.

Pour une famille d'achats, l'analyse du marché s'appuiera sur :

1. Une veille marketing permanente

C'est la recherche d'informations du marché les plus pertinentes pour vous et votre entreprise. Selon le type de marché, la collecte d'informations se fait au travers de :
- Internet (sites fournisseurs, newsgroup, blogs...) ;
- la presse généraliste ou professionnelle, les ouvrages spécialisés ;
- les banques de données professionnelles ;
- publications, normes... ;
- réseau de contacts.
- ...

2. Une analyse du système concurrentiel

La mise en concurrence est un des premiers leviers de l'acheteur. Il est donc important de comprendre ses mécanismes et comment bénéficier au maximum de cette concurrence. De nombreux outils d'analyse existent, nous en retiendront deux :
- la matrice de concentration qui identifie différents types de marché (monopole, oligopole...) en fonction du nombre de fournisseurs et de clients ;
- les trois stratégies de Porter établies en fonction de l'avantage concurrentiel et de la taille de la cible.

3. Une compréhension des dynamiques du marché fournisseur

La compréhension permanente des dynamiques du marché dans lequel se situent ses fournisseurs actuels et futurs est la meilleure façon d'anticiper les évolutions de ce marché et de sélectionner les fournisseurs adéquats.
La dynamique de marché va dépendre du niveau de maturité du cycle de vie du marché et les forces concurrentielles qui s'appliquent sur ce marché (modèle de Michael Porter).

Les OUTILS

La matrice de concentration

Identifier la typologie de marché fournisseurs

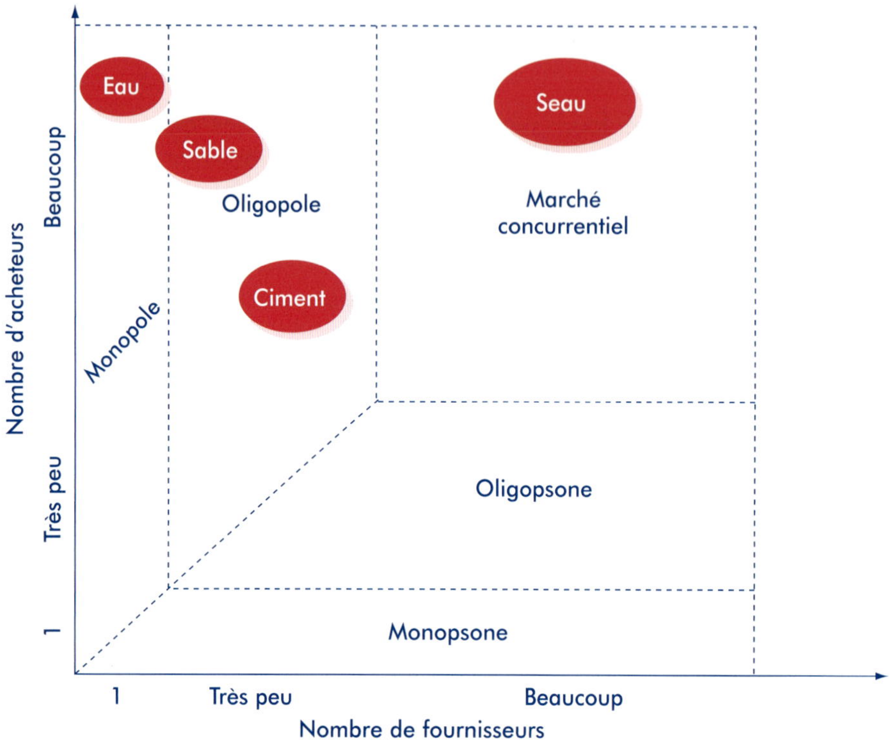

En résumé

La matrice de concentration permet d'identifier globalement le type de marché fournisseurs en fonction du nombre de fournisseurs capables d'offrir le bien ou service correspondant, et du nombre d'acheteurs actifs.

L'outil distingue cinq types de marché :

- le marché concurrentiel : marché dans lequel se rencontrent un grand nombre de fournisseurs et d'acheteurs permettant des transactions fluides et libres ;
- le monopole : marché sur lequel un seul fournisseur est présent, pour le produit et la zone géographie concernée ;
- l'oligopole : marché sur lequel un nombre limité de fournisseurs coexistent ;
- le monopsone : marché sur lequel un seul acheteur est présent ;
- l'oligopsone : marché sur lequel un nombre limité d'acheteurs existent ou qui est dominé par deux ou trois acheteurs.

Insight

The competition matrix identifies globally the supply market feature upon the number of suppliers and buyers in presence. The tool distinguishes five kinds of market:

- *The competitive market: market with many suppliers and buyers allowing free and fluid transactions.*
- *The monopoly: market with only one supplier in presence for the product and area considered.*
- *The oligopoly: market with limited number of suppliers.*
- *The monopsone: market with only one buyer.*
- *The oligopsone: market with few buyers or dominated by two or three main ones.*

Pourquoi l'utiliser ?

Objectif

- Reconnaître globalement le type de marché dans lequel vous vous situez.
- Mesurer les rapports de forces en présence entre les fournisseurs, les autres acheteurs et votre entreprise.

Contexte

L'outil s'adresse à toutes les typologies d'achats. Vous pouvez l'utiliser chaque fois que vous abordez un marché fournisseurs que vous ne connaissez pas.

Subir ou profiter du rapport offre/demande ?

Comment l'utiliser ?

Étapes

- Définissez les contours du marché : quels produits ou services ? quelles zones géographiques ?
- Estimez le nombre de fournisseurs et d'acheteurs potentiels au travers de votre recherche d'information.
- Identifiez à l'aide de la matrice de concentration la typologie du marché fournisseur.

Méthodologie et conseils

- Marché concurrentiel : même si le marché peut être concentré autour de leaders et de challengers, développez des stratégies achats basées sur des mises en concurrence pour obtenir le maximum de gains.
- Monopole : il existe en fait peu de monopoles légaux (courrier < 20 g, transports urbains...). Le marché captif, ou « monopole de fait », est beaucoup plus courant. Il correspond au cas où les alternatives d'achats sont extrêmement limitées pour des raisons techniques (brevets), commerciales (fournisseur imposé) ou encore géographiques (transport très coûteux). Vous êtes alors « obligé » de travailler avec un fournisseur. Votre stratégie s'orientera sur la redéfinition de votre besoin si possible pour rechercher des alternatives. En parallèle, vous essaierez de négocier des conditions contractuelles acceptables avec ce fournisseur.
- Oligopole : avec la concentration des marchés, de nombreux oligopoles se sont développés notamment ceux, dits capitalistiques, qui nécessitent de nombreux capitaux pour y entrer. Cette concurrence limitée amène parfois une entente entre les acteurs sur un partage du marché et sur les prix. La démarche achats privilégiée sera, dans la mesure du possible, de développer des nouveaux entrants afin de pouvoir amener de la concurrence.
- Oligopsone et monopsone : à l'inverse de l'oligopole, vous êtes pratiquement incontournable sur le marché... à condition de le savoir et d'en tirer partie. ■

Avantages

- ✔ L'outil ne nécessite pas de lourde étude de marché.
- ✔ Il aborde les deux dimensions de l'offre et de la demande.

Précautions à prendre

- ✔ C'est une première approche du marketing achats qui n'aborde pas le positionnement des fournisseurs ou encore la dynamique du marché.

Les trois stratégies de Porter

Politique de positionnement des principaux fournisseurs sur leur marché

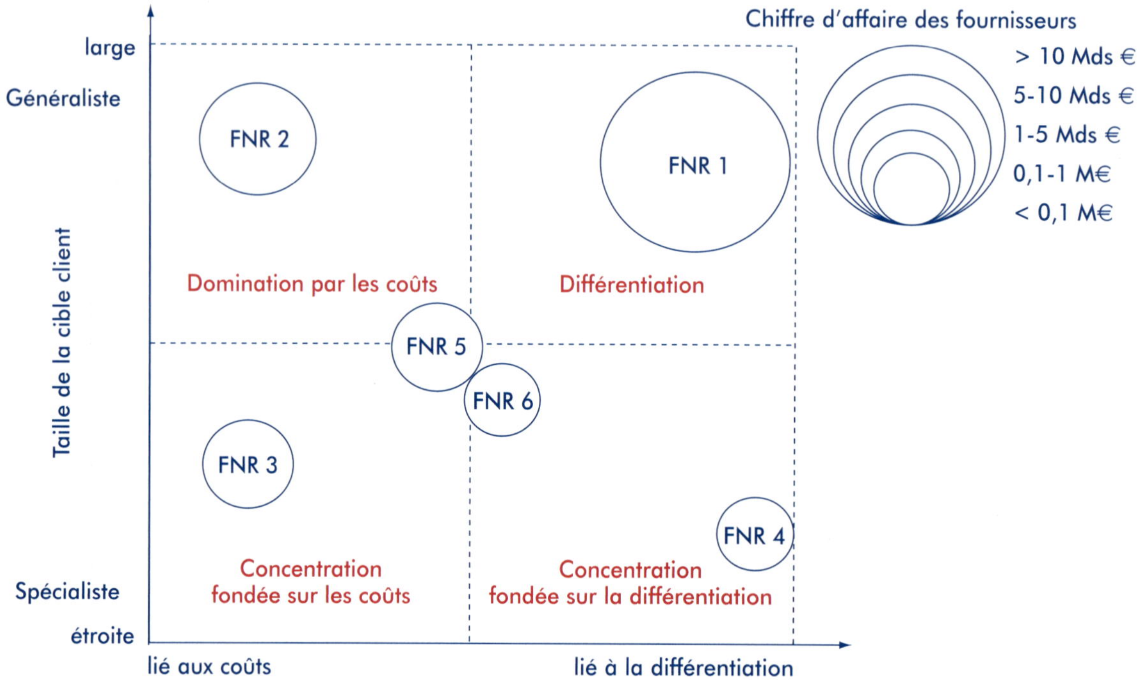

D'après M. Porter, *The Competitive Advantage of Nations*, The Free Press, 1980.

En résumé

Chaque fournisseur va chercher à se distinguer de ses concurrents pour vendre au mieux ses produits. Il cherche donc à développer des avantages concurrentiels et adopter un positionnement différent sur son marché. Michael Porter distingue trois stratégies génériques en fonction de la taille de la cible et du type d'avantages concurrentiels pour une entreprise (différentiation de son offre et coûts peu élevés par rapport à ses concurrents).

Les trois stratégies de Porter sont :

- la domination par les coûts ;
- la différenciation ;
- la concentration fondée sur les coûts ou la différentiation.

Insight

Each supplier will seek to achieve and maintain competitive advantage towards its competitors through specific positioning. Michael Porter has described a category scheme consisting of three generic strategies upon two dimensions: strategic scope and strategic strength (product differentiation and product cost).

The three Porer's strategies are:

- *Segmentation strategy.*
- *Differentiation strategy.*
- *Cost leadership.*

Pourquoi l'utiliser ?

Objectif

• Positionner les principaux fournisseurs entre eux et identifier ceux qui correspondent le mieux à votre besoin.

• Comprendre comment s'exerce et se structure la concurrence sur le marché.

Contexte

« Les trois stratégies de Porter » est un outil marketing qu'il est préférable d'utiliser sur des familles à fort enjeu, typiquement sur une famille de classe A ou stratégique.

Michael Porter est un professeur de stratégie d'entreprise de l'université de Harvard

Comment l'utiliser ?

Étapes

• Listez les principaux acteurs du marché.

• Identifiez leur politique d'offre sur trois dimensions :

- prix : systématiquement cher, offre *low cost*... ;
- éléments distinctifs de l'offre : qualité et expertise, maîtrise des développements complexes, intégration de services supplémentaires, contenus technologiques très forts, canal de distribution différent, approche éthique ou alternative... ;
- taille de la cible à qui s'adressent leurs offres : panel très large de clients, ou trois ou quatre clients.

• Placez les fournisseurs dans la matrice et analysez l'adéquation de votre besoin avec le positionnement des fournisseurs.

Méthodologie et conseils

• Le ou les fournisseurs positionnés sur une domination par les coûts (FNR 2), qui auront su dégager des économies d'échelle, auront un réel avantage concurrentiel sur les autres et pourront influencer les prix du marché. Si vous recherchez essentiellement des réductions de coûts et que votre besoin n'est pas critique, il sera *a priori* le bon candidat, ou jouera le rôle de lièvre vis-à-vis des autres. Validez cependant que vous êtes suffisamment attractif pour ce fournisseur (*cf.* outil 24).

• Les fournisseurs qui adoptent une stratégie de différentiation (FNR 1) seront généralement plus chers mais pourront vous apporter une sécurisation de votre besoin. Attention, le fournisseur cherchera à être unique sur son secteur. Le risque pour vous est le monopole de fait (*cf.* outil 15).

• Les fournisseurs qui cherchent à se focaliser sur des secteurs d'activité étroits peuvent représenter un intérêt à partir du moment où vous êtes intéressé par cette niche.

• Enfin, il faut identifier les fournisseurs qui ne semblent pas réellement avoir de politique de positionnement sur leur marché (FNR 5 et FNR 6). Leurs avantages compétitifs sont difficilement visibles ce qui peut mettre en péril leur survie à moyen terme. ■

Avantages

✔ L'outil permet de comparer les avantages concurrentiels et les éléments de différentiation des fournisseurs en amont des appels d'offres.

Précautions à prendre

✔ L'outil est particulièrement utile sur des marchés concurrentiels. Il montre cependant des limites sur les marchés concentrés.

Le cycle de vie du marché

Situer la maturité du marché fournisseurs

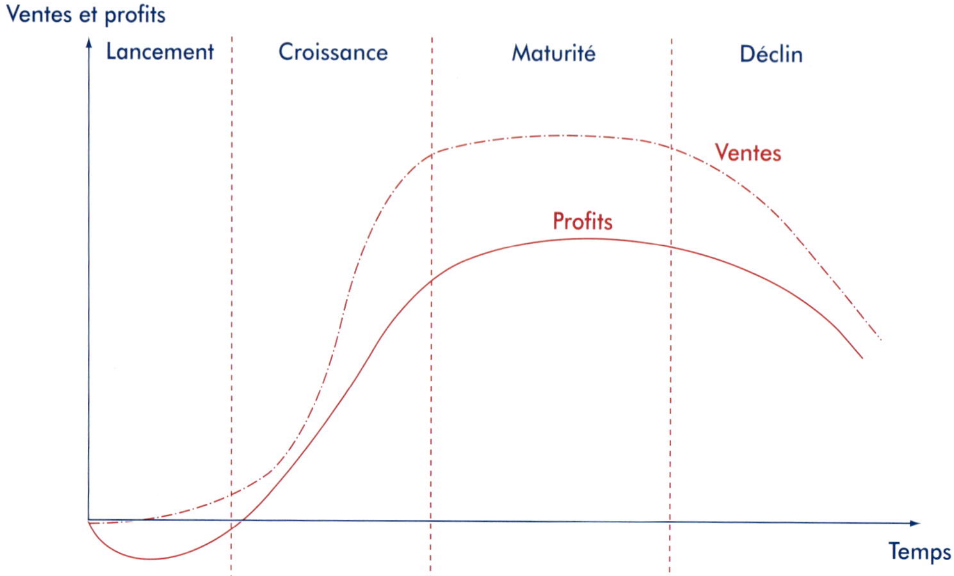

	Lancement	Croissance	Maturité	Déclin
Croissance	Forte	Forte	Faible	Négative
Rentabilité	Négative	Moyenne	Forte	Incertaine
Liquidités	Besoin	Équilibre	Surplus	Équilibre
Nombre de fournisseurs	Très Faible	En augmentation	Maximum	En baisse
Stratégie type	Expansion	Expansion ou segementation	Domination ou segmentation	Désengagement

D'après les phases du cycle de vie d'une activité (Martinet, 1983).

En résumé

La dynamique et les caractéristiques du marché fournisseur comme par exemple le taux de croissance du secteur, le nombre de fournisseurs en présence ou encore leur niveau de rentabilité, vont dépendre du niveau de maturité du cycle de vie du marché concerné (produits ou métiers). Les différentes phases du cycle de vie sont le lancement, la croissance, la maturité et le déclin.

En fonction de ces quatre phases, les fournisseurs vont adopter des stratégies types qui vont constituer autant de risques que d'opportunités pour l'acheteur.

Insight

*The supply market dynamics such as growth rate, number of suppliers in presence, profitability evolution, will depend on **the market life cycle**. Its different phases are introduction, growth, maturity and decline.*

According to those, suppliers adopt different strategies representing risks and opportunities for you.

Pourquoi l'utiliser ?

Objectif

• Identifier les stades d'évolution des produits ou services au moment de l'achat.
• Appréhender les risques et opportunités de chaque stade.

Contexte

Très accessible, l'analyse en termes de cycle de vie convient à tout acheteur. Elle est utilisée dans les phases amont du processus.

Le meilleur moment d'acheter n'est pas forcément quand vous en avez besoin !

Comment l'utiliser ?

Étapes

• Collectez l'historique des volumes de ventes du marché, ainsi que du niveau de maturité technologique des produits et métiers concernés.
• Identifiez dans quelle phase se situe le marché concerné.

Méthodologie et conseils

• Lancement : beaucoup de capitaux ont été investis en R&D par le ou les fournisseurs. L'opportunité pour l'acheteur est que le fournisseur est prêt à faire des efforts pour développer ses ventes (partenariat exclusif, rabais important...). C'est aussi l'occasion d'intégrer des innovations différentiantes sur vos marchés. Le risque est que le produit ou service n'ait pas bénéficié de l'effet d'expérience et que ses performances restent insuffisantes.
• Croissance : les ventes du marché progressent. La concurrence s'organise mais la rentabilité est encore faible. Les fournisseurs investissent en capacité pour suivre la demande et développent leur expérience. L'opportunité pour l'acheteur est l'arrivée de « challengers » qui permettent de trouver des alternatives aux fournisseurs d'origine. La capacité des fournisseurs à vous livrer sera la principale difficulté.
• Maturité : les ventes se stabilisent mais c'est la phase la plus rentable pour les fournisseurs. La pression sur les prix est importante car le savoir faire est devenu plus accessible. C'est la phase où l'acheteur doit être le plus agressif pour suivre les gains de productivité du secteur et l'arrivée d'offres différentiantes.
• Déclin : les ventes chutent par la concurrence des produits de substitution et par la chute de la demande. Le marché est beaucoup moins attractif, la rentabilité est faible. Certains fournisseurs peuvent alors décider d'abandonner le marché et d'adopter une stratégie de désengagement. L'acheteur devra anticiper les risques de désengagement des fournisseurs, sous forme d'une couverture contractuelle étendue. ■

Avantages

✔ Le modèle est universel et s'adapte à tous les produits.

✔ Le cycle peut concerner également un produit spécifique, comme par exemple une pièce développée pour vous.

Précautions à prendre

✔ Bien différentier le cycle de vie d'un produit et celui du marché

✔ La rapidité d'évolution entre les différentes phases évolue selon les produits.

L'analyse des forces concurrentielles de Porter

Analyser le rapport de force sur les marchés fournisseurs

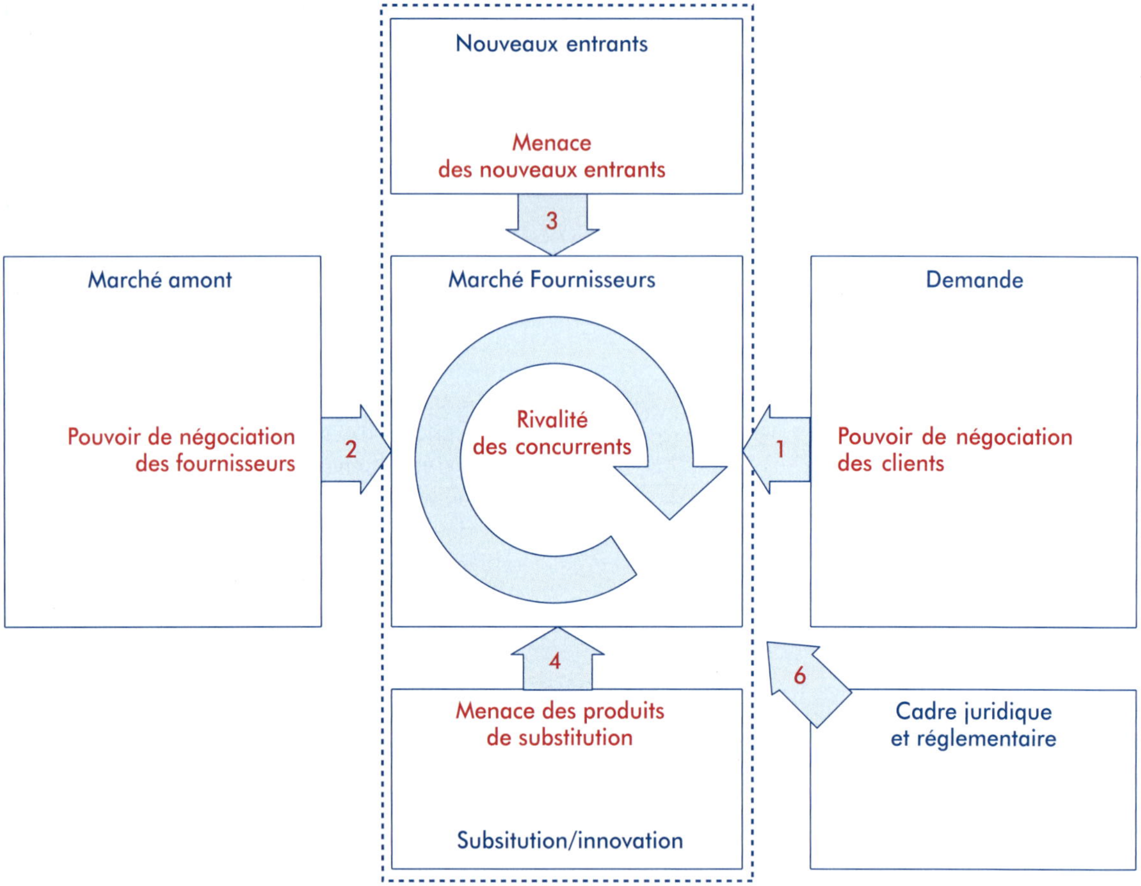

En résumé

Les forces concurrentielles de Porter sont un modèle d'analyse de marché qui prend en compte les six forces qui s'exercent sur ce marché :

- la rivalité des concurrents ;
- la menace des nouveaux entrants ;
- la menace des produits de substitution ;
- le pouvoir de négociation des clients ;
- le pouvoir de négociation des fournisseurs ;
- l'influence de l'État (normes, lois, taxes...).

Cette analyse de la concurrence élargie aide l'acheteur à identifier les dimensions sur lesquelles il peut agir pour se mettre en position de force sur ce marché.

Insight

The Porter's competitive force model takes into account the six forces exerting on a market:

- *Intensity of rivalry.*
- *Threats of new entrants.*
- *Threats of substitutes.*
- *Bargaining power of buyers.*
- *Bargaining power of suppliers.*
- *Influence of the legal texts (norms and regulations).*

This analysis of extended competition helps buyer to identify levers that will increase its power on the market.

Pourquoi l'utiliser ?

Objectif

• Anticiper les dynamiques du marché fournisseurs.
• Orienter vos stratégies achats en prenant en compte les opportunités et les menaces du marché.

Contexte

Le modèle sera particulièrement mis à profit sur des familles d'achats stratégiques pour votre entreprise (*cf.* outil 3). Outil phare du marketing achats, il est recommandé aux acheteurs famille qui ont la charge d'élaborer des stratégies achats de capture d'avantages concurrentiels.

Une vision élargie et surtout dynamique de vos marchés stratégiques

Comment l'utiliser ?

Étapes

• Pour un marché fournisseurs donné, classez les informations issues de votre veille marketing en six catégories : concurrents directs, principaux clients des fournisseurs, principaux fournisseurs du marché, nouveaux fournisseurs entrant sur le marché, produits de substitution et normes et réglementation influençant l'offre du marché.
• Évaluez le rapport de force sur le marché sur une échelle de 1 à 5 :
  – la rivalité des concurrents actuels, c'est-à-dire le niveau de compétition permettant une offre la plus complète et compétitive possible ;
  – le pouvoir de négociation des clients ;
  – le pouvoir de négociation des fournisseurs sur ce marché ;
  – la menace des nouveaux entrants, c'est-à-dire la capacité de nouveaux fournisseurs à remettre en cause l'ordre établi et proposer une offre différentiante ;
  – la menace des produits de substitution à proposer une alternative au marché ;
  – l'influence des textes légaux (normes, réglementation, subvention, taxation...) qu'ils soient issus de l'état ou de l'Europe.
• Appréhendez l'évolution de ces rapports de force par exemple par un « + », « = » ou un « – ».
• Évaluez votre capacité à utiliser ou influencer chaque force concurrentielle, par exemple à faire entrer un nouveau fournisseur sur le marché, ou à négocier directement avec les fournisseurs de vos fournisseurs.

Méthodologie et conseils

Pensez à saisir les opportunités qu'offre l'évolution d'un marché et évitez les menaces associées.
Il est plus important d'aller au bout de l'analyse que d'être exhaustif, notamment en comparant l'évolution de vos besoins avec l'évolution du marché pour s'assurer que les deux convergent.

Avantages

✔ Démarche structurée et synthétique qui apporte une bonne compréhension permanente des dynamiques du marché

Précautions à prendre

✔ Il est parfois difficile de collecter certaines informations, notamment sur la substitution ou les nouveaux entrants.

• • •

Comment être plus efficace ?

Afin d'évaluer de manière la plus objective possible les rapports de forces sur le marché, il convient d'identifier les informations clés à analyser sur chaque force.

La rivalité des concurrents actuels

- Niveau de concentration (nombre de concurrents, diversités…).
- Niveau de compétition (prix, largeur d'offre…).
- Taux de croissance du marché.
- Principaux acteurs et parts de marché.
- Structure de coût : rapport entre les coûts fixes et la valeur ajoutée, coûts de stockage, niveau de rentabilité du secteur…).
- Niveau de différentiation des offres (marque, propriété industrielle, performance des produits, service clients…).
- Niveau de standardisation des produits.
- Surcapacité intermittente.
- Barrière à la sortie : engagements contractuels, problématiques sociales, image…

Le pouvoir de négociation des clients

- Niveau de concentration (nombre de clients, taille, secteurs d'activité, localisation…).
- Quantités achetées.
- Poids relatif de la part achats dans la rentabilité des clients.
- Niveau d'avantage concurrentiel que représentent les produits fournisseurs (qualité, performance…).
- Possibilité de substitution.
- *Make or buy* : possibilité de réinternalisation.

Le pouvoir de négociation des fournisseurs

- Niveau de concentration des fournisseurs (nombre de fournisseurs, taille par rapport aux entreprises du marché, principaux acteurs).
- Niveau de différentiation (moyens de production, performance des produits, service clients).
- Coûts de changement : différences de produits (qualité, spécifications…), coûts de transition, d'apprentissage.
- Le taux de dépendance des fournisseurs.
- Possibilités d'intégration verticale (fusion acquisition).

La menace des nouveaux entrants, ou la barrière à l'entrée

- Économies d'échelle : baisse des coûts associée au volume de production ou à la synergie entre plusieurs produits (savoir-faire, marques, ressources partagées…).
- Investissements initiaux nécessaires : infrastructures, machines et outillages spécifiques, moyens en recherche et développement, ticket d'entrée…
- Coûts de changement : différences de produits (qualité, spécifications…), coûts de transition, d'apprentissage.
- Accès aux canaux de distribution.
- Brevets, propriété intellectuelle et industrielle.
- Marques, réputation des entreprises établies.
- Mesures protectionnistes.

La menace des produits de substitution

- Performance relative des alternatives (aspect fonctionnel, qualité, coûts).
- Coûts de conversion.
- Propension des clients à acheter des produits de substitution.

L'influence des textes légaux

- Lois françaises et européennes (santé, hygiène et sécurité…).
- Normes et standards relatifs aux produits.

Le cas du **Marché de la fonderie de précision de grande taille (turbines...)**

Nouveaux entrants
3 nouveaux entrants potentiels :
– Mistsubishi (nouvelle usine)
– ESCO(copie de pièces existantes)
– PRIT
Menace des nouveaux entrants 2 ↗

Marché amont
Fournisseur d'alliage définissent leurs prix et imposent leurs hausses

Fournisseurs d'outillage maitrisent le savoir faire

Pouvoir de négociation desfournisseurs 4 →

Marché Fournisseurs
Marché concentré (moins de 10 fnrs) mais concurrence élevée
Coûts fixes très importants
4 fournisseurs représentant 75 % du marché. Parts de marché equivalents.
Ces 4 fournisseurs veulent devenir n° 1.
Sous-capacité : 3 d'entre eux sont en train de construire une usine

Rivalité des concurrents : 4 →

Demande
Principaux acteurs : GE, SIEMENS, ALSTOM, EADS.
Mitsubishi a sa propre usine

La demande est très supérieure à l'offre
Objectif : réduire le délai d'approvisionnement et réduire les prix
Les specifications viennent du client

Pouvoir de négociation des clients 2 ↗

Subsitution/innovation
Peu d'altervatives techniques compétitives

Menace des produits de substitution 1 →

Cadre juridique et réglementaire
Lois américaines : restriction de circulation des pièces à l'export
Influence de l'État 2 →

Chaque force de Porter est cotée de 1 à 5 avec la tendance à la hausse ou à la baisse. Le curseur en dessous représente la capacité de l'acheteur à utiliser cette force.

• Analyse et recommandations :

– Dans ce cas précis, les forces principales qui influencent le marché fournisseurs sont la rivalité des concurrents et le pouvoir du marché amont.

– Il apparaît plus facile et plus immédiat de faire jouer la concurrence au sein du marché pour tirer avantage de la recherche effrénée de part de marché de la part des fournisseurs. Cela permettra de maintenir une pression sur les prix.

– Afin de maîtriser les variations de prix des matières premières, il sera peut-être nécessaire d'engager une négociation avec les fournisseurs d'alliage sur des taux directeurs. Cela ne peut se faire qu'en massifiant les besoins en alliage du groupe.

– Une autre opportunité serait de développer des nouveaux entrants pour améliorer les délais d'approvisionnement. Le développement long et coûteux de cette nouvelle source nécessitera l'engagement des services techniques.

– La substitution est difficilement envisageable.

– La famille d'achats est stratégique. Une discussion avec les autres clients majeurs pour regrouper les achats n'est pas forcément pertinente. ■

La fiche de synthèse du marché fournisseurs

Synthétiser les caractéristiques clés du marché

Fiche de synthèse du marché fournisseur

Auteur : ______ Date : ________

Famille d'achats :	3252 Céramiques réfractaires de protection de la coulée continue de l'acier

Caractéristiques du marché :

Offre du marché (Produit, ...)	Céramiques à liaison carbone (Tube de poche, tube de répartiteur, ...)
Fonctions principales	Protéger l'acier en fusion de l'air pendant sa coulée
Zone géographique (local, Europe, monde)	Monde
Taille du marché (Volume, ...)	Niche de 750 millions de dollars
Tendance du marché	Volume en augmentation avec la production de l'acier, surtout en Asie (Chine, Inde, ...) Forme de plus en plus complexes (Thin slab)

Système concurrentiel

Niveau de concentration (marché concurrentiel, oligopole...)	Oligopole		
Principaux fournisseurs identifiés (avec parts de marché)	5 à 6 : VESUVIUS (50 %), TYK (25 %), ...		
Principaux acheteurs identifiés	Tous les aciéristes fabricant de l'acier de haute qualité par coulée continue (Arcelor Mittal, Posco, Nippon steel, Baosteel...)		
Circuit de distribution (intégrés...)	Intégré		
Phase du cycle de vie (lancement, croissance, maturité, déclin)	Maturité		
Forces concurrentielles de Porter	Rivalité entre les concurrents	forte	Concurrence accrue entre les acteurs, offres peu différentiées
	Pouvoir de négociation des clients	faible	Forte dépendance de la performance de ces pièces
	Pouvoir de négociation des fournisseurs	moyenne	Grosse interdépendance sur certains produits (graphite...)
	Menace des nouveaux entrants	très faible	Très grand savoir faire, Investissement initiaux très important
	Menace des produits de substitution	très faible	Pas de possibilité de substitution sur les aciers de qualité
	Contexte légal	faible	pas de réglementation spécifique

Prix du marché :

Indice de référence	aucun
Principaux postes de coûts	matières premières, énergie
Principaux inducteurs de coûts	Prix des matières premières (graphite, oxyde de zirconium)
	Prix du gaz

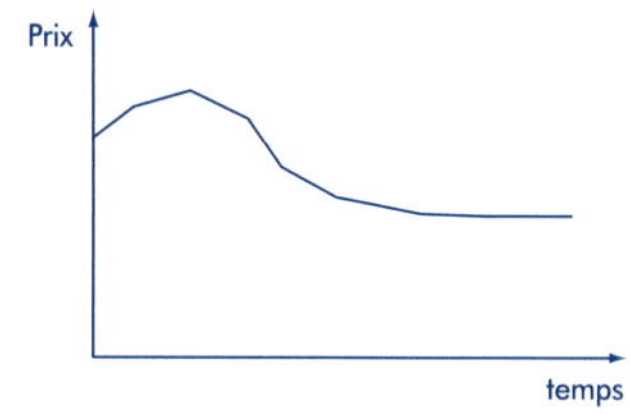

En résumé

La fiche de synthèse du marché fournisseur résume en une page l'ensemble des informations du marché essentielles pour l'acheteur :

– les caractéristiques du marché ;

– le système concurrentiel ;

– l'évolution des prix sur le marché.

Insight

The market abstract sheet summarizes the key information related to the supply market:

– Market features.

– Competitive system.

– Price evolution.

Pourquoi l'utiliser ?

Objectif

- Présenter d'une manière synthétique les informations clés du marché fournisseurs relatives à une famille d'achats.
- Apporter aux clients internes des éléments d'attention quant aux ressources externes.
- Alerter sur des situations à risque.

Une vision du marché fournisseur en une seule page.

Contexte

L'acheteur a souvent besoin de communiquer en interne les évolutions des marchés fournisseurs. Il pourra utiliser cette fiche synthèse à tout moment dans le cadre de son plan de communication interne.

Comment l'utiliser ?

Étapes

1. Collectez les informations clés des différents outils déjà présentés sur l'analyse du marché fournisseurs.
2. Extrayez les informations essentielles sur :

- les caractéristiques du marché :
  - l'offre du marché : quels sont les produits et les services proposés ?
  - les fonctions principales attendues par les produits ou service ;
  - la zone géographique qui délimite le marché : est-ce un marché global, national, local ?
  - la taille du marché en euros ou en unité : cette statistique est souvent Publiée par les syndicats professionnels concernés ;
  - la tendance du marché : est-il en augmentation, en baisse ?
- le système concurrentiel
  - le niveau de concentration (*cf.* outil 15) : est-ce un marché concurrentiel, oligopole, monopole, oligopsone, monopsone ?
  - les principaux fournisseurs identifiés avec, si possible, leurs parts de marché ;
  - les principaux acheteurs identifiés ;
  - les circuits de distribution : sont-ils intégrés ? passent-ils par des distributeurs spécialisés ou généralistes ?
  - la phase actuelle du cycle de vie du marché (*cf.* outil 17) ;
  - un résumé des forces concurrentielles de Porter (*cf.* outil 18) ;
- l'évolution du prix du marché :
  - indice de référence. La famille d'achats fait parfois l'objet d'indice sectoriel de référence ;
  - principaux postes de coûts (*cf.* outil 28) ;
  - principaux inducteurs de coûts (*cf.* outil 31) ;
  - représentation de l'évolution des prix du marché, quand il est disponible.

3. Communiquez la fiche à vos clients internes particulièrement concernés par ces informations en prenant soin de mettre en évidence les risques les plus importants.

Méthodologie et conseils

- Il faut éviter de faire du remplissage. L'important est de fournir des informations pertinentes et factuelles.
- Tenez à jour cette fiche *a minima* tous les ans. ■

Avantages

✔ Synthétique, elle reste néanmoins suffisamment complète pour communiquer les points clés.

Précautions à prendre

✔ Ne rien communiquer si vous ne disposez que de très peu d'information sur le marché.

Sourcing et évaluation des fournisseurs

Dans un objectif de gain de temps et d'efficacité, l'acheteur cherchera à identifier et sélectionner les meilleurs fournisseurs du marché à consulter. La bonne pratique consiste, en effet, à ne consulter qu'un nombre limité de fournisseurs. Ils devront tous être capables de répondre à votre besoin interne et d'assurer la pérennité de la relation commerciale sur la durée du contrat.

Le processus de sélection et d'évaluation des fournisseurs actuels ou potentiels suit un principe d'entonnoir, c'est-à-dire une sélection progressive des fournisseurs en fonction de critères définis.

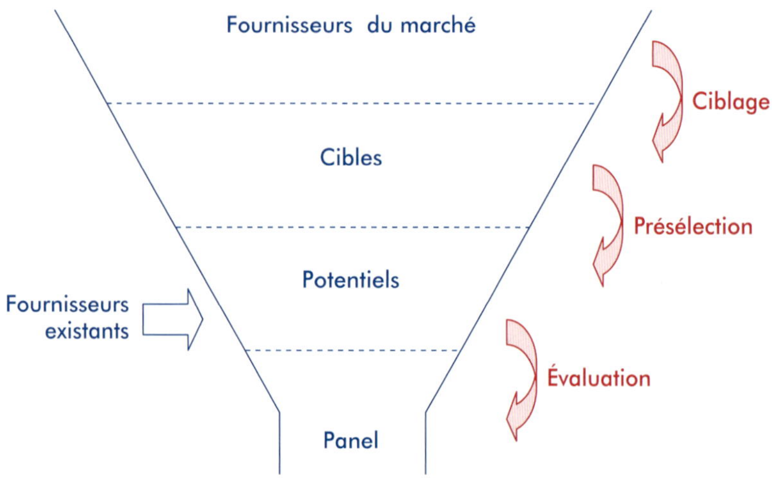

Ciblage

Il consiste en un tri préliminaire des fournisseurs du marché à l'aide de critères généraux simples et objectifs comme la taille de l'entreprise, la proximité géographique, les contraintes spécifiques rédhibitoires...
Cette étape ne nécessite pas de contact direct avec les fournisseurs.

Présélection

Parmi les fournisseurs cibles, retenez ceux qui répondent à des exigences plus précises. La majeure partie de ces informations ne peut être obtenue qu'en interrogeant les fournisseurs sur la base d'un questionnaire *ad hoc*, autrement appelé *Request For Information* (RFI).
Le dépouillement des questionnaires permettra d'établir la liste des fournisseurs potentiellement aptes.

Évaluation

L'évaluation des fournisseurs est parfois dénommée « qualification », « homologation » « accréditation », « agrément » ou encore « référencement ».
L'objectif est d'évaluer les fournisseurs actuels ou potentiels sur un certain nombre d'aspects, et de décider s'ils feront partie du panel de consultation.
L'évaluation des fournisseurs se porte sur :

- le profil de l'entreprise et sa capacité intrinsèque à répondre à votre besoin. Il s'agit ici de vérifier les réponses aux RFI au moyen d'un audit chez le fournisseur. Cet audit cherchera à évaluer les compétences distinctives de la chaîne de valeur du fournisseur et portera sur les neuf dimensions décrites dans le RFI. Il pourra être complété par un audit technique du processus concerné ;
- leur niveau d'expertise corrélé avec leur niveau de compétitivité ;
- leur dépendance économique avec votre entreprise ;
- leur niveau de motivation à travailler avec vous sur la durée ;
- leur santé financière.

À l'issue de cette évaluation sera établi le panel de fournisseurs consultables correspondant à l'ensemble des fournisseurs jugés aptes. Ces fournisseurs peuvent rentrer dans une dynamique de consultation récurrente et faire l'objet d'un contrat-cadre.
Vous aurez également une bonne évaluation des risques externes que représentent le marché et ses fournisseurs.

Les OUTILS

Le RFI

Les informations clés pour présélectionner un fournisseur

Domaines	Critères (et indicateurs)	Besoin	Score
1 Structure de l'entreprise	Actionnariat (structure juridique et capitalistique) Organisation (nombre de sites, filiales…)		…
2 Données financières	Chiffres clés (CA, rentabilité, endettement, ratios)		…
3 Activité commerciale	Secteurs d'activité Clients principaux		…
4 Innovation	Service dédié (Recherche & Développement, bureau d'étude, marketing) Brevets, licences, marques		…
5 Production et technologies	Volumes Capacité (volume maximum, effectif de productifs par domaine, parc machines…) Savoir-faire		…
6 Ressources humaines	Effectif Organigramme Rotation (*turnover*) des effectifs		…
7 Qualité	Agréments (certificats, normes, référentiels professionnels ou qualité)		…
8 Achats et *supply chain*	Flux (interne, distribution, logistique) Sous-traitance (hors frais généraux)		…
9 Stratégie de l'entreprise	Orientations principales communiquées		…

En résumé

Pour gagner en pertinence lors de vos appels d'offres, présélectionnez les fournisseurs ciblés à partir d'un questionnaire RFI (Request for Information) comportant neuf domaines.

Pour chaque famille achats, comparez directement la réponse des fournisseurs aux critères spécifiques correspondant à votre besoin.

Insight

In order to be more effective when requesting for quotation, make a pre-selection of target suppliers by using an RFI (Request for Information) questionnaire consisting of nine domains.

For each purchasing commodity, directly compare the suppliers' answers to specific criterions corresponding to your need.

Pourquoi l'utiliser ?

Objectif

Constituer un ensemble de fournisseurs répondant explicitement à des critères généraux objectifs correspondant à la stratégie achats par famille.

Pour cette opération, monopoliser le moins de ressources achats (temps et personnes) possible.

Contexte

Avant de se trouver dans l'urgence d'un appel d'offres, l'acheteur famille doit procéder à une présélection qui lui permettra après une visite d'évaluation de ne solliciter par la suite que des fournisseurs « capables ». On met en œuvre un principe « d'entonnoir » repris plus tard (*cf.* outil 41).

Comment l'utiliser ?

Étapes

• Établissez la liste des critères globaux à satisfaire (taille suffisante, santé financière…).

• Pour chacun d'eux, trouvez le ou les indicateurs les plus pertinents : par exemple on évalue la taille par le chiffre d'affaires et l'effectif.

• Indiquez chaque fois que c'est nécessaire une valeur minimum et maximum (par exemple : au moins deux sites en Asie).

• Faites remplir les valeurs directement dans le document par chaque fournisseur.

• Effectuez un tri éliminatoire de la manière la plus automatique possible.

Méthodologie et conseils

• Partez d'une base de questionnaire commune à tous le service achats que vous adaptez ensuite à chacune de vos familles.

Toujours « ratisser large » en matière de choix fournisseurs

• Demandez aux fournisseurs toutes les pièces justifiant les indications qu'ils ont écrites (par exemple bilan, compte de résultats pour la santé financière). Le cas échéant, ménagez un peu de place pour quelques *verbatim*.

• Effectuez un tri rapide sous forme de « passe/ne passe pas ». Le cas échéant, contactez les fournisseurs donnant des réponses imprécises ou « douteuses ».

• Affinez régulièrement la pertinence de vos questionnaires en gardant l'objectif de la simplicité et de l'objectivité.

Avantages

✔ Cette approche rigoureuse et simple présente beaucoup d'objectivité. Elle donne ainsi une grande transparence au service achats.

✔ Elle est facilement adaptable au sein d'une famille achats, voire transposable vers une autre. L'automatisation est également maintenant largement obtenue grâce aux outils bureautiques et technologies Internet.

Précautions à prendre

✔ Restez suffisamment général et factuel afin d'avoir une analyse facile et surtout rapide.

✔ Anticipez l'imminence des appels d'offres de votre domaine d'achats afin d'avoir un spectre de choix le plus large possible. Vous éviterez ainsi de devoir choisir toujours les mêmes fournisseurs, faute de temps.

✔ Impliquez systématiquement vos clients internes afin d'éviter les mauvaises surprises en phase ultime d'appels d'offres.

• • • ▶

Comment être plus efficace ?

Cibler d'abord

Faites précéder la présélection d'une étape de « ciblage » consistant à prélever « une cible » directement de vos sources d'informations suivant très peu de critères très simplement accessibles, par exemple sur Internet. Les réponses au RFI seront encore plus pertinentes, ce qui s'avère particulièrement appréciable lors d'achats complexes (techniquement par exemple) nécessitant de contacter prématurément des fournisseurs.

Quantifier et objectiver : exemple

Pour gagner du temps tout en restant précis, listez les indicateurs correspondant à votre besoin de présélection et comparez la réponse de chaque fournisseur :

- « 0 » : critère non satisfait, le fournisseur est éliminé ;
- « 1 » : critère juste satisfait ;
- « 2 » : critère satisfait.

La distinction entre « 1 » et « 2 » permet en calculant le score total de départager les fournisseurs s'ils sont trop nombreux :

Domaines	Réponse fournisseur : *Gramon SA*	Besoin	Score
1 Structure de l'entreprise	SA 1 siège + 1 filiale en Espagne	Indépendance	2
2 Finance	43 M€. Voir Bilan et C de R	DAF	1
3 Activité commerciale	Industrie et négoce 2 clients : Galinet (22 %) – Biron (17 %)	– Au moins 1 en dehors du nôtre – Au moins 1 référence connue	2 1
4 Innovation	BE = 9 personnes	> 3 % effectif	2
5 Production et technologies	200 à 300 produits/jour Soudage & assemblage composants	250 à 300 Au moins modules électroniques	1 2
6 RH	215 personnes. Organigramme joint	Réactivité	2
7 Qualité	ISO 9001 – ISO 14000	Au moins ISO 9001	2
8 Achats et SC	3 entrepôts (siège + Paris + filiale)	Proximité sud	2
9 Stratégie	Voir plaquette jointe	Compatible sur 2 ans	1

18/22

Réduire les tâches administratives

Oubliez le questionnaire papier et préférez-lui le document issu d'un **tableur électronique**. Non seulement vous pouvez l'envoyer par e-mail, mais en outre le traitement peut se faire sans recopie de votre part.

Pour des consultations de montant important (au moins 250 k€), vous avez aussi la possibilité de les confier à un prestataire de *e-sourcing*, à moins que le système d'information achats de votre entreprise dispose d'une telle application.

Exemple de **Questionnaire accessible sur Internet**

Questionnaire Fournisseur

Nous vous donnons l'opportunité de devenir un de nos fournisseur.
Complétez le formulaire ci-dessous qui sera transmis à l'acheteur concerné.
Pour connaître notre processus de sélection d'un fournisseur, **cliquer ici**.

*Champs obligatoires

1 – Identification

Société*

Site Internet http:// — Pays*

Adresse*

Ville* — Code postal*

Téléphone* — Fax*

Prénom* — Nom*

Fonction* — E-mail*

2 – Informations générales

Chiffre d'affaire (années n-1/n-2/n-3)* k€ k€ k€

Nombre de salariés*

3 principaux clients et part dans votre chiffre d'affaire total :

Client n°1* — Pays* — Part/CA* %

Client n°2 — Pays — Part/CA %

Client n°3 — Pays — Part/CA %

Part de votre CA dans notre secteur* %

3 – Qualité

Norme ISO 9001 — Autre 1

Norme ISO 14001 — Autre 2

4 – Motivation

Famille achats qui vous intéresse*

Expliquez brièvement pourquoi vous souhaitez devenir un de nos fournisseurs*

Annuler **Valider**

• Commentaires

Allez encore plus loin dans la dématérialisation des tâches achats répétitives en délégant 100 % de la procédure de remplissage aux fournisseurs potentiels. Faites transposer votre tableur sur **l'intranet fournisseurs** de votre entreprise. Obtenez également de votre service informatique un état régulier des consultations et des résultats de tri obtenus suivant vos critères.

Ceci est complètement adapté aux achats simples et récurrents, facilement « cataloguables » (produits standard). ■

Outil 21 La chaîne de valeur

Modélisation structurelle du fournisseur

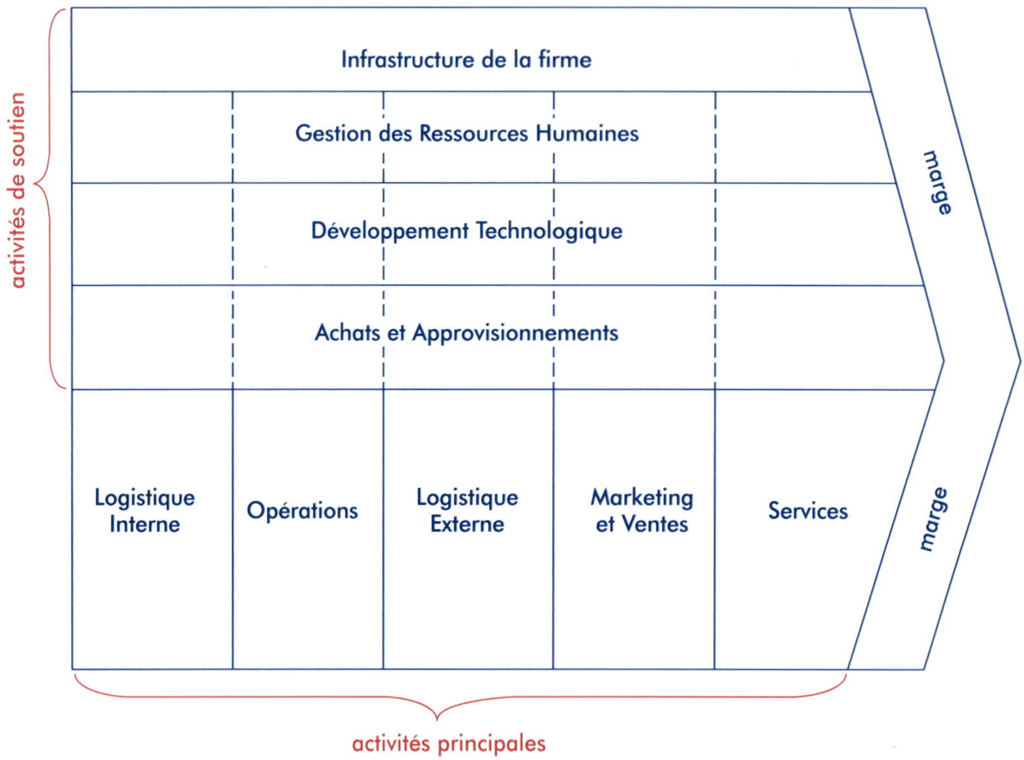

D'après M. Porter.

En résumé

La chaîne de valeur de Michael Porter est un modèle qui aide à analyser les activités spécifiques par lesquelles les fournisseurs peuvent créer de la valeur et un avantage concurrentiel.

Elle permet d'évaluer les facteurs de coûts et de création de valeur de chaque activité de l'entreprise et leur niveau de coordination au sein de l'organisation. Les activités de l'entreprise se divisent en deux grandes familles : les activités principales et les activités de soutien.

Insight

Michael Porter's value chain model analyses the specific activities of the supplier creating value and competitive advantage.

It evaluates the cost and value drivers of each activity and their level of coordination within the company. The activities of the value chain are divided into primary activities (line functions) and support activities (overheads).

Pourquoi l'utiliser ?

Objectif

- Mettre en évidence les activités clés, c'est-à-dire celles qui ont un impact réel en termes de coût ou de qualité et qui donneront un avantage concurrentiel.
- Vérifier l'adéquation entre votre besoin interne et la structure du fournisseur.

Votre fournisseur a-t-il la structure adaptée à vos ambitions ?

Contexte

Le modèle s'utilise dans le cas où vous envisagez une collaboration long terme avec un fournisseur. En effet, celui-ci donne plus ou moins de poids à chacune de ses « activités » en fonction de sa stratégie : R&D et marketing au détriment de la production par exemple. Les choix structurels du fournisseur (externalisation, intégration verticale, centralisation...), doivent correspondre à vos besoins et vous apporter de la valeur ajoutée.

Comment l'utiliser ?

Étapes

- Identifiez la chaîne de valeur du fournisseur dans sa globalité sur :
  - les activités principales : logistique interne, opérations, logistique externe, ventes et marketing, services (installation, service après-vente, entretien...) ;
  - les activités de soutien : achats et approvisionnements, développement technologique (R&D, système d'informations...), gestion des ressources humaines (gestion des compétences, carrière, recrutement), infrastructure de la firme (direction, finance, juridique).
- Analysez le niveau de coordination entre les activités. Elles sont souvent génératrices de conflit, car leurs objectifs individuels sont parfois contradictoires. Par exemple, conflits entre les fonctions R&D et production.
- Identifiez les liens en externe. L'entreprise est membre d'un système de chaînes de valeurs (fournisseurs et distributeurs). Il est important qu'elle ait des liens efficaces avec les partenaires amont et aval.
- Analysez les atouts et les faiblesses que possède le fournisseur en vous posant les questions suivantes :
  - Est-ce adapté à mon besoin et mes attentes (prix, service, réactivité, qualité, innovation...) ?
  - Est-ce que cela m'apporte une valeur ajoutée ?

Méthodologie et conseils

- Toutes les activités ne possèdent pas le même poids et ne vous apportent pas la même valeur. Il faut identifier les plus importantes.
- Chaque activité doit être analysée individuellement dans un premier temps car chacune se situe dans un univers spécifique. ■

Avantages

✔ Le modèle s'applique très bien à des grands groupes et à des filières économiques complètes.

Précautions à prendre

✔ Cette approche ne prend pas en compte l'environnement extérieur (légal, économique, socioculturel...).

✔ La chaîne de valeur est un outil d'analyse riche et requiert un niveau d'expertise élevé.

Visualiser le ratio chiffre d'affaire/ montant achats

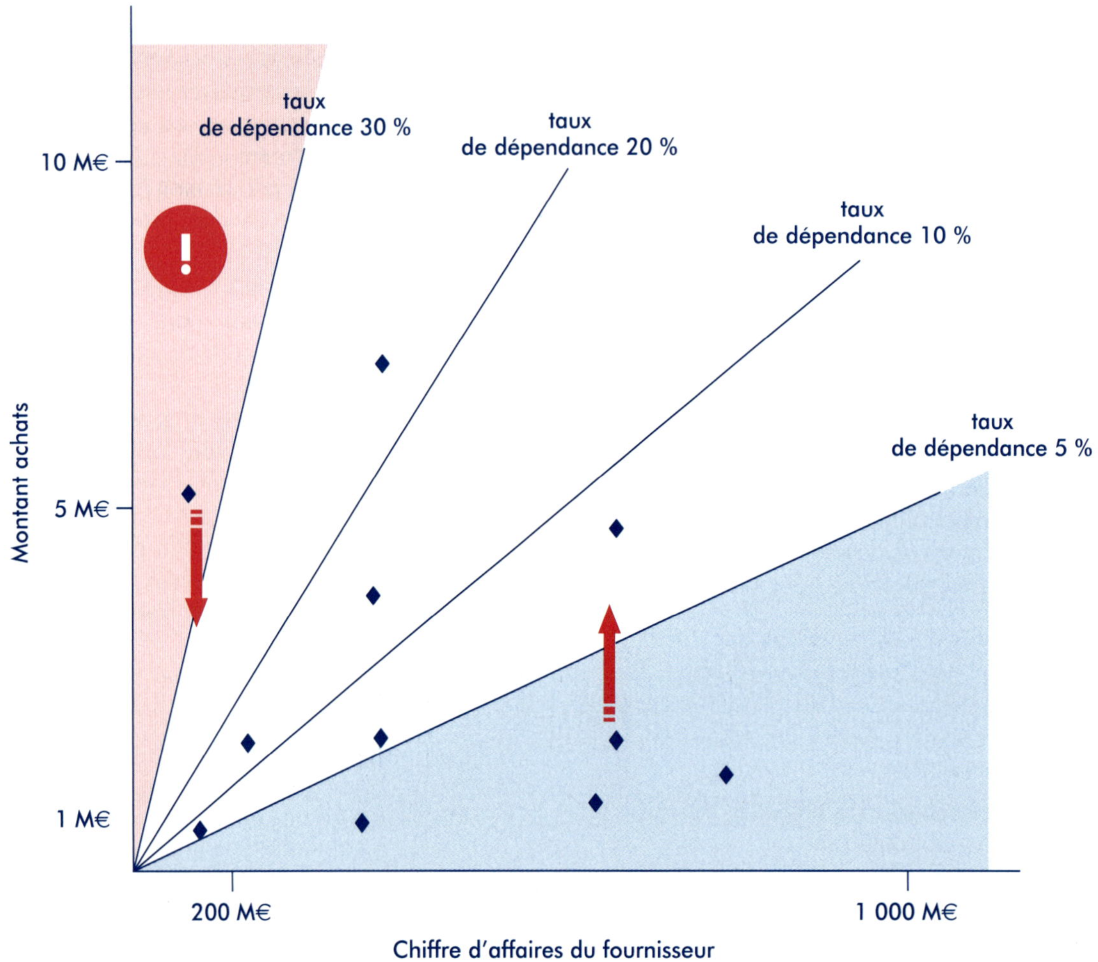

En résumé

Le taux de dépendance économique d'un fournisseur, ou autrement appelé taux de pénétration, est le rapport entre le montant annuel acheté auprès de ce fournisseur et son chiffre d'affaires. Cette cartographie permet d'identifier les fournisseurs trop dépendants de votre entreprise, c'est-à-dire dont le ratio est supérieur à 30 %, et ceux chez qui le volant d'affaire ne constitue pas un élément suffisamment attractif.

Insight

The economic dependence, also called penetration rate, is the ratio between the annual amount purchased to a supplier and its turnover. The mapping enables to identify highly dependant suppliers, and those for who the purchasing amount is not enough to represent an attractive factor.

Pourquoi l'utiliser ?

Objectif

• Anticiper les risques de dépendance économique avec certains fournisseurs.
• Identifier les fournisseurs peu dépendants de votre entreprise.

Vos fournisseurs n'ont-ils pas trop besoin de vous ?

Contexte

Un des éléments d'attractivité est le poids économique que votre entreprise représente dans le chiffre d'affaires du fournisseur. Ce poids peut également représenter un fort risque. L'acheteur aura alors intérêt à cartographier son panel fournisseurs existant.

Comment l'utiliser ?

Étapes

• Extrayez de vos systèmes d'information le montant des achats par fournisseur.
• Comparez-le avec leur chiffre d'affaires que vous pouvez trouver facilement sur leur déclaration fiscale ou sur un RFI (*cf.* outil 20) que vous leur aurez envoyé préalablement.
• Positionnez chaque fournisseur sur le graphique.

Méthodologie et conseils

• Même si ce n'est pas l'unique paramètre, un taux de dépendance supérieur à 5 % vous classe dans les clients importants du fournisseur. Vous rechercherez dans la mesure du possible à massifier vos achats par famille pour atteindre ce taux de dépendance.
• Identifiez les fournisseurs, et notamment les entités juridiques, avec un taux de dépendance de plus de 30 %. Le risque encouru est de deux ordres :

– juridique avec l'abus de dépendance économique (Code de commerce) : en cas de redressement ou de liquidation judiciaire consécutive à un dépôt de bilan, vous pouvez être condamné au comblement du passif. Si le fournisseur est un indépendant inscrit au RCS, ce qui est courant dans les prestations intellectuelles, le taux de dépendance n'est pas critique, mais plutôt la durée du préavis de fin de contrat qui doit permettre à l'indépendant de trouver de nouveaux clients ;
– opérationnel : le fournisseur sera extrêmement vulnérable en cas de désengagement de votre part, ce qui vous obligera à maintenir du chiffre d'affaires chez lui. ■

Avantages

✔ La cartographie permet de proposer une représentation visuelle de la situation des dépendances et d'alerter les clients internes sur les risques.

✔ Les informations nécessaires à l'élaboration de la cartographie sont faciles d'accès.

Précautions à prendre

✔ Il est préférable de calculer un taux de dépendance pour une entreprise à l'échelle du pays ou de la division et non à celle du groupe consolidé. Vous pouvez en effet représenter moins de 0,5 % du groupe mais plus de 10 % pour la filiale locale !

Outil 23 La cartographie d'expertise

Différentier les fournisseurs en fonction de leur expertise et de leur compétitivité

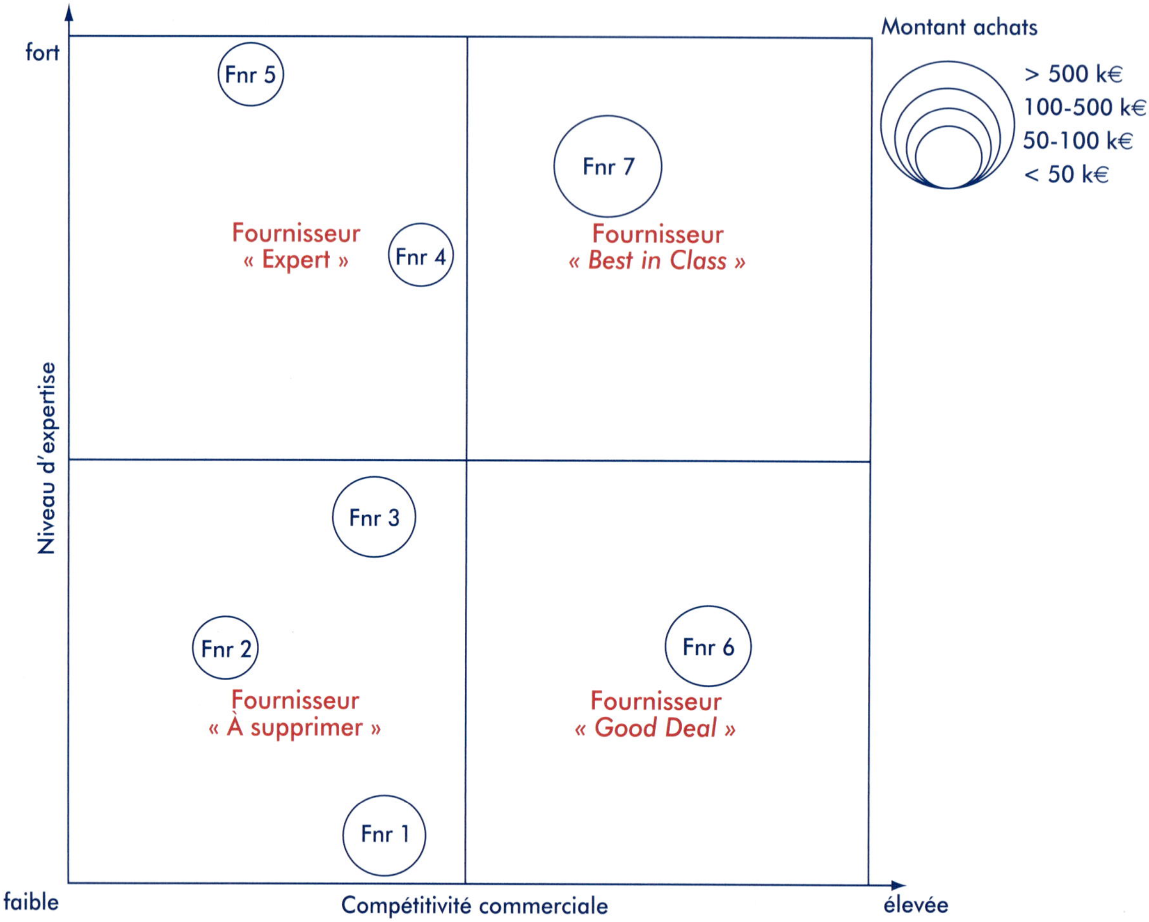

En résumé

La cartographie d'expertise établie une différentiation des fournisseurs d'une famille d'achats en quatre typologies. En fonction du niveau d'expertise fourni et de leur compétitivité commerciale, elle distingue les fournisseurs :

- « *best in class* » : fournisseurs apportant de l'expertise et de la valeur ajoutée au meilleur coût ;
- « expert » : fournisseurs apportant une très grande expertise au prix fort ;
- « *good deal* » : fournisseurs très compétitifs n'offrant pas de valeur ajoutée supplémentaire ;
- « à supprimer » : fournisseurs chers et n'offrant que peu de valeur ajoutée.

Insight

According to the level of expertise provided and competitiveness, the expertise mapping differentiates suppliers of a panel into four kinds:

- *"Best in class": suppliers providing expertise and added value at best cost.*
- *"Expert": suppliers providing expertise at high cost.*
- *"Good deal": competitive suppliers but with low added value.*
- *"To phase out": expensive suppliers with limited added value.*

Pourquoi l'utiliser ?

Objectif

- Évaluer le positionnement des fournisseurs existants ou potentiels dans le cadre d'un référencement.
- Identifier les fournisseurs à garder dans le cadre d'une réduction de panel.

Contexte

Dans l'évaluation amont des fournisseurs, il est intéressant pour tout acheteur de s'interroger : ai-je une diversité suffisante de fournisseurs au sein du panel pour répondre à l'ensemble des demandes de mon entreprise ? La cartographie d'expertise s'utilise dans un cadre d'un référencement ou d'une démarche de rationalisation de panel fournisseur. Elle est particulièrement utile dans l'analyse d'une famille d'achats.

Comment l'utiliser ?

Étapes

- Pour chacun des fournisseurs d'une famille d'achats, évaluez leur niveau d'expertise constaté. On appellera niveau d'expertise, les compétences distinctives vous apportant une réelle valeur ajoutée. Cela peut se traduire par :
  - une compétence technique et technologique particulière dont vous avez besoin ;
  - une expérience ou un savoir faire que vous n'avez pas ;
  - un niveau de service supérieur ;
  - une capacité à développer les solutions grâce à leurs moyens R&D.
- Il vaut mieux être qualitatif quant à l'évaluation du niveau d'expertise, en procédant par comparaison entre les fournisseurs.

Une appréciation experte du rapport qualité prix

- Évaluez leur niveau de compétitivité, c'est-à-dire leur niveau de prix relatif. Si le fournisseur est un nouveau fournisseur, demandez-leur le chiffrage d'un produit ou d'un service existant.
- Positionnez dans la matrice chaque fournisseur avec un cercle dont le diamètre est proportionnel au montant achats réalisé avec celui-ci.

Méthodologie et conseils

Les fournisseurs « *best in class* » sont bien sûr la cible mais il est conseillé d'avoir au sein d'une même famille d'achats des types de fournisseurs différents. Toutes vos demandes n'intéresseront pas vos fournisseurs « best in class ». Ainsi, avoir un ou deux fournisseurs « experts » vous permettra de répondre à des demandes particulières, très techniques ou de faible volume. Les fournisseurs « *good deal* » constitueront également d'excellents challengers.
Les fournisseurs « à supprimer » sont ceux qui doivent quitter le panel, sauf s'il s'agit d'un monopole de fait (*cf.* outil 15). ■

Avantages

- ✔ L'approche intègre la notion de rapport qualité/prix d'une manière très opérationnelle.
- ✔ La diversité des fournisseurs du panel est représentée graphiquement.

Précautions à prendre

- ✔ L'analyse est préférable sur des achats récurrents et dont vous avez une bonne connaissance.
- ✔ Elle n'a de sens que sur le périmètre d'une famille d'achats et non sur un portefeuille complet.
- ✔ Pensez à collaborer avec vos experts métiers.

La matrice d'attractivité

Évaluer l'attractivité de son entreprise vis-à-vis des fournisseurs

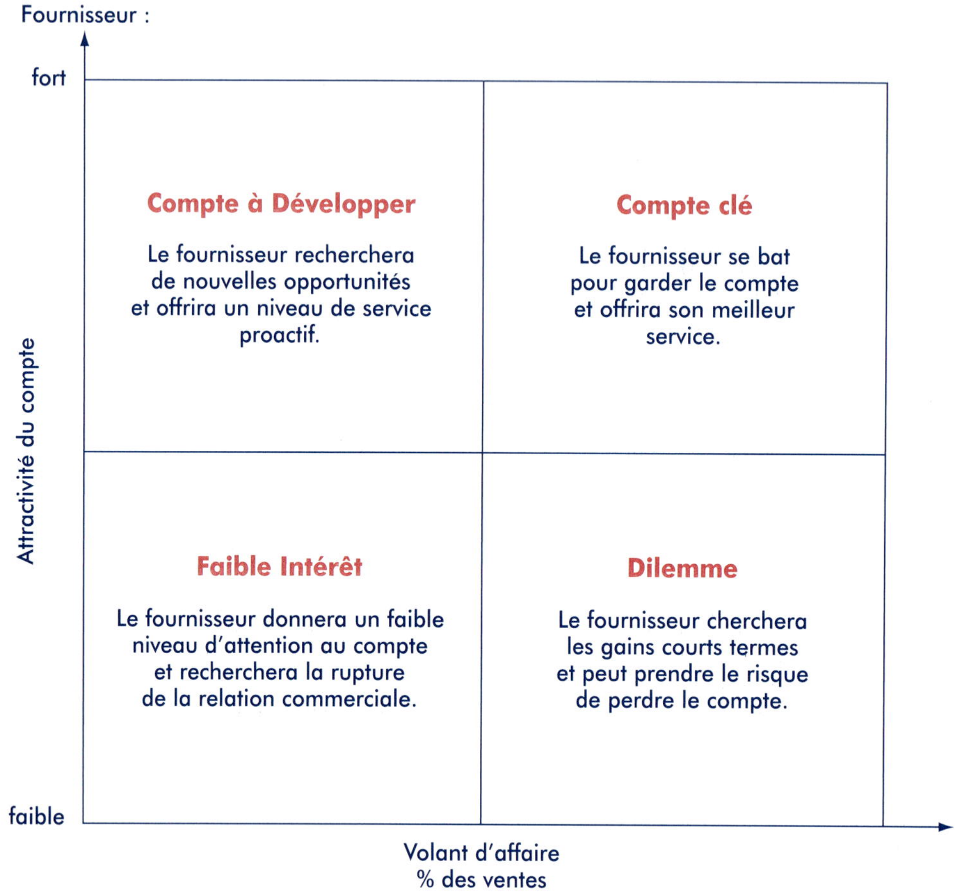

En résumé

La matrice d'attractivité évalue le niveau d'attractivité de son entreprise vis-à-vis d'un fournisseur et plus généralement vis-à-vis du marché fournisseur suivant quatre niveaux :

- compte clé ;
- compte à développer ;
- compte dilemme ;
- compte à faible intérêt.

Le fournisseur adoptera une stratégie commerciale différente qui peut être autant d'opportunités que de risques pour l'acheteur.

Insight

The supplier preferencing matrix assesses your company attractiveness to the suppliers upon four levels:

- *Core account.*
- *Develop account.*
- *Exploitable account.*
- *Nuisance account.*

Suppliers will adopt commercial strategies accordingly representing as much risks as opportunities to you.

Pourquoi l'utiliser ?

Objectif

• Présélectionner les fournisseurs chez qui vous représentez un vrai intérêt de collaboration.
• Adapter sa relation avec les fournisseurs pour augmenter le bénéfice mutuel.

Contexte

Il est souvent pertinent pour l'acheteur de se poser la question : en quoi le fournisseur a-t-il envie de travailler avec mon entreprise et comment le fournisseur nous perçoit-il en termes d'opportunités ? Cette analyse sera particulièrement utile dans le processus de sélection et la gestion de la relation fournisseurs.

Devenir le client préféré de ses fournisseurs

Comment l'utiliser ?

Étapes

• Identifiez votre part dans le chiffre d'affaires du fournisseur (*cf.* outil 22). Faites-vous partie des dix premiers clients ?
• Listez les éléments positifs et négatifs d'attractivité de votre entreprise vis-à-vis de ce fournisseur comme par exemple :
  – l'image de votre société sur le marché (éthique, notoriété…) ;
  – en quoi vous pouvez être une référence pour de futurs prospects (diversification sectorielle, vitrine…) ;
  – l'accès à l'innovation (apprentissage de nouveaux savoir-faire, découverte de technologie…) ;
  – le niveau de relation permettant la résolution en commun des problèmes rencontrés ;
  – la solidité et la pérennité du business (facilité de gagner des nouveaux marchés, garanties de paiement, stabilité des volumes…) ;
  – le niveau de marge et le potentiel de croissance que vous représentez chez le fournisseur.
• Positionnez votre entreprise dans la matrice et identifiez si vous êtes plutôt, vis-à-vis de ce fournisseur, un compte clé, à développer, dilemme ou à faible intérêt.

Méthodologie et conseils

• Compte clé : c'est la zone idéale pour l'acheteur car le fournisseur cherchera à vous offrir son meilleur service. Ce positionnement est indispensable pour vos familles dites stratégiques (*cf.* outil 35).
• Compte à développer : c'est également une zone de confort pour l'acheteur car, malgré le faible volume, vous êtes un client à potentiel et chez qui le fournisseur investira en temps et moyens.
• Compte dilemme : le fournisseur cherchera à tirer des avantages court terme. Ce sera la cause de multiples conflits. Votre priorité sera de chercher à augmenter votre attractivité ou à vous désengager.
• Compte à faible intérêt : le fournisseur ne cherchera pas à continuer la relation. La réactivité et le service ne sont pas au rendez-vous. Ce positionnement est à proscrire pour les familles stratégiques et critiques (*cf.* outil 35). ■

Avantages

✔ La démarche incite l'acheteur à se mettre dans la « peau » du fournisseur.

Précautions à prendre

✔ Il faut chercher à être le plus objectif et factuel possible dans l'évaluation du niveau d'attractivité.

7 ratios essentiels pour anticiper les risques de défaillance

	Nom du fournisseur :	FOURN		
	Forme juridique :	S.A.		
	Activité (Code NAF) :	7022Z		
		Année N	**Année N – 1**	**Année N – 2**
Cte de résultat	**Profitabilité**			
	Évolution du chiffre d'affaires (CA).....................	+ 5 %	....	....
	Valeur ajoutée (VA)/effectif	72 k€/salarié	....	....
	Excédent brut d'exploitation (EBE)/CA	14 %	....	....
	Résultat net (RN)/CA	2,6 %	....	....
Bilan	**Structure financière**			
	Capitaux propres/total bilan	43 %	....	....
	Besoin en fond de roulement (BFR)/FR	57 %	....	....
	Dettes à terme/CAF	1,25 année	....	....

En résumé

Avant d'envisager l'intervention d'un expert financier, analysez la santé financière de vos fournisseurs en vérifiant quelques indicateurs clés : quatre tirés du compte de résultat et trois du bilan. Leur évolution dans le temps ainsi que leur comparaison avec des référentiels métiers vous donneront rapidement une bonne vision de la pérennité financière des fournisseurs à enjeu pour votre entreprise.

Insight

Before asking a financial expert, analyze the financial health of your suppliers by checking some key indicators: four in the Profit & Loss and three in the Balance Sheet. By observing how they vary with time and by comparing them with business standards you can rapidly have a bright view of the financial health of strategic suppliers.

Pourquoi l'utiliser ?

Objectif

Évaluer en première approche :

- la pérennité du fournisseur ;
- sa capacité financière pour suivre l'évolution des besoins de votre entreprise ;
- la marge de manœuvre en négociation que vous permettra son niveau de profitabilité.

Contexte

Cette analyse s'effectue en phase de présélection d'un nouveau fournisseur, en amont d'un projet à enjeu, ou simplement pour mettre annuellement sous contrôle vos fournisseurs récurrents.

Comment l'utiliser ?

Étapes

- Rassemblez les données issues des bilans et comptes de résultat directement ou par l'intermédiaire de sociétés spécialisées (www.societe.com, www.infogreffe.fr...).
- Sur trois années consécutives, analysez les évolutions de chaque item au fil du temps, puis appréciez leur niveau dans l'absolu, ou par rapport aux concurrents/statistiques du secteur d'activité (www.insee.fr).

Méthodologie et conseils

Profitabilité : appréciez-la à partir du compte de résultat :

- CA et VA : ils donnent une première indication sur l'évolution de l'activité du fournisseur. Le ratio VA/effectif comparé à celui de concurrents du même secteur (code NAF) indique son niveau de productivité ;

Des points de repères simples

- EBE : vous mesurez ici la profitabilité opérationnelle, c'est-à-dire la marge qui provient directement de l'activité principale du fournisseur ;
- Résultat net : indique si le fournisseur dégage de la marge une fois que toutes ses charges sont payées. Il est d'environ 7 % du CA pour les entreprises du CAC-40.

Structure financière : évaluez son équilibre à partir du bilan du fournisseur :

- capitaux propres/total bilan : un niveau supérieur à 20 % témoigne d'une bonne autonomie financière ;
- besoin en fond de roulement (BFR) : représente le besoin de financement de l'activité fondamentale de l'entreprise. Calculé en nombre de jours de CA HT (stock et crédit client, diminué du crédit fournisseur), on le compare à d'autres entreprises du même métier. Le FR doit couvrir en général au moins 50 % du BFR ;
- CAF : le *cash flow* courant est un élément fondamental pour s'assurer que le fournisseur pourra, d'une part, honorer les échéances de son endettement actuel et, d'autre part, financer ses investissements futurs. ■

Avantages

✔ Cette approche très synthétique, vous donne une première analyse rapide quitte à poursuivre ensuite dans le détail à un niveau plus expert.

Précautions à prendre

✔ Les analyses financières ne sécurisent qu'à moyen et long termes. Pour le court terme, repérez plutôt les « signaux faibles » provenant des fournisseurs : hausses soudaines de prix, sollicitations commerciales plus fréquentes, mouvements de personnel...

L'analyse des risques fournisseurs

Identifier et évaluer les risques du marché et des fournisseurs

Famille d'achats	Montant	Facteur de risque			Conséquences	Probabilité (P)	Impact (I)	Criticité P x I	Plan d'actions	Priorités
Pièce plastique injectée	20 M€	Marché	Niveau de concentration	marché concurrentiel, très atomisé avec de nombreux petits acteurs. Pas d'entente à priori	entreprises peu internationalisées risque de dépendance économique	3	3	9	identifier les principaux acteurs du secteur	2
			Phase du cycle de vie	Maturité. Peu d'évolutions technologiques. Prix en baisse	–					
			Pouvoir de négociation des clients	Guerre des prix. Délocalisation dans les pays de l'est et en Asie problèmes capacitaires possible	risque d'image défaillances disponibilité des capacités	2	4	8	établir des partenariats opérationnels rapprochés	2
			Rivalité entre les concurrents	les secteurs clients principaux ont baissé de 20 % leur volume	baisse de chiffre d'affaire des fournisseurs. Santé financière dégradée	4	4	16	évaluation de la santé financière des fournisseurs. Gestion péévisionnelle de leur trésorerie	1
			Pouvoir de négociation des fournisseurs	Les fournisseurs de matières premières imposent leurs prix	augmentation des prix	2	3	6		
			Menace des nouveaux entrants	les nouveaux fournisseurs issus des pays émergents n'ont pas la même maturité de maitrise du process	non conformités, perturbations	3	3	9	validation produit/ process après chaque transfer	2
			Menace des produits de substitution	peu d'alternative	pas d'innovation technologique à proposer	3	2	6		
			Inducteurs de coûts	hausse du prix du pétrole	– augmentation des prix	3	3	9	identification de la part matière. Clause de révision au contrat	
		Fournisseurs	Santé financière	la rentabilité des fournisseurs est affectée	défaillance des fournisseurs (dépôt de bilan)	4	4	16	évaluation de la santé financière des fournisseurs. Gestion prévisionnelle de leur trésorerie	1
			Équipement et infrastructure	les presses sont relativement anciennes	coûts de maintenance accrus	3	2	6		
			Développement durable	Tous les fournisseurs actuels ont signés notre charte de développement durable	risque d'image	1	4	4		
		Commercial	Dépendance du fournisseur	nous représentons plus de 30 % du CA d'un des fournisseurs	gestionnaire de fait en cas de dépôt de bilan	4	4	16	Désengagement progressif du fournisseur suivi de sa santé financière	1
			Convergence des stratégies	un des fournisseurs veut quitter notre secteur d'activité très rapidement.	transfer de production, perturbations logistiques et qualité	3	4	12	mise en place d'une task force pour assurer les transferts	1

En résumé

Au même titre que l'analyse des risques internes (cf. outil 14), les risques achats externes représentent les dangers inhérents à l'évolution des marchés et aux fournisseurs, susceptibles de causer des nuisances à l'entreprise. L'acheteur s'efforcera d'analyser les risques fournisseurs en identifiant les facteurs de risques, en évaluant leur criticité et en mettant en place des plans d'actions afin d'en réduire les effets.

Insight

Such as the internal risks (refer to n° 14), the external risks are dangers inherent to the suppliers or to the market evolution likely to cause damages to the company. Buyer' role is to ***analyse suppliers' risk*** *by identifying those risks factors, by evaluating their intensity and by building mitigation plans. Risk factors may be related to the country, the supply market, the suppliers or the commercial relationship.*

Pourquoi l'utiliser ?

Objectif

• Identifier et évaluer les risques associés au marché fournisseurs et à ses fournisseurs afin de mettre en place des actions préventives.
• Établir des niveaux de priorités dans le traitement des risques.

Contexte

L'analyse des risques externes s'utilise principalement lors de l'élaboration de stratégies d'approche d'un marché et la présélection des fournisseurs Elle est recommandée au moins une fois par an sur chaque famille.

Il vaut mieux prévenir que guérir.

Comment l'utiliser ?

Étapes

• Identifiez les facteurs de risques et leurs conséquences :
  – pays : stabilité politique et économique, volatilité du taux de change, douanes et taxes… ;
  – marché : niveau de concentration, phase du cycle de vie, rivalité entre les concurrents, pouvoir de négociation des clients, pouvoir de négociation des fournisseurs, menace des nouveaux entrants, menace des produits de substitution, contexte légal, système de distribution, inducteurs de coûts… ;
  – fournisseurs : profil et management, santé financière, équipement et infrastructure, R&D, expertise technique, qualité, logistique, développement durable… ;
  – commercial : niveau de relation, dépendance du fournisseur, convergence des stratégies, communication, juridique…

• Évaluez de 1 à 4 le niveau d'occurrence et d'impact de chaque risque. Calculez la criticité en multipliant les deux.
• Construisez pour les risques les plus critiques (supérieur à 9), les plans d'actions adaptés par famille d'achats et par fournisseur.
• Définissez le niveau de priorité de chaque plan d'actions.

Méthodologie et conseils

• L'outil s'utilise soit en aval, sur la base existante du panel, soit au fur et à mesure du sourcing de fournisseurs potentiels.
• L'identification des risques inhérents à l'évolution du marché est l'étape la plus délicate car elle requiert une bonne connaissance de celui-ci. Utilisez l'analyse des forces concurrentielles (*cf.* outil 18).
• Le risque doit être évalué en fonction de la durée de la relation. Un projet sur le long terme requiert une analyse beaucoup plus poussée. ■

Avantages

✔ L'analyse est complète et synthétique. Elle permet d'équilibrer la réduction des coûts avec les risques pris.

Précautions à prendre

✔ Il faut éviter de confondre facteur de risque qui correspond à un mode de défaillance et impact du risque. Par exemple le risque de perte d'image est une conséquence d'un non-respect des règles de développement durable de la part du fournisseur (facteur).

Analyse des coûts

La contribution des achats aux résultats financiers de l'entreprise porte en tout premier lieu sur la réduction des coûts. L'acheteur doit ainsi consacrer une bonne part de son expertise marché à la connaissance approfondie des prix et des structures de coût des produits proposés par les fournisseurs.

Prix et coûts

Faire clairement la différence entre ces deux notions est fondamental quand on a pour objectif de contribuer à la marge de son entreprise. L'acheteur comme le vendeur sont donc directement concernés et ont intérêt à collaborer.

Le « prix » représente l'expression monétaire de la valeur d'une transaction. Celle-ci n'en reste pas moins subjective et liée aux forces en présence sur un marché.

Le « coût » quant à lui, est la somme des charges attribuées à un produit ou un service pour l'entreprise. C'est donc le résultat d'un calcul « objectif » mais qui comporte cependant quelques choix de la part de l'entreprise qui l'établit. Le coût d'un produit est constitué par les matières premières et la valeur ajoutée qui inclut les processus de création, de production et la logistique. Celui d'une prestation est constitué par les composantes propres au service : études, réalisation, contrôle, facturation/gestion, etc.

Par conséquent le terme « prix de revient » est incorrect et c'est le terme « coût de revient » qui a du sens. Notons que le prix d'achats constitue un coût pour l'entreprise acheteuse.

Différents niveaux d'analyse

La maîtrise des différents outils d'analyse à la disposition de l'acheteur ne constitue pas une fin en soi, mais bien un moyen pour lui d'atteindre ses objectifs économiques. Le but de l'acheteur n'est donc pas de chercher à déterminer systématiquement « LE » prix du marché, ni « LA véritable » structure de coût de chacun de ses fournisseurs. Le vrai enjeu est de dépenser l'énergie (essentiellement le temps) juste nécessaire pour atteindre l'objectif.

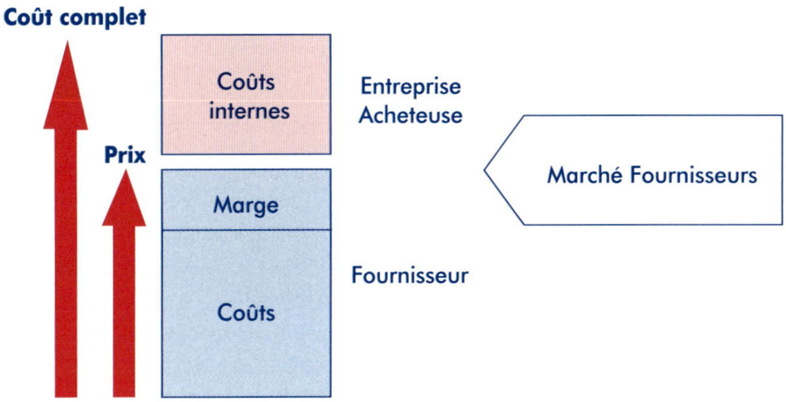

Le prix

Dans un premier temps l'approche « extérieure » consistant à comparer les niveaux de prix d'un marché fournisseurs suffit souvent à réaliser des gains importants.

Les coûts

S'il est nécessaire d'obtenir davantage de résultats ou face à un fournisseur unique (monopole ou monosource), l'acheteur poursuivra plus finement sous forme d'investigations « vers l'intérieur ». En observant chacun des fournisseurs, il développe une expertise plus technique couvrant maintenant les aspects processus d'un produit lui permettant de comprendre la formation et l'évolution des coûts. En établissant ainsi un modèle de coût (cost model), l'entreprise acheteuse est capable de fixer un prix cible très réaliste et challengeant pour ses fournisseurs.

Le coût complet

Le niveau ultime en matière d'analyse des coûts consiste à couvrir tout le cycle de vie du produit. Ainsi ce calcul en TCO (coût complet) prend en compte également les coûts préalables et consécutifs à l'acte d'achat à l'intérieur de l'entreprise acheteuse.

Dossier

Les OUTILS

La stratégie de prix des fournisseurs

Décoder le niveau de prix des fournisseurs

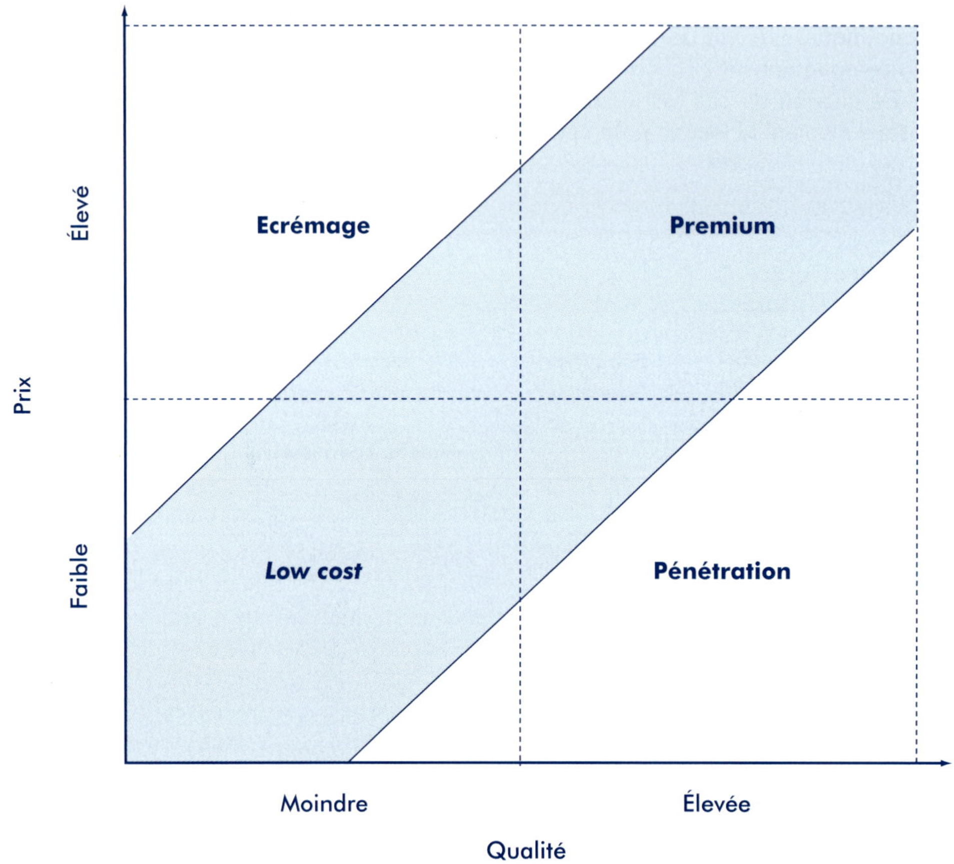

En résumé

Le prix est le reflet de la valeur perçue par le client. Il est fixé en fonction des coûts de revient, du niveau de concurrence et de la demande. Par rapport au prix fixé, le fournisseur aura quatre stratégies de prix :

- premium : approche du marché avec des offres de qualité ;
- pénétration : l'objectif est de conquérir des parts de marché au travers de réduction de prix ;
- *low cost* : prix basé sur une différentiation par les coûts ;
- écrémage : l'idée pour le fournisseur est d'aborder un marché par le haut pour dégager des marges.

Insight

Price reflects the value perceived by the customer. It is function of production cost, competition level on the market and customer expectations. According to this price reference, suppliers may follow four pricing strategies:

- *Premium: approach the market with top quality products.*
- *Penetration: the objective is to gain market shares with significant discounts.*
- *Low cost: pricing based on cost differentiation.*
- *Skimming: maximize margin utilizing specific competitive advantage.*

Pourquoi l'utiliser ?

Objectif

• Décoder les stratégies de prix des fournisseurs en vue de préparer ses négociations.
• Vérifier si les fournisseurs sont bien positionnés.
• Identifier les opportunités de réduction de prix.

« Le prix s'oublie, la qualité reste » (Michel Audiard)

Contexte

L'acheteur, quand il approche un nouveau marché, peut s'interroger sur les stratégies de prix de ses fournisseurs et adopter des actions en conséquence.

Comment l'utiliser ?

Étapes

• Calculez ou retrouvez le prix référence du produit ou service acheté :
 – soit par la structure de coûts (*cf.* outil 28) ;
 – soit par le prix moyen du marché quand il est connu. Il correspond à la moyenne de prix observée pour un produit dans la même sous-famille ;
 – soit la valeur perçue : le prix acceptable par le marché auquel le produit s'adresse, selon des critères rationnels et émotionnels combinés.
• Estimez objectivement le niveau de qualité attendu du produit ou service acheté (fonctions, performance...).
• Positionnez les offres fournisseurs dans la matrice et vérifiez leur politique de prix :
 – premium : prix élevé avec une qualité élevée ;
 – pénétration : prix inférieur à celui du marché avec une qualité supérieure à la moyenne ;
 – prix économique ou *low cost* : prix faible pour une qualité basique ;
 – écrémage : une qualité moyenne pour un prix élevé, souvent en ouverture d'un nouveau marché.

Méthodologie et conseils

• Dans la bande qui couvre la stratégie Premium et *Low Cost*, le prix est bien proportionnel à la qualité reçue. Vous devez toutefois vérifier si le niveau de qualité correspond à un besoin réel et non à de la sur ou sous-qualité. Dans ce cas, l'analyse de la valeur est un bon outil pour repositionner l'offre fournisseur (*cf.* outil 32).
• Une stratégie de pénétration est une très bonne opportunité mais également une zone à risque : en effet, le fournisseur peut très bien vous proposer un prix d'appel pour ensuite remonter ses prix. Le prix peut traduire également une situation de « détresse financière ».
Dans tous les cas, il faudra essayer d'en comprendre les raisons.
• En face d'une stratégie d'écrémage, il est important d'être actif, tant vis-à-vis du fournisseur actuel (négociations offensives), que par l'introduction de challengers.

Avantages

✔ Cette présentation globale est simple et rapide.

✔ Elle permet de comparer ce qu'apporte le produit ou service par rapport à son prix.

Précautions à prendre

✔ Le calcul du prix de référence ne tient pas compte des innovations et sauts technologiques. Restez donc ouvert !

Outil 28 La décomposition du prix

Découvrir les coûts qui composent le prix du fournisseur

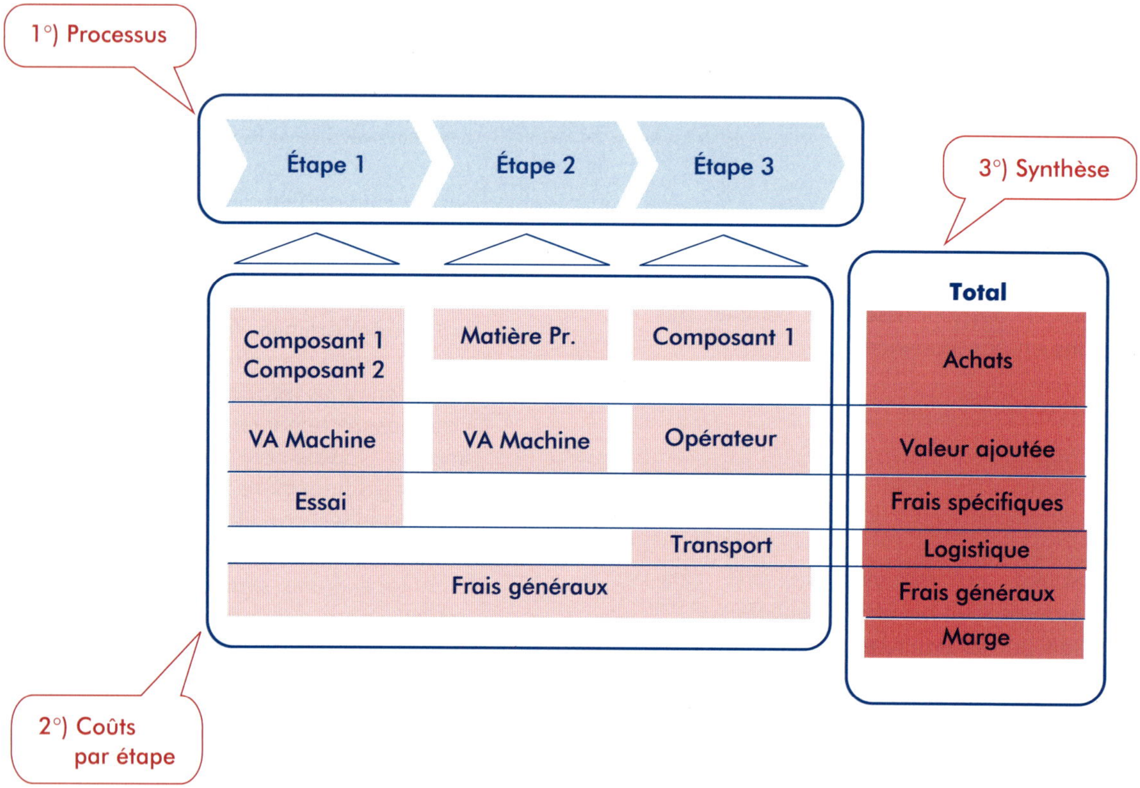

En résumé

En complément aux analyses de prix faites au niveau global d'un marché, la décomposition du prix permet d'aller plus loin dans l'atteinte des objectifs de réduction de prix.

Il s'agit de caractériser les postes de coûts composant le prix d'un fournisseur. À chaque étape du processus de production, on quantifie les ressources utilisées. Le tableau présentant le total de chacun des postes fournit la base pour réaliser une analyse critique et constituer un référentiel de suivi.

Insight

In addition to global price analysis made at a market level, cost breakdown analysis makes it possible to reach even tougher cost reductions objectives.

It deals with identifying cost elements that makes a supplier's price. At each step of its production process, resources which are used are quantified. The template including the total amount of each cost element gives the basis for a check anaysis and a follow up reference.

Pourquoi l'utiliser ?

Objectif

- Fixer un cadre de référence de chiffrage pour analyser les évolutions d'un prix et comparer les différents fournisseurs.
- Se concentrer sur les postes de coûts les plus importants.
- Vérifier que l'on ne paye que le juste besoin.

Oser lever le voile

Contexte

L'étude d'un marché inclut la connaissance des coûts. En outre, quand la simple mise en concurrence ne suffit pas à obtenir de meilleurs prix, l'acheteur a besoin de leviers économiques plus fins pour négocier.

Comment l'utiliser ?

Étapes

1. Analysez le processus de production du fournisseur et les différentes ressources (matière, homme, machine…) nécessaires à chaque étape.
2. Estimez les coûts de chacune pour définir des postes de coûts.
3. Faites le total des coûts pour chaque poste et rassemblez-les dans un tableau.

Méthodologie et conseils

Chaque tableau de décomposition est spécifique au produit acheté.

Imposez un rubriquage simple en quatre ou cinq postes, puis au fil du temps détaillez davantage.

Voici une répartition classique des **postes de coût** sur deux niveaux :

- Achats
  - matières premières (diminuée de la part recyclée ou revendue) ;
  - composants ;
  - sous-traitance (la part « étude » peut être prise en compte plus bas).
- Valeur ajoutée
  - main-d'œuvre : les intervenants et leur encadrement direct ;
  - machine : frais de fonctionnement et d'entretien directs + amortissements machine.
- Frais spécifiques :
  - étude – développement ;
  - équipements et outillages : fabrication ;
  - processus de fabrication (méthodes) ;
  - essais – prototypes – maquettes ;
  - mise en service – formation ;
  - marketing – communication.
- Frais généraux (frais de fonctionnement et amortissements non spécifiques) :
  - services connexes et centraux.
- Logistique : emballage – transport – déplacement.
- Marge et risque.

Avantages

✓ Au fur et à mesure que l'acheteur gagne en expertise, il pourra lui-même « challenger » sa propre vision du produit auprès du vendeur.

✓ Cet outil permet la mise en place de formules de révision de prix (*cf.* outil 29).

Précautions à prendre

✓ Elle n'est pas applicable aux produits dont les prix sont décorrélés du coût de revient (matière première, énergie, négoce…).

✓ Attention à laisser suffisamment de latitude au vendeur pour s'écarter légèrement du modèle imposé.

✓ La structure de coûts est liée à des hypothèses de chiffrage qui évoluent dans le temps ; pensez à les remettre à jour.

• • •

Comment être plus efficace ?

Pertinence de l'outil

L'attractivité de cet outil très analytique ne doit pas en occulter les limites. Rappelons que le but n'est pas de connaître « LA vérité » concernant le prix annoncé par le vendeur, mais de trouver un moyen de le ramener à un niveau « raisonnable ». Quand l'approche par comparaison au prix constaté sur le marché est impossible ou imprécise, il y a effectivement lieu de se lancer dans l'analyse. Par ailleurs, quand il s'agit de départager des offres concurrentes, le prix n'est bien qu'une des composantes du choix.

Obtenir ou établir une décomposition de prix

Demandez-la au fournisseur ; certes, il n'est pas tenu de vous la donner, mais suivant les secteurs d'activités les acheteurs ont toujours fini par l'avoir. Même si les premières versions que vous remet de mauvaise grâce le vendeur contiennent quelques « imprécisions », ce n'est pas grave car vous avez maintenant un point de comparaison. S'il s'en écarte, il devra s'expliquer et vous tendrez progressivement vers une décomposition plus réaliste.

L'autre technique nécessite davantage d'énergie de votre part car vous allez devoir estimer vous-même les constituants du prix. Si votre entreprise possède ce savoir faire, sollicitez directement vos collègues experts : marketing (vision extérieure), bureau d'étude, méthodes (conception des procédés), contrôle de gestion (chiffrages), *supply-chain* (analyse des processus), qualité (audits). Sinon la comparaison à des produits similaires dans votre entreprise ou sur le marché vous aidera. Voici des **sources d'informations** à utiliser : instituts publiant des indices de prix, instituts de recherche, analyses de marché, autres clients (*benchmarking*), presse spécialisée, publications de résultats financiers des entreprises...

Aller sur le terrain

Les visites chez le ou les fournisseurs donnent par ailleurs énormément d'informations permettant de comprendre leurs processus. Par l'observation et le questionnement des intervenants eux-mêmes, vous découvrez et vérifiez des détails essentiels :

- qualitativement : types de matières ou composants, technologie ou méthodologie, références utilisées, types de composants, matières, qualification des intervenants, descriptifs de tâches élémentaires, moyens (hommes ou équipements) communs à plusieurs produits, autres clients... ;
- quantitativement : volume, poids, durées...

Anticiper la négociation

Profitez du rapport de force que vous avez développé pour faire progressivement de la décomposition de prix une condition impérative de recevabilité d'une proposition fournisseur lors d'un appel d'offres.

Repérez les postes importants et détaillez-les sur un niveau supplémentaire (voir exemple ci-après).

Dans certaines entreprises industrielles, des spécialistes de la fonction achats ont pour mission de réaliser ce type de chiffrage et de proposer des pistes d'amélioration en coordination avec les acheteurs en charge du compte fournisseur.

Cette manière de procéder constitue parfois une véritable technique de négociation par inversion des rôles, l'acheteur proposant à son tour sa propre « composition » de prix au vendeur.

Exemple de **Décomposition d'un sous-ensemble**

Postes		Coût (€)	Poids (%)
Matière	Matière première PP40TEHF	1,847	22 %
	Chutes PP40TEHF	0,221	3 %
	Taux de rebut	0,336	4 %
	Sous-traitance Insert ISM18	0,756	9 %
VA	Études	0,420	5 %
	Machine PR500-3	0,336	4 %
	Opérateur CL2	0,924	11 %
	Encadrement U01	0,504	6 %
	Amortissement machine PR500-3	0,336	4 %
Autres frais	Contrôle unitaire	0,168	2 %
	Emballage	0,084	1 %
	Transport rendu usine LS	0,420	5 %
FG	Frais généraux	1,597	19 %
Marge	Marge	0,336	4 %
		8,286	100 %

Poids pièce : brut (chute)			Prix d'achats PP 40 % talc
Pièce A	Pièce B	Pièce C	
1 056 g (113 g)	341 g (36 g)	218 g (23 g)	1,28 €/kg

• Le contexte

L'acheteur a obtenu cette décomposition des coûts à partir d'un tableur électronique très simple qu'il a envoyé à son contact commercial habituel. Celui-ci a rempli les deux colonnes de droite restées vierges. La précision, mais pas forcément l'exactitude, des chiffres fournis sont le fruit d'une longue collaboration entre les deux partenaires.

Les volumes (10 000 produits par mois), le prix ainsi que les exigences qualité représentent un enjeu fort pour l'acheteur… et le vendeur.

• Commentaires

Voici quelques remarques et questions à la lecture de ce document.

Matière : ce « 22 % » impose un niveau de détail supplémentaire : vérifier le poids « en grammes » des trois pièces concernées et apprécier le prix d'achat du fournisseur étant donné les volumes globaux concernés (le fournisseur utilise certainement ce plastique pour d'autres pièces ; combien ?). Les chutes et le taux de rebut ne sont pas une fatalité et doivent être objectivés à la baisse ; un ratio systématiquement appliqué est donc inacceptable.

Valeur ajoutée (VA) : de manière générale, il faut s'interroger sur la pertinence des choix : le type de machine (taux d'utilisation, dimensionnement…), la qualification des intervenants et le temps passé, le taux horaire conséquent… Faire détailler le poste Études afin de vérifier qu'il ne concerne que les études spécifiquement liées à ce produit (pièce, outillage et équipements). Peut-être pouvez-vous négocier un autre mode de financement (hors prix unitaire par exemple).

Autres frais : peut-on à terme supprimer le contrôle unitaire ? 5 % de coût de transport semble élevé ; faites chiffrer par un de vos transporteurs.

Frais généraux : vérifiez que des frais spécifiques (études, amortissements d'équipement, sous-traitance…) ne sont pas déjà pris en compte dans les postes précédents.

Marge : il y a lieu de rester vigilant face à un taux apparemment « raisonnable » car les « véritables » points de marge injustifiés peuvent se situer dans tous les autres postes permettant au fournisseur de provisionner certains risques liés au choix de la solution technique proposé. ■

La formule de révision

Indexer les variations conjoncturelles

$$P = \left[P_0 \times f + \left(a \times \frac{A}{A_0}\right) + \left(s \times \frac{S}{S_0}\right)\right]$$

P_0 = 1 200 €

Postes	Poids	Indice	Indice à t_0	Indice courant
Acier	10 %	A	100	84
Salaire	30 %	S	100	102
Coûts fixes	60 %	–	–	–
	100 %			

$$P = 1\,200 \times \left[0{,}60 + \left(0{,}10 \times \frac{84}{100}\right) + \left(0{,}30 \times \frac{102}{100}\right)\right]$$

P = 1 188 €

En résumé

Pour sécuriser les variations de prix dues à des aléas conjoncturels, l'acheteur établit avec le fournisseur la formule de révision permettant de tenir compte de ces variations. La formule intègre :

- le prix de départ du produit ou de la prestation fournie ;
- une partie correspondant aux postes de coût considérés comme fixes ;
- une partie variant en fonction d'indices conjoncturels officiels.

Insight

In order to limit price variations due to unexpected economic factors, the buyer and the supplier agree to the revision formula taking these variations into account. The formula includes:

- *Base price of delivered product or service.*
- *Cost elements considered to be fixed.*
- *Variable part with official price index.*

Pourquoi l'utiliser ?

Objectif

Contractualiser les variations de prix en les limitant à une évolution moyenne constatée objectivement sur le marché.

Contexte

Quand l'acheteur connaît peu le domaine et que l'enjeu économique reste modéré ou quand l'objectif principal n'est pas le prix et que l'acheteur doit concentrer son énergie sur de la gestion de risques techniques, il choisira ce mode « automatique » de négociation du prix.

Comment l'utiliser ?

Étapes

- Décomposez le prix afin d'en dégager les composantes soumises à des fluctuations.
- Identifiez les indices officiels (LME pour les métaux, CRU pour l'acier, Baltic Dry Index pour le fret maritime, Insee...) représentant ces variations.
- Choisissez la date (t_0) de référence correspondant à l'indice de départ.
- Définissez avec le vendeur la fréquence de révision du prix (mensuelle, trimestrielle, semestrielle).
- Négociez le prix de départ (P_0).
- Négociez la productivité, c'est-à-dire la baisse de P_0 dans le temps, fruit de l'expérience sur les volumes réalisés par le fournisseur. Par exemple : – 3 % par semestre, – 5 % par an, etc.

Méthodologie et conseils

- En limitant au maximum les postes de coût à variabiliser, vous simplifiez énormément l'utilisation de la formule.

Sécuriser les aléas conjoncturels

- Les indices choisis doivent correspondre effectivement au contexte du marché d'où provient le produit. Consacrez donc suffisamment de temps à rechercher ces informations auprès de sources ayant pignon sur rue. Certains indices, d'allure officielle, peuvent émaner directement des fournisseurs..
- La dernière étape est fondamentale car elle permet de contrebalancer des effets conjoncturels (extérieurs) ; ce qui permet à l'entreprise acheteuse de se démarquer de la moyenne de la concurrence.
- Quand les variations sont très importantes, c'est peut-être la composition du produit qui est à revoir : trouver un substitut à l'acier ou une tout autre technologie par exemple. ■

Avantages

✔ Vous limitez avec objectivité les risques de dérives, dans des marchés fluctuants ou peu maîtrisés.

✔ L'acheteur gagne du temps car la négociation de prix n'a lieu qu'une fois au moment de l'établissement de la formule.

Précautions à prendre

✔ Sous la pression des vendeurs, attention à ne pas accepter trop vite une formule de révision quand la conjoncture est clairement à la hausse. Et réciproquement en période déflationniste, l'acheteur peut être tenté par cette solution de facilité mais pour laquelle le vendeur ne sera pas dupe longtemps !

✔ En droit privé français, on ne peut indexer sur le niveau général des prix ou des salaires, ainsi que toute référence n'ayant pas de rapport direct avec l'objet du contrat ou l'activité du fournisseur.

L'effet de volume

Quelle baisse pour tel volume en plus ?

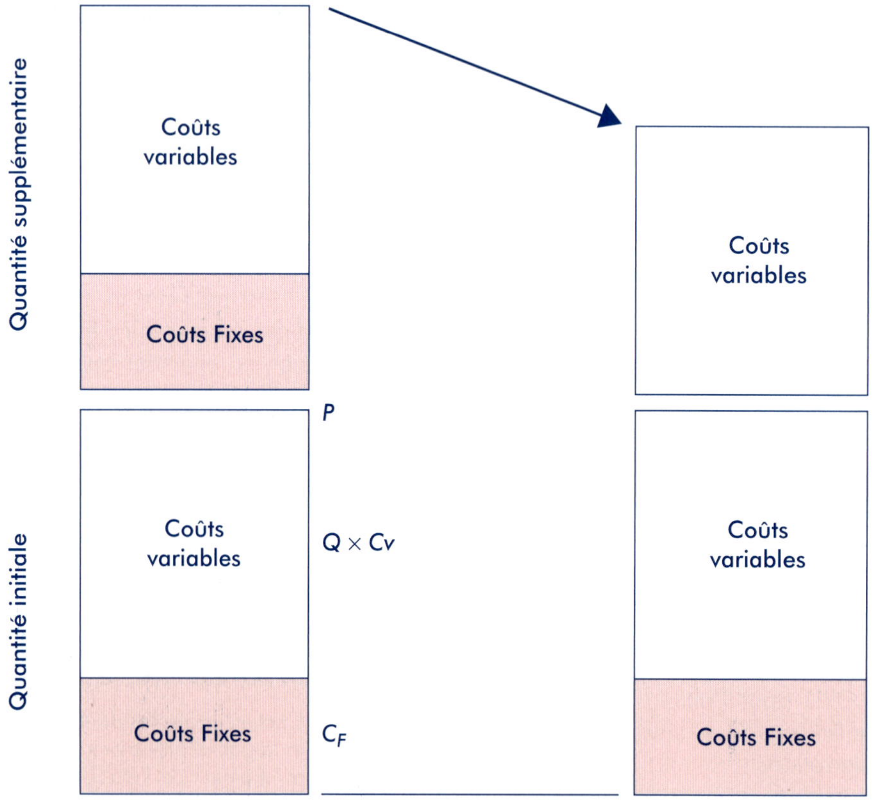

$$P = Q \times C_V + C_F$$

En résumé

Le raisonnement en « coût marginal » vous permet d'estimer la dégressivité du prix d'un fournisseur en fonction de l'augmentation des quantités achetées. Pour des quantités qui restent relativement proches, le fournisseur ne doit en effet répercuter à son client que la part variable de ses coûts.

Un calcul estimatif réalisé par l'acheteur sert alors de base à la négociation du prix.

Insight

Considering the marginal cost gives you the opportunity to assess supplier degressive pricing according to increase of quantities purchased; i.e. for similar quantities, the vendor is to charge variable costs only.

The buyer makes an estimate calculation in order to establish the negotiation base price.

Pourquoi l'utiliser ?

Objectif

Acheter les quantités supplémentaires au coût marginal, c'est-à-dire en ne payant que le coût variable.

Plus j'en achète, moins ça coûte cher !

Contexte

Le fournisseur a fait une offre de prix correspondant à une quantité et l'acheteur souhaite vérifier le prix si cette quantité est augmentée.

Comment l'utiliser ?

Étapes

Complétez l'offre de prix initiale par une autre information suivant l'une des deux situations.

• **Situation 1** : vous connaissez (ou estimez) la part des coûts fixes (C_F) comprise dans l'offre initiale.

Vous calculez alors le nouveau prix grâce à la formule : $P = Q \times C_V + C_F$

Exemple : pour une quantité de 500 produits, le prix unitaire est de 10 €, soit un prix total de 5 000 € et vous souhaitez doubler la quantité.

En estimant la part des coûts fixes (C_F) à 20 %, on a : 0,20 × 5 000 € = **1 000 = C_F**

La part variable (1 000 × C_V) étant de 80 % (0,80 × 5 000 €), on obtient : **C_V = 8**.

En doublant la quantité, le prix devrait donc être : P = 1 000 × 8 + 1 000 = 9 000 €. Le prix unitaire passe donc de 10 € à 9 € par produit.

• **Situation 2** : vous avez (ou obtenez) une autre offre de prix correspondant à une quantité encore différente.

Vous calculez les coefficients des parties fixes et variables (C_F et C_V) en utilisant deux fois la formule.

Exemple : pour 2 000 produits, le prix unitaire est de 7,50 €, soit un prix total de 15 000 €. Les coûts fixes devant rester identiques pour les 2 prix, vous obtenez :

$5\,000 - 500 \times C_V = 15\,000 - 2\,000 \times C_V$,

soit **C_V = 8**. D'où **C_F = 1 000**.

Ce qui vous permet de terminer le calcul comme pour la situation 1.

Comparez (voire négociez) le résultat de votre calcul avec le prix final proposé par le fournisseur.

Méthodologie et conseils

• Cette approche repose sur deux hypothèses importantes qui constituent des prérequis à valider :

– la quantité supplémentaire n'occasionne pas davantage de frais fixes pour le fournisseur ;

– les quantités de produits à acheter sont suffisamment proches pour que les variations de coûts restent identiques.

Avant d'engager le moindre calcul, il est impératif de connaître le processus d'élaboration du produit par le fournisseur.

• Il est très probable que le vendeur refuse en bloc votre approche. Ce sera alors pour vous l'occasion de l'inciter à détailler sa structure de coût. Il apparaîtra certainement qu'une part des coûts fixes sera quand même à prendre en compte ou que la partie variable suit une progression légèrement différente. ■

Avantages

✔ Vous passez de considérations qualitatives à quantitatives en obtenant des informations intéressantes sur le fonctionnement du fournisseur.

Précautions à prendre

✔ Prenez garde à faire des hypothèses qui restent proches de la réalité du site de production du fournisseur.

Outil 31 Le tableau *cost model*

Une analyse structurée pour trouver des leviers d'action internes et externes

		Inducteurs de coût									
		internes					externes				
		Spécifications	Technologie	Quantités			Éloignement	Change	Réglementation		
– Matières premières	23 %	✓✓		✓						✓✓	
– Composants	16 %	✓✓	✓	✓			✓✓	✓✓	✓		✓
– Sous-traitance	3 %	✓		✓			✓				
– Main-d'œuvre	7 %		✓	✓			✓		✓		
–				✓		✓					
–									✓		
–					✓						
–	18 %		✓						✓✓	✓	✓
–		✓									
–						✓					
– Frais généraux	14 %				✓						

En résumé

La compréhension approfondie des modes opératoires d'un fournisseur permet, pour un produit ou une prestation donnée, de mettre en évidence les différents postes de coût. L'analyse consiste ensuite à en rechercher les inducteurs de coût, c'est-à-dire les paramètres qui les influencent. Celles-ci peuvent être internes à l'entreprise acheteuse ou externes. L'acheteur étudiera en premier les postes et inducteurs à fort impact.

Insight

Detailing how a supplier operates, gives the opportunity to identify the cost elements of a specific product or service. Then the analysis goes on trying to find cost drivers, i.e. parameters influencing costs. These can be internal or external to the buyer's company. The buyer will start studying high impact cost drivers.

Pourquoi l'utiliser ?

Objectif

• Caractériser un objectif de coût réaliste en identifiant les leviers permettant de l'atteindre.
• Établir une base solide de négociation avec les fournisseurs.
• Anticiper les fluctuations du marché et limiter l'impact des modifications de cahier des charges.

Contexte

Pour des produits ou prestations intégrant de nombreux postes matière ou valeur ajoutée, l'acheteur, secondé de spécialistes métier en interne ou chez le fournisseur, est amené à compléter la décomposition du prix (*cf.* outil 28) par une analyse plus approfondie. Elle peut être effectuée dès l'étude d'un marché ou plus tard lors du sourcing d'un produit spécifique.

Comprendre « pourquoi » pour trouver « comment »

Comment l'utiliser ?

Étapes

• Récupérez les résultats de la décomposition du prix.
• Pour chacun de ses postes de coût, caractérisez les inducteurs de coût en remplissant le tableau, un même inducteur pouvant concerner plusieurs postes.
• Repérez les postes de poids importants et les inducteurs à fort impact sur le prix.

Méthodologie et conseils

Un **inducteur de coût** est un facteur qui influence directement un poste de coût.
• Il est **externe** quand il ne dépend pas directement de votre entreprise : prix d'achat d'une matière, localisation du fournisseur, parc machine, temps et coût de réglage d'une machine, taux d'encadrement, réglementation, taux de change, conjoncture...
• Il est **interne** quand il dépend exclusivement de votre entreprise : cahier des charges, contraintes techniques imposées (*cf.* outil 11), niveau de service demandé, qualité de matière spécifiée, format du produit fini par rapport au format des matières premières utilisées, imposition de la marque de produit, processus internes, planification du projet, spécifications qualité, modalités de réception...

Concentrez-vous sur ce qui est important :
• les postes actuellement importants (lignes à surligner) ;
• le, voire les, inducteurs d'une même ligne ayant le plus d'impact sur ceux-ci ;
• les inducteurs qui selon vous ont globalement un fort impact pouvant remettre en cause la décomposition actuelle (modification des pourcentages, ajout de nouveaux postes).

Avantages

✔ Des remises en cause inattendues et constructives sur le produit ou sur le processus peuvent émerger de cette analyse approfondie.

✔ L'acheteur augmente sa crédibilité et sa connaissance des savoir-faire mis en œuvre chez ses fournisseurs.

✔ La discussion technico-économique avec les fournisseurs est davantage argumentée et factuelle grâce à cette analyse.

Précautions à prendre

✔ Pensez aussi aux inducteurs internes car l'origine des surcoûts est souvent bien plus proche qu'on ne le croit.

✔ Évitez de rechercher l'exhaustivité et pensez à prioriser les postes à analyser en profondeur.

• • •

Comment être plus efficace ?

Toutes les occasions sont bonnes

L'étude d'un *cost model* dote l'acheteur de moyens d'agir sur les coûts à différents niveaux et étapes du processus d'achat.

Dès l'analyse d'un marché (*cf.* dossier 3), l'acheteur peut étudier la formation des coûts en suivant une filière d'achat qui comprend de nombreux intermédiaires. Choisir d'acheter en direct aux fournisseurs de matières premières, passer par des distributeurs ou des assembliers a un impact sur le prix final du produit attendu.

Plus tard, l'étude de la structure de coût d'un fournisseur au global, puis au niveau d'une activité ou d'un produit permet d'influencer le résultat obtenu. Intervenir dès la conception du produit augmente encore cet impact économique.

En prenant soin d'éviter l'écueil de l'ingérence, l'acheteur développe ainsi son expertise technico-économique. En mettant en évidence de nombreuses pistes de diminution des coûts tant en interne qu'en externe, il déploie aussi sa proactivité et sa crédibilité sans pour autant se substituer aux « véritables » experts techniques.

Vertus de la collaboration

Outre la nécessité de combler l'expertise technique que l'acheteur n'est pas censé avoir, la collaboration interne et externe permet de mutualiser les idées d'amélioration des coûts. En mettant autour d'une table un prescripteur et un spécialiste du fournisseur, l'acheteur en jouant le « candide » fait émerger des idées nouvelles. Poser des questions (voir l'exemple de la page suivante) plutôt que d'imposer des solutions, investiguer des pistes plutôt que d'affirmer des techniques permet finalement de trouver des aménagements techniques ou organisationnels acceptables pour tous. Par exemple, proposez de mutualiser des volumes d'achats de matière ou de composants communs.

Apportez vous-même des informations extérieures (non confidentielles) comparables provenant d'autres fournisseurs du marché, d'acheteurs de votre réseau…

Pour que le fournisseur trouve ouvertement intérêt à échanger des informations avec vous, faites-lui des suggestions concrètes ayant également une incidence positive sur des produits similaires.

Respect des règles du jeu

Le rôle de l'acheteur est bien d'animer les débats, de noter les idées nécessitant des validations ultérieures, de prendre acte des plans d'actions de chacun et de veiller au respect des engagements et intérêts de chacun. L'acheteur se doit notamment d'alerter sur certains risques juridiques, comme l'immixtion par exemple. En imposant une solution technique à un fournisseur développeur, une « obligation de résultats » peut se voir requalifiée en « obligation de moyens » par un juge en cas de non-atteinte du niveau de performance attendu contractuellement par l'acheteur. En effet, l'obligation de résultat en donnant davantage de responsabilité au fournisseur requiert une certaine « liberté » de choix des moyens à utiliser. Attention aussi à l'effet boomerang : la remise en cause par le fournisseur de choix émanant des prescripteurs peut être mal acceptée par ceux-ci.

Exemple de **Pistes d'action sur les inducteurs de coût matière et valeur ajoutée**

Matière engagée	Prix unitaire	Préciser le coût unitaire et la source d'approvisionnement. Pistes à évoquer : ➢ Faire acheter la matière par le client (effet de volume ascendant). ➢ Changer le conditionnement, le transport, les conditions de paiement (délai, escompte ?). ➢ Changement de fournisseur.
	Type de matière	Préciser les raisons du choix : technique, achat, process ? Pistes à évoquer : ➢ Utiliser une matière moins noble. Impacts techniques ? ➢ Utiliser une matière plus standard chez le fournisseur. Quels seraient les impacts techniques ?
	Poids brut engagé	Préciser la part des déchets expliquer dans le détail les causes des déchets. Pistes à évoquer : ➢ Comment adapter des formes, des tolérances ? ➢ Changement de technologies, investissement technique.
	Poids net	Expliquer les éléments de dimensionnement du produit et les tests réalisés lors du développement. Pistes à évoquer : ➢ Comment le réduire : adaptation des formes, réduction des épaisseurs. ➢ Changement de matière pour obtenir des propriétés mécaniques identiques.
	Les rebuts	Préciser les taux et les causes de rebut. Pistes à évoquer : ➢ Complexité du produit à travailler : que faudrait-il changer pour simplifier notre produit ? ➢ Repréciser les points faibles du produit. ➢ Mode de retraitement des rebuts : peut-on trouver mieux ?
Valeur Ajoutée	Nombre d'opérateurs	Se faire expliquer les opérations réalisées. Pistes à évoquer : ➢ Automatisation ou semi-automatisation du poste. ➢ Mutualisation d'autres opérations (par exemple, l'opérateur réalise aussi de la maintenance).
	Cadence machine	Vérifier sur ligne les temps de cycles instantanés. Obtenir la date de l'investissement et les prévisions de renouvellement. Pistes à évoquer : ➢ Existe-t-il de nouvelles machines plus rapides ? ➢ Y a-t-il dans notre design des éléments qui ralentissent la machine (forme particulière) ?
	Process global	Concernant le process global, il faut se poser les questions suivantes : ➢ Que changer dans le produit pour simplifier le process ? ➢ Quelles sont les tolérances qui pourraient ître levées ?
Global	Conception générale	Quels sont les éléments que vous jugez surprenants ? Quels sont les éléments que vous jugez coûteux ?
	La concurrence	Quelles sont les idées de conception de la concurrence que vous nous conseilleriez ?
	Cible – x %	Que faudrait-il faire pour réduire le coût du composant de x % ?

• Commentaires

L'analyse des coûts a permis d'identifier les postes « matière » et « valeur ajoutée » comme étant les plus importants. L'étude détaillée des inducteurs correspondants fournit des pistes d'améliorations formulées sous formes de questions adressées soit aux interlocuteurs internes (prescripteurs, commerciaux), soit au fournisseur (concepteurs, développeurs, acheteurs).

Après discussions avec ces experts, l'acheteur fait mettre en place des plans d'actions chiffrés afin d'améliorer au final le coût total. ■

Outil 32 L'analyse de la valeur simplifiée

Trouver des solutions moins chères tout en satisfaisant le besoin du client

En résumé

La valeur correspond au rapport entre ces deux données :

- la satisfaction du besoin client grâce au produit ou au service ;
- les ressources nécessaires.

D'un point de vue achats, la valeur est évaluée par le rapport entre les fonctions du produit acheté et son coût complet (*cf.* outil 33).

L'analyse de la valeur simplifiée est une méthode en cinq étapes visant à rechercher et évaluer des solutions d'optimisation des coûts par rapport aux fonctions attendues.

Insight

Value corresponds to the ratio between:

- *The customer need satisfaction thanks to the product.*
- *And the resources required.*

Purchasing speaking, the value of the purchased goods or services is proportion of the functions and the Total Cost of Ownership (Refer to tool 33).

The Value Analysis is a five steps method aiming to find and evaluate cost reduction ideas in regards with expected function.

Pourquoi l'utiliser ?

Objectif

- Identifier les fonctions dont le coût n'est pas en adéquation avec la valeur attendue par le client.
- Réduire les coûts complets en reconsidérant la définition technique des produits et prestations achetés.

Contexte

L'analyse de la valeur est ici utilisée comme une technique de réduction des coûts qui s'applique en amont du processus achats durant l'expression du besoin ou et en aval dans une recherche de productivité.

L'AV a été crée en 1947 par L. D. Miles, ingénieur chez General Electric, pour résoudre un problème de pénurie de matériaux nobles.

Comment l'utiliser ?

Étapes

1. Préparez le chantier
Définissez le périmètre de l'étude et évaluez la faisabilité du chantier grâce à quatre critères :
- potentiel de gains suffisant au vu des volumes achats restants ;
- flexibilité dans le design (contraintes de validation…) ;
- bonnes relations avec le fournisseur ;
- acceptation potentielle du client interne et final.

2. Constituez l'équipe, rassemblez les informations technico-commerciales relatives au produit, notamment sa structure de coût et son dossier technique.
3. À partir de l'analyse fonctionnelle (*cf.* outil 12), identifiez les coûts par fonction et évaluez-en les surcoûts.
4. Trouvez les idées pour réduire les coûts au travers d'ateliers de créativité.
5. Évaluez les idées : impact client, frais de validation…
6. Établissez un bilan technico-économique.

Méthodologie et conseils

L'analyse de la valeur doit impérativement être réalisée en équipe, composée de différentes fonctions en interne et chez le fournisseur. Animée par un spécialiste de la méthodologie, l'équipe est composée d'experts motivés et curieux, disposant de temps et capables d'avoir un regard sans *a priori* sur la situation actuelle.
Dans l'étape 2, vous n'êtes pas obligé de rentrer dans une analyse fonctionnelle poussée. Vous pouvez simplement réaliser un brainstorming avec les experts. Voici quelques pistes à explorer :
- changer de définition, de structure, de design ;
- changer de matière ;
- standardiser les composants du produit ;
- reconsidérer le niveau de performance attendue ;
- fabriquer autrement ;
- éliminer des opérations inutiles ;
- diminuer les épaisseurs, le poids, la taille ;
- élargir les spécifications, tolérances… ■

Avantages

✔ Levier principal de réduction des coûts, la méthode dégage souvent des gains de plus de 20 %.

Précautions à prendre

✔ Un chantier d'analyse de la valeur est très consommateur de temps et de ressources. Vous veillerez à vérifier les conditions de réussite durant l'étape 1 avant de constituer l'équipe.

Le Total Cost of Ownership

Travailler en coût complet

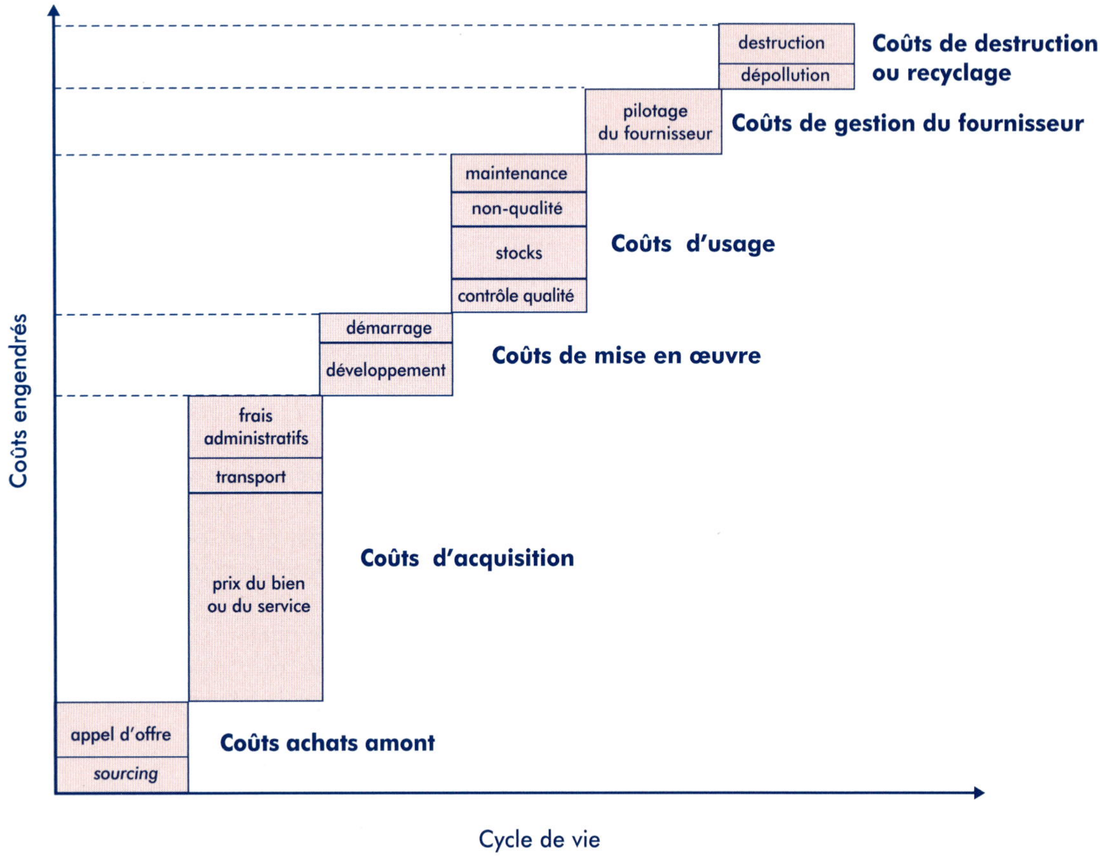

En résumé

Le *Total Cost of Ownership*, anglicisme largement répandu, est le coût complet d'un bien ou d'un service. Au-delà du prix, il englobe l'ensemble des coûts pour l'entreprise inhérents à cet achat, c'est-à-dire les :

- coûts achats amont ;
- coûts d'acquisition ;
- coûts de mise en œuvre ;
- coûts d'usage ;
- coûts de gestion du fournisseur ;
- coûts de destruction ou recyclage.

Insight

The Total Cost of Ownership is the global cost associated to a purchase for the company. Beyond price, it includes:

- *Sourcing cost.*
- *Acquisition cost.*
- *Start-up cost.*
- *Use cost.*
- *Supplier management cost.*
- *Disposal and recycling cost.*

Pourquoi l'utiliser ?

Objectif

• Optimiser le coût complet des biens et services achetés.
• Sécuriser les dérives des dépenses durant le cycle de vie des produits.
• Comparer deux alternatives techniques en prenant tout en compte.

Contexte

L'analyse du TCO est particulièrement pertinente sur des familles de classe C (*cf.* outil 2) où le montant est faible ou sur des types d'achats dont le budget a une forte proportion à dériver durant sa durée de vie (informatique, travaux neufs, matériel...). Elle est également intéressante dans le cadre d'un déploiement du développement durable aux achats sur des matières dont le coût de traitement des déchets est important.

Prix, coûts et TCO : les trois approches clés de l'acheteur

Comment l'utiliser ?

Étapes

• Pour un produit ou service donné, posez les hypothèses de calcul de chaque centre de coûts : quantité commandée, nombre de commandes par an, etc.
• En collaboration avec votre contrôle de gestion, collectez les informations sur les centres de coûts :
  – coûts achats amont : coût de rédaction d'un cahier des charges... ;
  – coûts d'acquisition : coût de traitement d'une commande et de sa facture... ;
  – coûts de mise en œuvre ;
  – coûts d'usage : historique de non-qualité, coût forfaitaire d'une réception... ;
  – coûts de gestion du fournisseur : coût horaire d'un acheteur, d'un ingénieur... ;
  – coûts de destruction ou recyclage : coût de la prise en charge des déchets.
• Calculez le coût global TCO du bien ou service concerné

Méthodologie et conseils

Les critères d'attribution des marchés reposent dans la plupart des cas sur le prix et d'autres exigences contractuelles. La prise en compte du TCO permet de considérer la performance économique du fournisseur en aval du contrat. En cela, comparer des offres ou des solutions techniques sur une base de coût complet permet de concilier le court et moyen terme dans l'intérêt de l'entreprise. Cette comparaison des coûts est alors à considérer sur la durée de vie totale d'utilisation.

Avantages

✔ L'analyse TCO repose sur les coûts réels pour l'entreprise. Cela permet de défendre des solutions avec une vision moyen terme.

Précautions à prendre

✔ Le calcul de chaque centre de coûts peut être difficile car l'information est parfois délicate à extraire. Il est donc préférable d'estimer plutôt que de rentrer dans des calculs analytiques chronophages.

✔ Pour certaines familles où le bien n'est utilisé que sur licence ou en location, on parle d'avantage de « coût total d'utilisation » ou de « coût total de location ».

✔ Vos objectifs de performance reposent peut-être sur le prix plutôt que sur le TCO. Il sera néanmoins important de ne pas prendre des décisions apparemment plus avantageuses sous prétexte de soigner ses indicateurs.

• • • ▶

Comment être plus efficace ?

La difficulté majeure de l'utilisation du TCO dans l'attribution des marchés repose principalement dans le calcul de ces postes de coûts. Afin de pouvoir travailler en TCO plutôt qu'en prix, il est préférable de mettre en place des règles de calcul simples et imprécises plutôt que des systèmes complexes qui sont difficiles à utiliser.

Coûts achats amont :

Ils comprennent :

- la recherche et l'homologation des fournisseurs (visites, RFI, audits…) ;
- la construction du cahier des charges ;
- la consultation, la négociation et la contractualisation.

Il y a deux méthodes de calcul :

- soit la recherche de fournisseurs et la mise en concurrence représentent un projet particulier qui mobilise des ressources identifiables ; dans ce cas, il suffit de chiffrer chaque ressource au temps passé sur le projet ;
- soit vous travaillez globalement au niveau du service (combien de dossiers par rapport au nombre de personne du service achats…).

Coûts d'acquisition

Ils comprennent :

- le prix du bien ou du service concerné ;
- les coûts de transports, s'ils ne sont pas compris dans le prix ;
- les coûts administratifs inhérents au traitement de la commande et de la facturation

Les deux premiers éléments sont facilement récupérables. Concernant les coûts administratifs, vous pouvez travailler avec votre contrôle de gestion pour établir un coût moyen. En règle générale, le traitement d'une commande fermée coûte environ 150 euros, un appel de livraison 25 euros.

Coûts de mise en œuvre

Ils comprennent :

- le démarrage de la relation ;
- la formation éventuelle des personnels ;
- l'industrialisation et la mise au point, s'ils ne sont pas compris dans le prix fournisseur.

Ces coûts doivent être calculés au cas par cas. La plupart du temps, ils sont sous-estimés car le temps passé par les utilisateurs internes est souvent inconnu.

Coûts d'usage

Ils comprennent tous les coûts engendrés durant l'utilisation du bien ou service :

- le contrôle qualité ;
- la non-qualité ;
- les stocks (coûts de stockage et frais financier de l'immobilisation) ;
- la maintenance potentielle que nécessite le bien (entretien…).

Le contrôle qualité peut être calculé globalement par rapport au nombre de pièces contrôlées par personne.

Les stocks, la non-qualité et la maintenance peuvent être calculés à partir d'historiques et d'hypothèses de calcul (cinq jours de stocks prévus par exemple).

Coûts de gestion du fournisseur

Ils comprennent :

- les revues de pilotage du projet ;
- la fin de contrat ou coûts de changement fournisseur éventuels

Coûts de destruction ou recyclage

Ils comprennent :

- l'enlèvement et la prise en charge des déchets ;
- les coûts de dépollution le cas échéant.

Ils sont à calculer en fonction du type de matériaux. Attention certains matériaux sont très chers à la revalorisation (produits de laboratoires, bombes aérosols…).

Il est important de se focaliser sur les grandes masses de coûts.

Cas d'une **Comparaison entre un emballage carton jetable et plastique**

La comparaison porte entre deux solutions d'emballage pour les encours de production d'une usine de matériel de chauffage. Le nombre d'emballages de dimension 600 × 400 × 290 nécessaires par jour est de 400.

1re solution : emballage carton, durée de vie estimée 10 utilisations.

2e solution : emballage plastique, durée de vie estimée 200 utilisations.

Le calcul du TCO au cours de l'année est :

	solution 1 : emballage carton		solution 2 : emballage plastique	
	Hypothèses de calcul	coûts par an (220 j)	Hypothèses de calcul	coûts par an (220 j)
Coûts achats amont :				
recherche et l'homologation des fournisseurs	fnr existant	0 €	nouveau fournisseur : forfait	850 €
la construction du cahier des charges	Produit catalogue	0 €	Produit catalogue	0 €
la consultation, la négociation et la contractualisation	20 heures de travail, 50 € de l'heure	1 000 €	20 heures de travail, 50 € de l'heure	1 000 €
Coûts d'acquisition :				
le prix du bien ou du service concerné	Nombre de cartons achetés dans l'année = 220*400/10 = 8 800 Prix d'un carton = 1,10 €	9 680 €	Nombre de cartons achetés dans l'année = 220*400/200 = 440 Prix d'un bac plastique = 14,30 €	6 292 €
les coûts de transports	Inclus	0 €	Inclus	0 €
les coûts administratifs	20 commandes fermées 150 € couts de la commande	3 000 €	2 commandes fermées 150 € couts de la commande	300 €
Coûts de mise en œuvre :				
le démarrage de la relation	Forfait (réunion d'initialisation)	300 €	Forfait (réunion d'initialisation)	300 €
la formation éventuelle et l'appropriation des personnels	n/a	0 €	formation	400 €
l'industrialisation et la mise au point	n/a	0 €	Mise ne place du circuit de réutilisation : 30 h	900 €
Coûts de fonctionnement :				
le contrôle qualité	Réception quantitiative : 30 € /livraison	600 €	Réception quantitiative : 30 € /livraison	60 €
la non qualitéLes stocks (coûts de stockage et frais financier de l'immobilisation)	5 % de perte ou de dommage	484 €	2 % de perte	126 €
	15 % du montant acheté	1 452 €	15 % du montant acheté	944 €
la maintenance potentielle que nécessite le bien (entretien, ...)	n/a	0 €	nettoyage (2 %)	126 €
Coûts de gestion du fournisseur :				
les revues de pilotage du projet	suivi annuel : 150 € par an	150 €	suivi annuel : 150 € par an	150 €
la fin de contrat ou coûts de changement fournisseur éventuels	contrat de 3 ans : forfait de 300 €/3	100 €	contrat de 3 ans : forfait de 300 €/3	100 €
Coûts de destruction ou recyclage :				
l'enlèvement et la prise en charge des déchets	collecte et prise en charge : 70 €/tonne 8 800 emballages de 150 g	92 €	collecte et prise en charge : 95 €/tonne 440 emballages de 450 g	19 €
les coûts de dépollution le cas échéants	n/a	0 €	n/a	0 €
TCO par an	16 858 €		11 566 €	

Même si le prix de l'emballage carton est plus de 10 fois inférieur au bac plastique, l'analyse TCO montre que cette solution est moins intéressante. L'entreprise fait une économie de près de 5 000 euros par an en choisissant l'emballage durable en plastique.

En effet, la durée de vie du carton engendre des coûts d'acquisition supplémentaires, en montant achats mais également en coûts administratifs. Les coûts d'utilisation du carton sont également importants. Perte, endommagement, coût du stock sont en sa défaveur.

Ce modèle a aussi l'intérêt de pouvoir arbitrer le choix en fonction du volume commandé. En effet, si le besoin passe de 400 emballages par jour à 100, le carton redevient plus intéressant. ■

Stratégie achats

La stratégie achats est l'étape clé de la phase amont du processus achats. Elle permet de définir et de piloter la valeur ajoutée et la contribution des achats aux résultats de l'entreprise.

La stratégie achats consiste, en ligne avec la politique achats, à déterminer les objectifs spécifiques sur une famille d'achats puis à choisir les modes d'actions et d'allocation des ressources qui permettront d'atteindre ces objectifs. C'est aussi répondre à la question : où aller et comment y aller ?

Il ressort de cette définition que la stratégie achats :
- est spécifique à chaque famille d'achats ;
- doit être alignée et cohérente avec la politique générale des achats et du plan stratégique de l'entreprise ;
- s'inscrit sur un horizon à moyen/long terme, en cohérence avec le plan stratégique de l'entreprise et la dynamique des marchés fournisseurs ;
- engage l'ensemble des acteurs de l'entreprise en relation avec les fournisseurs.

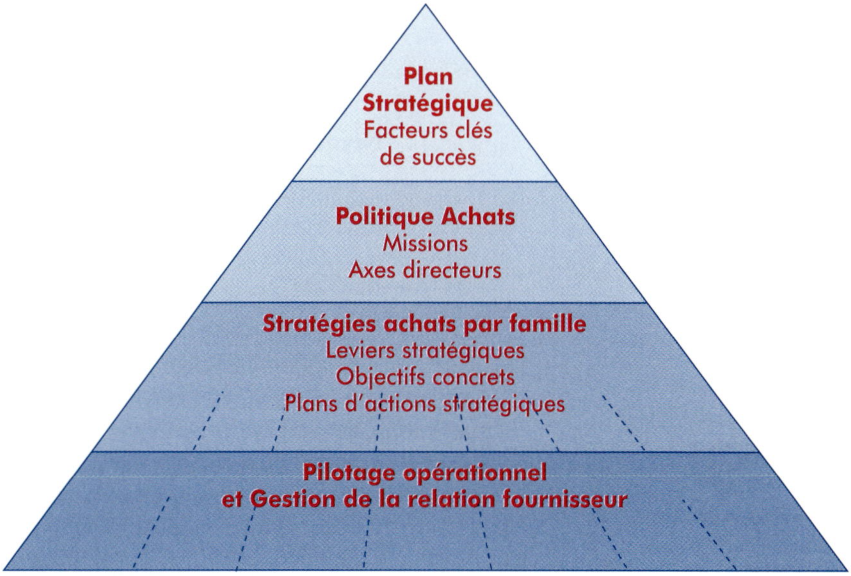

La démarche stratégique englobe :

- 1. La synthèse de l'analyse stratégique de la famille :
  - l'analyse du portefeuille ;
  - l'analyse du besoin ;
  - l'analyse du marché ;
  - l'analyse des coûts.

Ce diagnostic met en évidence les forces et faiblesses de l'entreprise vis-à-vis du marché fournisseur, ainsi que les risques et opportunités de ce marché (SWOT).

Il positionne également la famille en termes de niveau de risques et d'engagement de dépenses (matrice de Kraljic).

- 2. La clarification des objectifs. Sénèque disait : « Il n'y a de vent favorable que pour celui qui sait où il va. »

À ce stade, il est important de traduire les axes directeurs de la politique des achats avec des objectifs opérationnels et concrets sur la famille au vu de l'analyse stratégique.

Les objectifs peuvent se porter sur des réductions de coûts mais également de sécurisation des risques ou encore d'intégration des innovations fournisseurs (contribution stratégique des fournisseurs).

- 3. La formulation de la stratégie :
  - identifier les modes d'action appelés leviers stratégiques achats permettant d'atteindre les objectifs ;
  - définir le niveau de relation fournisseur
- 4. La mise en œuvre et le pilotage du plan d'actions :
  - construire le plan d'actions en fonction des priorités et des ressources. « Penser de façon stratégique et agir de façon primitive » (René Char) ;
  - assurer la communication et l'adhésion de la stratégie achats par tous les acteurs internes.

Dossier

Les OUTILS

La matrice SWOT

Synthétiser l'analyse pour préparer le plan d'actions stratégique

	Favorable +	Néfaste –
Interne	**S** – Montant achats important (> 2 M€) – Image attractive – Expertise interne des produits – e-Procurment performant	**W** – Très forte variabilité de la demande (> 30 %) – Exigences techniques très spécifiques au marché – Mauvaise connaissance de la structure de coût
Externe	**O** – Nouveaux fournisseurs entrants – Innovations permettant de changer de technologie	**T** – Concentration du marché fournisseur – Hausse des matières premières prévue (entre 30 et 100 %)

En résumé

La matrice SWOT pose de manière synthétique les informations clés issues de l'analyse du portefeuille, du besoin, du marché et des coûts. Elle met en évidence :

- les forces (***S**trengths*) de l'entreprise vis-à-vis du marché fournisseur, à utiliser comme un avantage compétitif ;
- les faiblesses (***W**eaknesses*), à minimiser en interne ;
- les opportunités (***O**pportunities*), nouvelles situations dont l'acheteur doit tirer profit ;
- les Menaces (***T**hreats*) à contrer.

Insight

The SWOT matrix displays the key information coming from your strategic analysis of need, market and cost. It highlights:

- *The Strengths of your company against the supplier market, to be used as a competitive advantage.*
- *Your Weaknesses to be minimized.*
- *The Opportunities that you may benefit from.*
- *The Threats to counter.*

Pourquoi l'utiliser ?

Objectif

- Synthétiser et communiquer les informations clés de l'analyse stratégique d'une famille d'achats pour établir un diagnostic de la situation.
- Mettre en perspective toutes les données internes (liées à l'entreprise, à la famille d'achats...) et externes (marché fournisseur, environnement...) par rapport aux enjeux achats.
- Établir des objectifs réalistes et ciblés.

Contexte

Cette analyse est utilisée en général une fois par an dans le cadre de la formulation de la stratégie achats à l'issue d'une analyse approfondie.
Elle constitue un relai essentiel dans le choix des leviers retenus dans le plan stratégique.

L'outil SWOT a été créé par A. Humphrey à l'issue d'une étude conduite auprès des 500 premières sociétés des années 1960-1970.

Comment l'utiliser ?

Étapes

- Listez les points clés de l'analyse stratégique de la famille (portefeuille, besoin, marché, coûts) en répondant aux questions suivantes :
  - est-ce une force ?
  - est-ce une faiblesse ?
  - est-ce une opportunité ?
  - est-ce une menace ?

Gardez les autres points sur une liste séparée.
- Synthétisez en quelques lignes l'analyse globale SWOT en ne retenant que l'essentiel.
- Surlignez sur la matrice les idées clés qui dessinent déjà les premières pistes d'action.

Méthodologie et conseils

Il faut bien distinguer les faits internes à l'entreprise des faits externes.

- Faits internes :
  - les forces consistent souvent en avantages compétitifs et attractifs sur le marché : volume d'achats important, image de l'entreprise, synergies entre acheteurs et prescripteurs... ;
  - les faiblesses, à l'inverse constituent des handicaps compétitifs : façon d'exprimer le besoin, connaissance de la structure de coûts du fournisseur, fonctionnement interne...
- Faits externes :
  - les opportunités constituent des changements externes favorables pour l'acheteur. Elles visent l'environnement élargi du marché fournisseur : nouveaux entrants, l'apparition d'une substitution moins chère, déréglementation, autres acheteurs moins attractifs... Ne mentionnez que les opportunités dont vous pouvez réellement tirer parti. Les opportunités ne sont pas des objectifs. « Faire des gains à court terme » n'est pas une opportunité, c'est un enjeu ;
  - les menaces, à l'inverse sont des changements défavorables pour l'acheteur : fusion de deux fournisseurs, pénurie de matières premières, renforcement des taxes... ■

Avantages

✔ En concentrant l'essentiel des informations d'analyse sur un seul tableau, la matrice peut être utilisée comme un support de communication très performant.

✔ Elle facilite par ailleurs le lien avec les recommandations stratégiques.

Précautions à prendre

✔ Lors de l'utilisation de cette matrice, il convient d'être factuel. Pas de grands discours mais des faits et des chiffres.

Outil 35

La matrice de Kraljic

Identifier les approches stratégiques spécifiques aux types d'achats

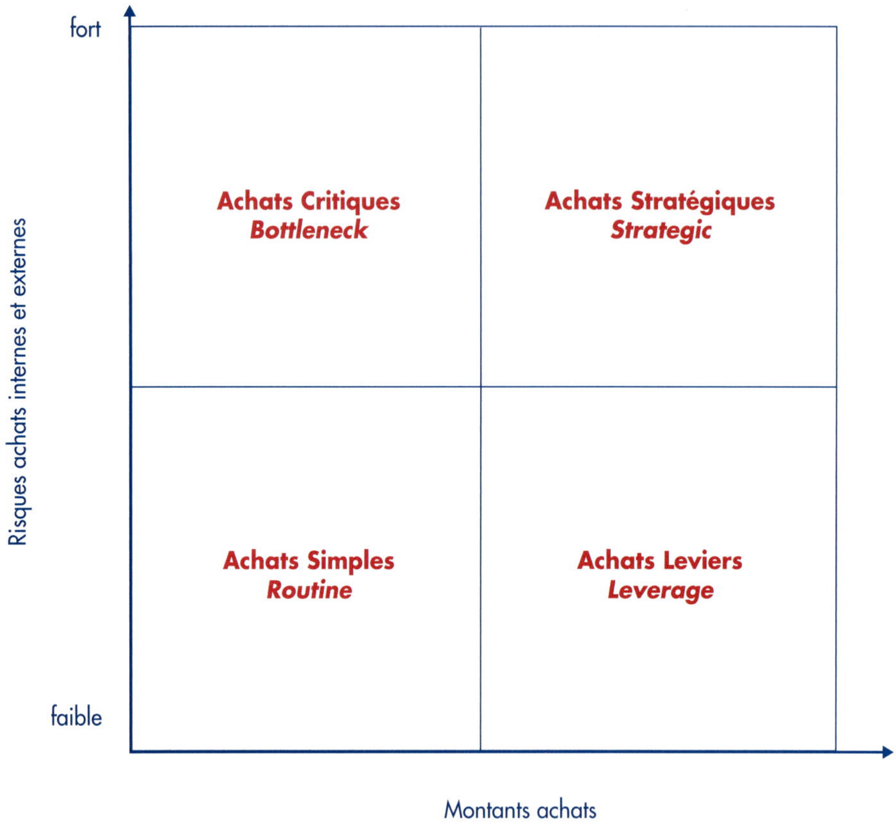

En résumé

La matrice de Kraljic est un modèle d'analyse de portefeuille achats distinguant des approches stratégiques spécifiques à chaque famille d'achats. Il les classe en fonction du risque achats que représente la famille pour l'entreprise et l'engagement financier, c'est-à-dire le montant d'achats.

Le modèle définit quatre types d'achats :

- stratégiques : achats à fort risque et fort potentiel de profit ;
- leviers : achats à fort potentiel de profit et faible risque ;
- critiques : achats risqués et ne représentant que peu d'opportunité de gains ;
- simples : achats à faible enjeu.

Insight

The Kraljic matrix is a portfolio analysis model distinguishing specific strategic approaches to each purchasing category. It locates them according to the risk that represents the category for the company and the purchasing volume associated.

The model defines four quadrants:

- *Strategic: High stakes purchases.*
- *Leverage: Purchases with high potential of profit and low risks.*
- *Bottleneck: High risks purchases with low potential of profit.*
- *Routine: Low stakes purchases.*

Pourquoi l'utiliser ?

Objectif

- Identifier les objectifs et les enjeux de chaque famille achats.
- Déterminer les leviers spécifiques à chaque type d'achats.

Contexte

Dans le cadre d'une élaboration d'une stratégie achats, l'acheteur devra identifier le niveau de risques et d'opportunités de chaque famille afin d'adapter sa démarche et d'allouer les ressources nécessaires. La matrice de Kraljic est un excellent outil de diagnostic permettant une représentation des différents types d'achats qui composent le portefeuille.

Le Dr Peter Kraljic a été, jusqu'en 2002, directeur du bureau McKinsey de Düsseldorf, Allemagne.

Comment l'utiliser ?

Étapes

- Collectez le montant d'achats de chaque famille du portefeuille.
- Grâce aux outils d'analyse des risques internes et externes (*cf.* outil 14 et 26), évaluez le niveau de risque de chaque famille.
- Positionnez chaque famille sur la matrice et identifiez le type d'achats.

Méthodologie et conseils

- *Achats stratégiques* : ce type d'achats représente des biens et services qui ont un caractère stratégique pour l'entreprise, s'inscrivant dans une gestion moyen/long terme. L'enjeu sur ces familles est d'établir des partenariats fournisseurs dans le but de partager les risques et les gains, de rechercher des innovations vous permettant de vous différentier de la concurrence. C'est le type d'achats sur lequel il faut passer le plus de temps.
- *Achats leviers* : c'est le type d'achats idéal pour l'acheteur où l'objectif est de dégager le maximum de gains au travers d'une compétition renforcée.
- *Achats critiques* : monopole de fait, peu d'alternatives technologiques, spécifications complexes… *A contrario* des achats leviers, les achats critiques laissent peu d'opportunités de dégager des gains par leur faible montant mais engendrent des difficultés qui monopolisent le temps de l'acheteur. L'enjeu sera de sécuriser les approvisionnements en développant, par exemple, des alternatives aux fournisseurs actuels ou en redéfinissant le besoin.
- *Achats simples* : ces achats ne représentent qu'un faible enjeu pour l'entreprise mais pas pour l'acheteur ! Les montants des factures sont faibles mais le nombre d'acteurs impliqués peut être important. Vous rechercherez alors à améliorer l'efficience de l'acte d'achats en simplifiant son processus ou en délégant une partie.

Avantages

✔ La matrice est un excellent outil objectif de communication sur les priorités que les achats se donnent.

✔ Il permet à tout à chacun de différentier les approches sur les familles achats.

Précautions à prendre

✔ L'outil s'utilise plutôt sur un portefeuille achats complet que sur une famille spécifique.

✔ Il dresse une photographie du portefeuille et n'intègre pas l'évolution des familles.

✔ Il faut distinguer « montant achats » de « potentiel de gains » qui doit faire l'objet d'une analyse plus poussée de votre part.

• • •

Comment être plus efficace ?

La matrice de Kraljic en classant les familles d'achats selon un rapport risque/montant, clarifie les enjeux et objectifs de chaque famille. Ainsi, elle adresse les leviers spécifiques à chaque famille, qui sont résumés ci-dessous :

Risques achats internes et externes (fort → faible) / Montant achats

Achats Critiques Contractualisation long terme Sourcing de nouveaux fournisseurs Standardisation, simplification *Make or buy* Communication interne, enquête interne	**Achats Stratégiques** Intégration très en amont du fournisseur Panel restreint Co-développement/Co-conception Conception à coût objectif Analyse fonctionnelle/analyse de la valeur Benchmarking Plan de développement
Achats Simples Lean achats *e-procurement* (e-catalogue, e-*card*,...) Achats délégués Externalisation	**Achats Leviers** Massification Analyse des coûts Mise en concurrence large Achats en pays compétitifs Enchères en ligne Plan de progrès fournisseurs

Un des axes majeurs qui va déterminer la mise en œuvre de ces leviers va être le niveau d'attractivité de son entreprise vis-à-vis des fournisseurs concernés. En effet, comment mettre en œuvre une démarche de partenariat de co-conception si le fournisseur vous considère comme un compte à faible intérêt ? Il est alors important de vérifier l'adéquation entre le niveau d'attractivité (*cf.* outil 24) et de la typologie de la famille selon Kraljic :

Types d'achats \ Attractivité	Compte clé	Compte à Développer	Dilemme	Faible Intérêt
Achats Stratégiques	Bonne correspondance : construire et maintenir une relation moyen long terme.	Opportunité mutuelle à explorer.	Risqué. Chercher d'autres sources. Développer l'intérêt mutuel.	Très risqué. Changer de fournisseur tout en maintant l'attractivité dans le même temps.
Achats Critiques	Bonne correspondance : construire une relation au travers de contrat long terme.	Risque potentiel. Chercher les intérêts communs pour sécuriser les approvisionnements.	Risque modéré. Suivre l'évolution du marché attentivement.	Très risqué. Changer de fournisseur tout en maintant l'attractivité dans le même temps.
Achats Leviers	Bonne correspondance : mettre en place un partenariat opérationnel pour réduire les coûts.	Bonne opportunité. Développer le fournisseur et mettre en place des plans de progrès	Relation potentiellement conflictuelle. L'acheteur contrôle la relation.	Risque à moyen terme sur la continuité de la relation. Évaluer l'opprotunité de changer de fournisseurs.
Achats Simples	Bonne correpondance : Offrir d'autres opportunités.	Bonne correpondance : maintenir les relations	Risque sur les prix.	Perturbations potentielles. Chercher des alternatives.

Exemple d'une **Analyse d'un portefeuille de frais généraux d'une PME spécialisée en mécanique**

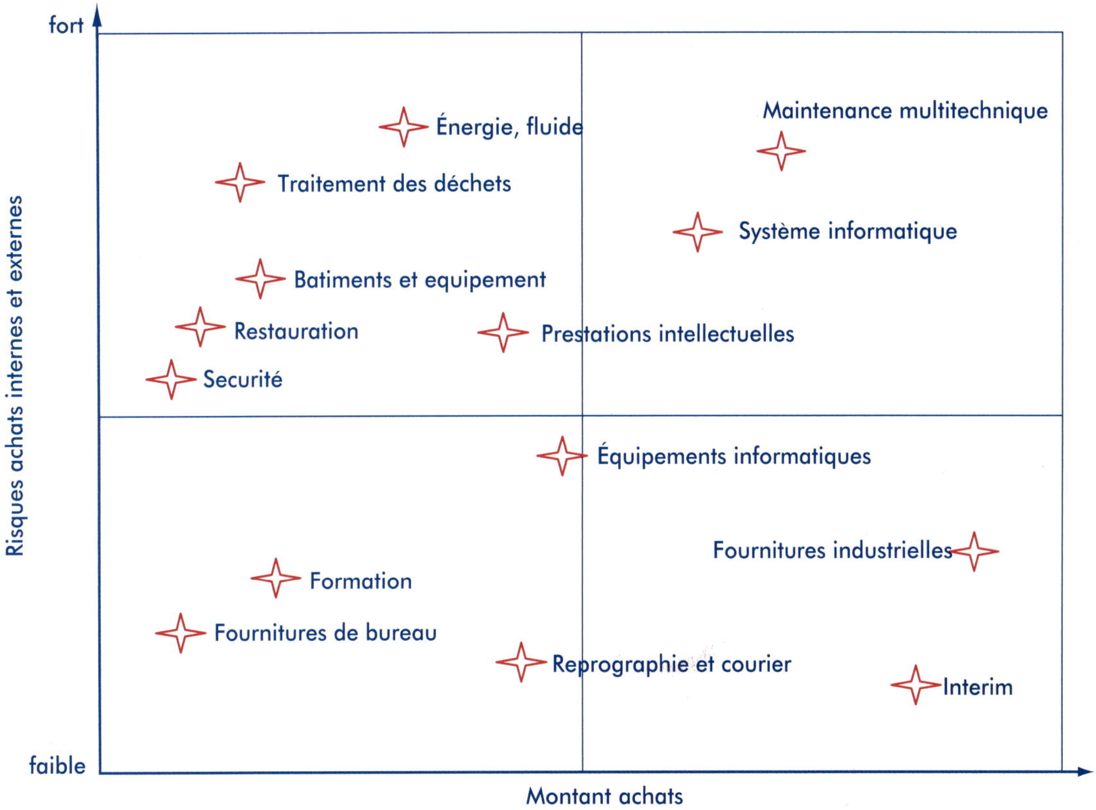

• Analyse et commentaires

De cette cartographie des principales familles du portefeuille, il ressort quatre types d'achats :

– sur la maintenance multi-technique et les systèmes informatiques, on recherchera à travailler avec des partenaires pour optimiser le TCO dans la durée. Pour cela, on impliquera ces fournisseurs très en amont sur des cahiers des charges fonctionnels pour les engager sur des résultats. Des revues de pilotage seront effectuées régulièrement avec toutes les parties prenantes pour vérifier le bon déroulement des travaux. Ces revues seront l'occasion d'engager les fournisseurs sur des plans de progrès ;

– sur les achats leviers, fournitures industrielles et intérim, la priorité sera mise sur une mise en concurrence régulière des principaux acteurs du marché ;

– on cherchera à sécuriser au travers de contrat long terme les principales familles critiques comme l'énergie ou le traitement des déchets ;

– quant aux achats simples, on cherchera à simplifier et contrôler la consommation au travers d'e-catalogues spécifiques suite à un référencement. ■

Les objectifs SMART

La formulation des objectifs achats

OBJECTIF

Spécifique : une action, un rayon d'action défini

Mesurable : un indicateur de résultats

Atteignable : une feuille de route, des étapes

Réaliste : des moyens et ressources associés

Temporel : une date d'échéance

En résumé

La formulation des objectifs achats découle de la synthèse de l'analyse stratégique de la famille en cohérence avec les axes directeurs des politiques achats. Ces objectifs doivent être « SMART » :

- **S**pécifiques ;
- **M**esurables ;
- **A**tteignables ;
- **R**éalistes ;
- **T**emporels.

Insight

Defining purchasing objectives comes from the strategic analysis of the category in coherence with the goals of purchasing policy.

All objectives should be "SMART":

- ***S**pecific.*
- ***M**easurable.*
- ***A**chievable.*
- ***R**ealistic.*
- ***T**ime related.*

Pourquoi l'utiliser ?

Objectif

• Éviter de confondre objectif avec ambition ou cible.
• Mobiliser les parties prenantes autour d'objectifs motivants.
• Relier les objectifs avec des indicateurs de résultat.
• Mettre en évidence la contribution des achats à la stratégie de l'entreprise.

Contexte

L'acheteur qui aura à établir un plan d'actions stratégique, communiquera ses objectifs, qui serviront de point de repère pour le pilotage des plans d'actions. Ils feront donc l'objet d'une discussion avec le manager.

D'une manière générale cette méthode s'applique à tout projet. Par exemple, l'acheteur utilisera SMART dans la formulation des objectifs assignés à un fournisseur (plan de progrès...).

Ce qui se conçoit bien s'énonce clairement...

Comment l'utiliser ?

Étapes

À la suite de l'analyse stratégique d'une famille :

• formulez un objectif **spécifique,** c'est-à-dire fixez un but à une action simple dans un cadre défini ;

Exemple : renégocier les prix des trois principaux fournisseurs du panel existant...

• assurez-vous que cet objectif est **mesurable** en définissant un moyen de mesure ;

Exemple : ... pour obtenir 5 % de baisse en masse achats...

• vérifiez que l'objectif est **atteignable** en précisant les principaux jalons ;

Exemple : ... avec 10 % sur le principal et 2 % sur les deux autres...

• rendez l'objectif **réaliste**, c'est-à-dire se donner les moyens de son ambition ;

Exemple : ... en renforçant son pouvoir de négociation par une meilleure analyse des coûts en liaison avec nos experts techniques...

• fixez un objectif dans le **temps**, c'est donner la date d'échéance de l'objectif final.

Exemple : pour une mise en application contractuelle fin juin.

Méthodologie et conseils

• Pour renforcer cette méthode, on peut aussi veiller à ce que dans le plan d'actions figurent : un objectif, une action (spécifique), un indicateur de résultat (mesurable), des étapes (atteignable), des ressources (réaliste) et un calendrier (temporel).

Avantages

✔ Cet outil incite son auteur à s'engager sur des résultats à atteindre et non uniquement sur des moyens à mettre en œuvre.

✔ Pragmatique et adapté au contexte, il développe l'efficience de la mise en œuvre des plans d'actions stratégiques.

Précautions à prendre

✔ La méthode en elle-même n'est pas suffisante pour formuler des objectifs pertinents. Ils doivent être alignés sur les objectifs généraux des achats. Ces objectifs généraux ensuite déclinés en objectifs opérationnels en fonction de la typologie de risques et enjeux que représente la famille.

La contribution stratégique des fournisseurs

Définir le niveau de relation

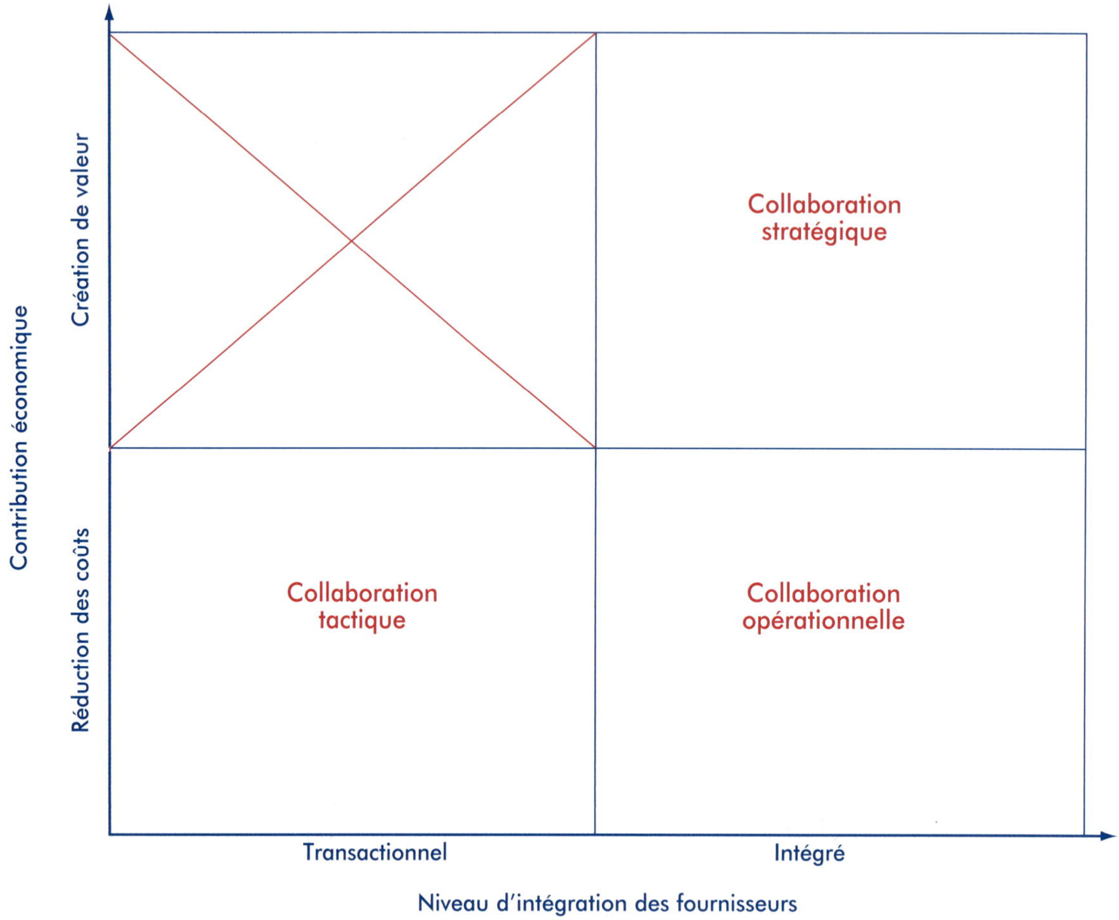

Source : adapté d'après les travaux de M.Philippart, 2005, et Olivier Bruel, 2007.

En résumé

La matrice de contribution stratégique définit le niveau de relation avec les fournisseurs en fonction :

- de leur contribution économique recherchée : réduction des coûts (coûts variables, des frais fixes, diminution du BFR et des immobilisations...) ou création de valeur (augmentation des ventes, gains des parts de marché, accélération de la mise sur le marché...) ;
- du niveau d'intégration des fournisseurs dans la chaîne de valeur de l'entreprise : sont-ils intégrés dans les processus d'innovation, recherche et développement, production, service ?

Insight

This strategic contribution matrix defines the level of relationship between the customer and its suppliers in terms of:

- *Expected economical contribution: cost reduction (variables cost, fixed costs, WCR, CAPEX...) or value creation (improvement of sales, market share, time to market...).*
- *Integration of the suppliers in the company value chain: are they integrated in the innovation, R&D, production or service processes?*

Pourquoi l'utiliser ?

Objectif

• Définir les relations à mettre en place avec les fournisseurs en fonction des enjeux de la famille d'achats et de la contribution achats attendue.
• Clarifier les profils cibles des fournisseurs

Contexte

En fonction des objectifs et des enjeux de chaque famille d'achats, la contribution attendue des fournisseurs sera différente. Dans l'élaboration de votre stratégie, vous utilisez cet outil pour adapter le mode de relation associé.

Ayez les fournisseurs dont vous avez besoin !

Comment l'utiliser ?

Étapes

• À l'aide de la matrice de Kraljic (*cf.* outil 35) et de votre politique achats, définissez les enjeux et les objectifs de la famille.
• Clarifiez avec vos clients internes la contribution attendue des fournisseurs en termes économiques et de niveau d'intégration désirée.
• Définissez le mode de relation à mettre en place :
  – collaboration tactique : approche court/moyen terme basée sur l'indépendance des parties. Discussion occasionnelle sur les prix et les conditions d'achats ;
  – collaboration opérationnelle : coopération moyen/long terme basée sur l'amélioration de la performance opérationnelle réciproque. Discussions régulières sur la simplification des processus communs et sur des plans d'amélioration du TCO, de la qualité et du taux de service ;
  – collaboration stratégique : partenariat long terme basé sur une intégration de l'innovation du fournisseur comme facteur différentiant pour votre entreprise. Intégration du fournisseur dans des processus de co-conception et de co-développement. Nécessité de partage des risques et des gains. Possibilité d'actifs partagés et d'exclusivité.
• Vérifiez que le profil de vos fournisseurs correspond au mode de relation.

Méthodologie et conseils

Les relations avec les fournisseurs stratégiques impliquent toute votre entreprise. Vous avez intérêt à les clarifier suivant six dimensions essentielles :
1. Stratégique : quel est le niveau de relation/partenariat avec les fournisseurs ? quelle durée ? quelle fréquence de rencontre ?
2. Organisationnelle : qui fait quoi avec quels fournisseurs ? quelle communication ?
3. Méthodes et outils : segmentation du panel fournisseur, plan de progrès…
4. Comportementale : évaluation d'état de la relation (confiance, pouvoir, réciprocité…), principes éthiques.
5. Juridique et réglementaire : couverture contractuelle nécessaire, confidentialité…
6. Systèmes d'information : où extraire l'information, quel est l'outil SRM qui soutient l'action ? ■

Avantages

✔ L'outil développe votre proactivité dans l'organisation de la relation.

Précautions à prendre

✔ Vous avez intérêt à vérifier que les fournisseurs partagent votre vision de la relation.

La *check-list* des leviers achats

La panoplie des leviers stratégiques achats

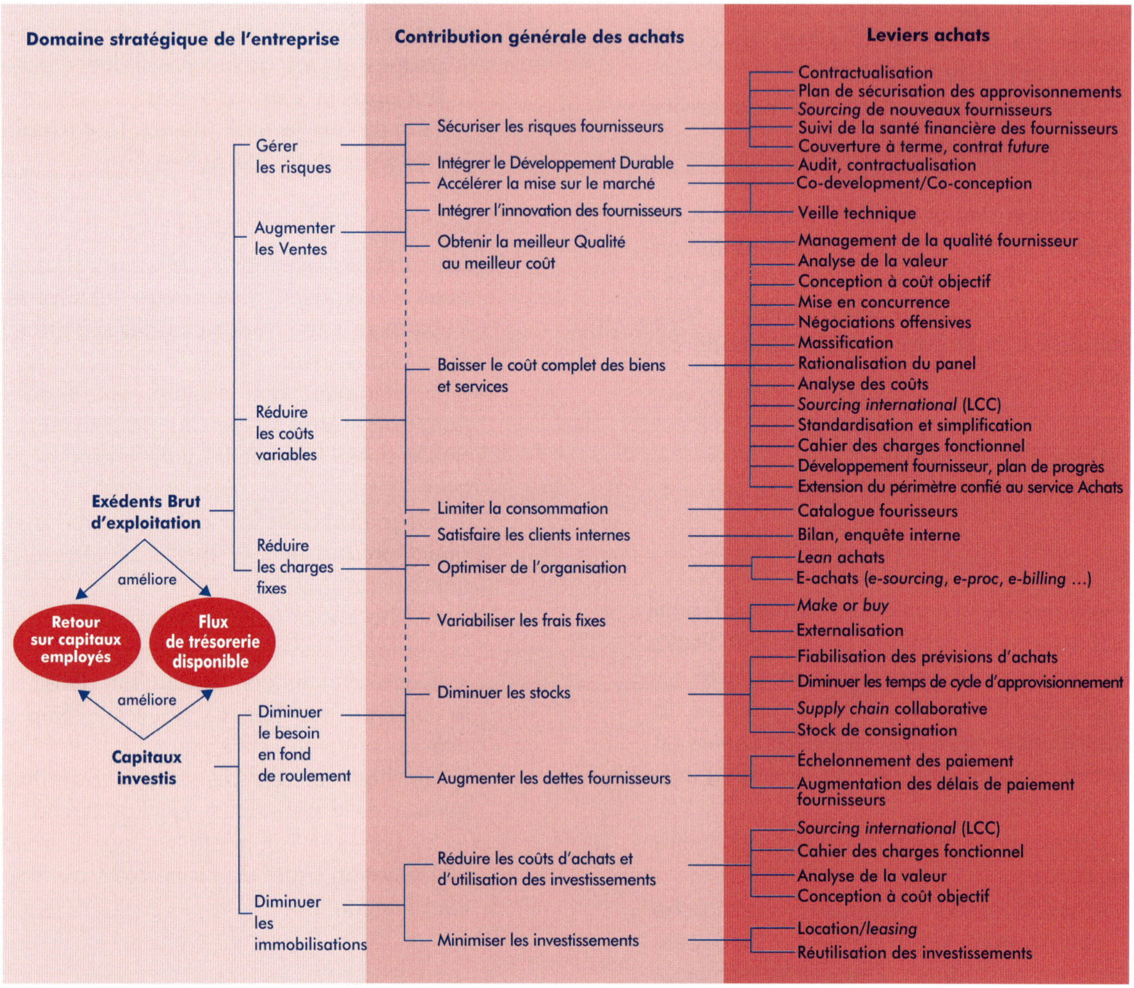

En résumé

La stratégie achats est fondamentalement basée sur la sélection de modes d'actions appelés leviers stratégiques permettant d'atteindre les objectifs définis sur la famille concernée et plus généralement de contribuer aux résultats de l'entreprise. La *check-list* des leviers achats permet d'identifier les différents modes d'actions permettant d'atteindre les objectifs achats que vous avez formulés.

Insight

Purchasing strategy is fundamentally based on selecting strategic levers to reach the specific category objectives and more generally to contribute to company results. The purchasing levers check-list helps to identify various fields of action allowing reaching the objectives that you have expressed.

Pourquoi l'utiliser ?

Objectif

• Identifier parmi tous les leviers ceux permettant d'atteindre vos objectifs achats.

• Mettre en évidence la contribution des achats à la création de valeur de l'entreprise.

Contexte

Bien qu'essentiellement orientée « réduction des coûts », une stratégie achats peut servir un large spectre d'objectifs contribuant aux résultats de l'entreprise : sécurisation des risques fournisseurs, innovations fournisseurs, variabilisation des frais fixes, diminution des stocks, etc.

Vous utilisez cette check-list dans la formulation de votre stratégie achats au moins une fois par an.

« Bavardage est écume sur l'eau, action est goutte d'or », proverbe chinois

Comment l'utiliser ?

Étapes

• À partir de la matrice de Kraljic (*cf.* outil 35), identifiez les enjeux de la famille achats et déduisez les principaux leviers applicables.

À partir de la matrice SWOT, (*cf.* outil 34) identifiez les leviers qui permettent d'atteindre les objectifs définis sur la famille en s'appuyant sur vos forces, réduisant vos faiblesses, saisissant les opportunités et en gérant au mieux les menaces du marché.

Clarifiez les objectifs de la famille à partir des axes directeurs de la politique achats et de votre analyse stratégique.

Définissez la contribution stratégique attendue des fournisseurs (*cf.* outil 37).

• Sélectionnez les leviers stratégiques achats les plus pertinents permettant d'atteindre les objectifs et définissez un ordre de priorité en fonction de l'efficacité recherchée et aux délais impartis.

Méthodologie et conseils

Tous les leviers n'ont pas la même efficacité et la même facilité de mise en œuvre. Une négociation offensive a l'intérêt d'être rapide mais apportera une réduction des prix limitée. Choisissez les leviers qui répondent le mieux à vos objectifs et à la contribution stratégique des fournisseurs.

Un levier peut être utilisé pour servir plusieurs objectifs achats. Par exemple, l'analyse de la valeur peut suivre une démarche de réduction des coûts ou un positionnement premium sur le marché (*cf.* outil 27).

Avantages

✔ L'outil permet une représentation exhaustive des leviers achats contribuant à promouvoir la fonction en interne.

Précautions à prendre

✔ Certains leviers impliquant plusieurs fonctions autres que les achats, peuvent s'avérer plus difficiles à mettre en œuvre (*make or buy*, co-conception...). Il faut veiller à la faisabilité de chaque levier en fonction de la maturité de l'entreprise.

• • •

Comment être plus efficace ?

Échelonnez l'utilisation des leviers

Tout d'abord, les leviers achats respectent une certaine chronologie. Ils peuvent concerner :

- l'amont du processus achats : plan de sécurisation, conception à coût objectif, veille technologique, co-conception, cahier des charges fonctionnel, *make or buy*, etc. ;
- l'aval du processus : négociations offensives, plan de progrès fournisseur, *supply-chain* collaborative, réutilisation des investissements…

Les leviers qui concernent l'amont du processus sont les plus difficiles à mettre en œuvre mais sont également les plus efficaces.

Des liens d'antériorité entre certains leviers vous forcent à respecter un ordre logique. Par exemple, il sera nécessaire de réaliser une rationalisation du panel avant de vouloir engager une démarche de développement fournisseurs. De même, la mise en place d'un e-catalogue sera précédée d'une standardisation et d'une simplification du besoin.

Enfin, vous prendrez en compte les délais. Certains comme la négociation offensive peuvent être mis en œuvre en deux semaines alors qu'une démarche de *supply-chain* collaborative peut prendre plusieurs années ! Efforcez-vous de vérifier la compatibilité des délais de mise en œuvre des leviers avec ceux de vos objectifs.

Influence de la maturité achats

Pour beaucoup, le choix des leviers dépend du niveau de maturité achats de l'organisation, qui repose à la fois sur celle des prescripteurs et sur les compétences de l'acheteur. Certains leviers nécessitent une grande implication des équipes techniques et par conséquent une certaine maturité de l'organisation dans la gestion de la relation fournisseurs. Mettre en œuvre une démarche de co-conception par exemple nécessitera que l'organisation sache piloter le fournisseur dans une relation de partenariat basée sur un partage des risques et des gains.

En fonction de la maturité achats, vous utiliserez des leviers plutôt basiques ou avancés :

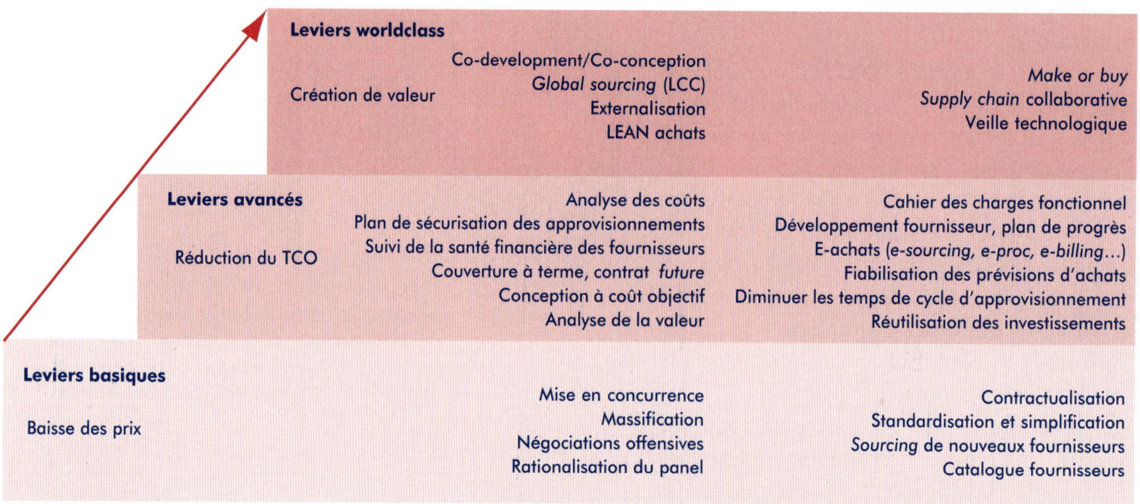

Exemple : Choix des leviers dans l'élaboration d'une stratégie achats sur la famille pièces mécano-soudées, famille stratégique selon la matrice de Kraljic

L'objectif est de gagner 5 % de masse achats soit 200 k€ sur la famille.

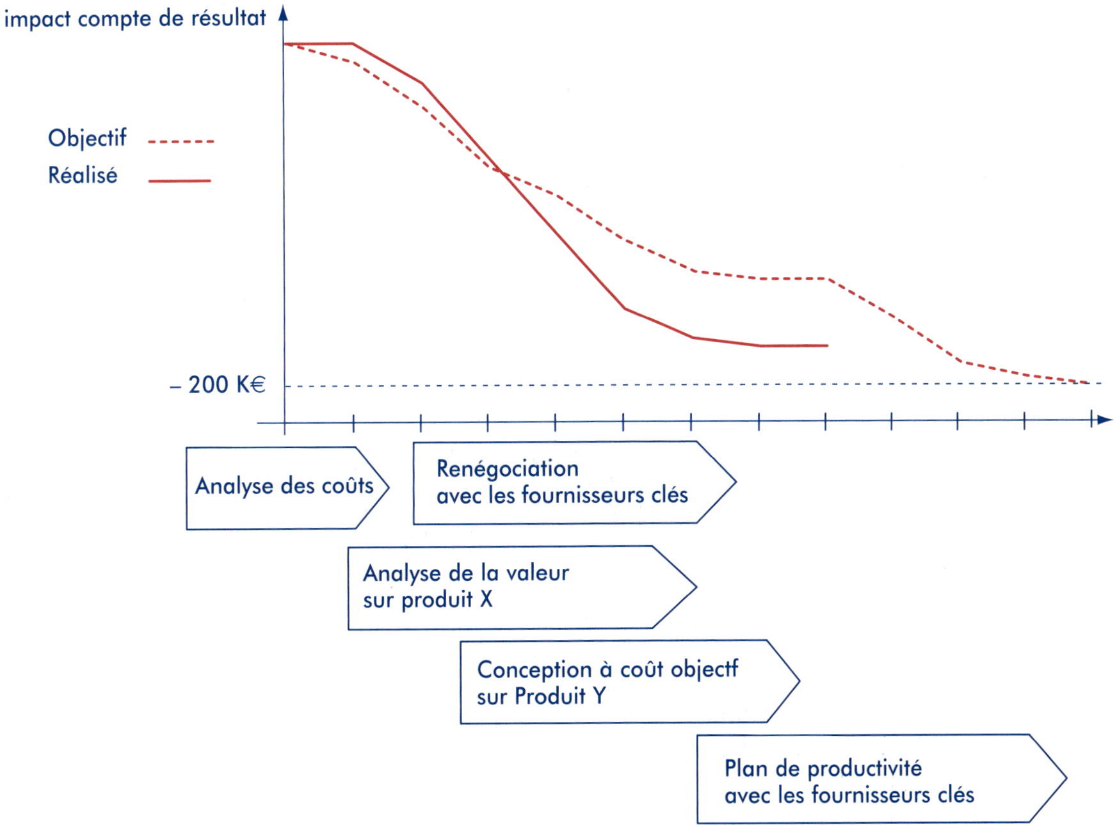

• Commentaires

L'atteinte des objectifs de réduction de coûts sur cette famille est planifiée de la manière suivante :

– une étape préalable d'analyse des coûts pour comprendre les postes et inducteurs de coûts de cette famille ;

– à partir de cette analyse des coûts, une renégociation des prix avec les fournisseurs clés et un engagement sur des plans de productivité ;

– des leviers de productivité produit applicable à deux types de pièces s'y prêtant : un chantier d'analyse de la valeur sur le produit X et une conception à coût objectif sur le nouveau produit Y. ■

La matrice de choix LCC

Les familles éligibles aux sourcing internationaux en pays compétitifs

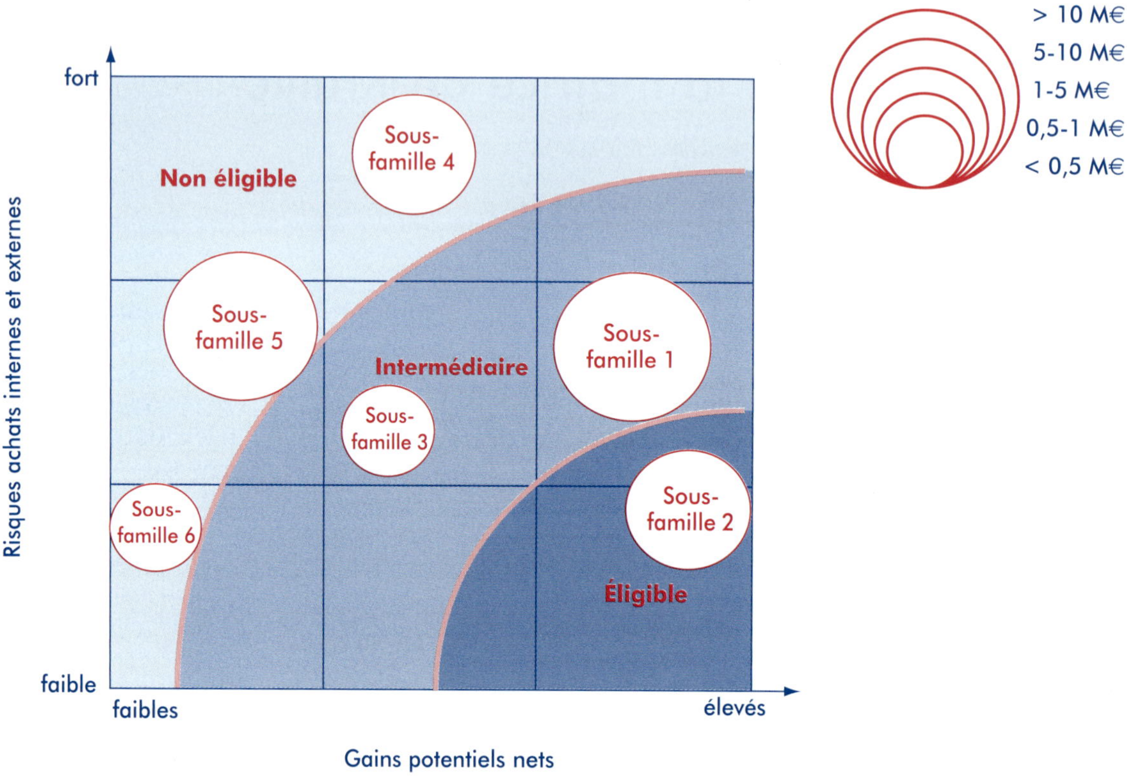

En résumé

Le sourcing international en pays compétitifs (*Leading Competitive Countries*) est un levier majeur pour améliorer la compétitivité et optimiser la *supply-chain* globale de son entreprise.

À partir des gains et du niveau de risque potentiel inhérent à la mise en place de ce levier, la matrice de choix LCC identifie trois zones de priorité :

- zone éligible : sous-familles d'achats ayant une structure de coût favorable aux pays LCC et présentant peu de risques ;
- zone intermédiaire : sous-familles d'achats potentiellement éligibles à partir du moment où l'entreprise mettra des plans de sécurisation spécifiques ;
- zone non éligible : sous-familles d'achats représentant trop de risques ou trop de peu de gains.

Insight

Global Sourcing in Leading Competitive Countries is a major lever to improve your company competitiveness and optimize the supply chain.

According to the potential savings and risks, the LCC decision matrix identifies 3 priorities:

- *GO zone: sub-category likely to be sourced in LCC due to favourable cost structure and low risk.*
- *Intermediary zone: sub-category likely to be sourced in LCC with specific mitigation plan.*
- *NO GO zone: sub-category representing too much risk and few savings.*

Pourquoi l'utiliser ?

Objectif

• Identifier les familles d'achats sur lesquelles effectuer un sourcing en LCC.
• Définir les priorités dans le déploiement de ce levier.

Contexte

Dans un contexte d'internationalisation d'un portefeuille achats, seules quelques familles d'achats s'avéreront éligibles à une démarche de sourcing dans les pays dits « compétitifs ». Vous utiliserez cet outil très en amont pour les identifier et étudier les différents scénarios en fonction des pays.

Les pays à bas coûts ne sont pas toujours compétitifs et réciproquement

Comment l'utiliser ?

Étapes

• À partir de la décomposition des coûts (*cf.* outil 28), calculez le gain potentiel par produit en identifiant les variations sur les différents postes de coûts (part main-d'œuvre, transport, matières premières, frais fixes, investissements...). Ce calcul se fera sur la base d'un produit représentatif de la sous-famille achetée dans un pays donné.
• Calculez le gain potentiel total en euros en multipliant le gain par produit avec les volumes restant à réaliser.
• Considérez les coûts supplémentaires déjà identifiés (audits du fournisseur, coûts de transfert, coûts de validation, non-qualité, accompagnement technique du fournisseur...) et calculez le gain potentiel net.
• Quantifiez les risques internes de la famille (*cf.* outil 14) et les risques potentiels du pays considéré (*cf.* la première partie de l'outil 26).
• Positionnez chaque sous-famille et identifiez si elle est :
– éligible : sous-famille prioritaire pour un sourcing international ;
– non éligible ;
– intermédiaire : étudiez les dispositions particulières à mettre en place pour sécuriser les risques spécifiques : doublage des moyens de production, équipes dédiées, transférer les risques sur un fournisseur de rang 1...

Méthodologie et conseils

Il faut commencer par considérer le pourcentage de gain par produit : un gain inférieur à 10 % n'est pas suffisant pour couvrir l'incertitude liée au calcul et à couvrir les risques potentiels. Vous ne considérerez que les gains supérieurs à 10 %.
Un gain potentiel net inférieur à 100K€ par an est également insuffisant pour justifier d'engager des moyens pour aller acheter dans des pays lointains, sauf si l'entreprise a déjà des entités sur place et que le risque est très faible. ■

Avantages

✔ L'outil a l'avantage d'étudier les différents scénarios technico-économiques avant d'engager des moyens de visites et d'audit fournisseur.

Précautions à prendre

✔ Il suppose une bonne connaissance de la structure de coût des sous-familles.

✔ La réussite du sourcing international en pays compétitifs dépend avant tout de la maturité de l'entreprise en la matière : ne vous engagez pas si la culture de votre entreprise n'est pas internationale.

Le plan d'actions stratégique

La feuille de route jusqu'au résultat

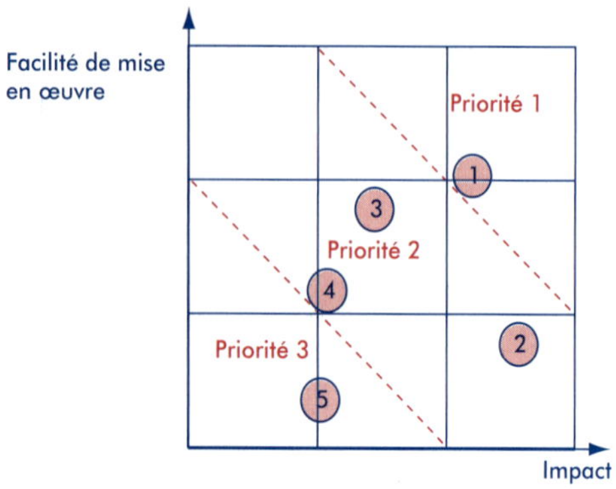

Quoi — Qui — Comment — Pourquoi — Quand

Famille d'achats	Action		Responsables		Moyens nécessaires		Résultats attendus			Date	
	N°	description	Pilote	Contributeurs	nature	coûts	Périmètre (K€)	Indicateur	objectif	début	fin
Prestations intellectuelles	1	Réferencement d'un panel restreint de fournisseurs et renégociation des grilles tarfaires	acheteur	prescripteurs	Analyse du marché, appel d'offre	–	1 200	prix jour moyen pondéré	– 5 %	Mars	Juin
	2	Établir des cahiers des charges fonctionnels génériques	prescripteurs	juristes	benchmark		900	dérive budgétaire	< 3 %	Mai	Juin
	3	Massification des prestations de conseil RH sur le deuxième semestre, mise en concurrence	acheteur	prescripteurs	groupes de travail		400	prix /budget	– 8 %	Juin	Septembre
	4	Mise en place de fiche de suivi et de fin de mission	prescripteurs	acheteur	groupes de travail		1 200	Taux de satisfaction moyen	> 90 %	Mai	Août
	5	Revue de performance fournisseur et plan de progrès	acheteur	prescripteurs	–		1 200	Taux de satisfaction moyen dérive budgétaire	> 95 % < 2 %	Octobre	Novembre

En résumé

Le plan d'actions stratégique établit pour chaque famille d'achats une suite d'actions coordonnées visant à atteindre les objectifs définis. Cette suite d'actions est définie par priorité en fonction de leur impact et de leur facilité de mise en œuvre.

Il décrit pour chaque action, les responsables, les moyens nécessaires, les résultats attendus et les délais de mise en œuvre.

Insight

The strategic action plan sets up a list of coordinated actions aiming at reaching the objectives. The list of actions is set up by priority according to their impact and the ease of implementation.

It describes for each action, the responsible in charge, the necessary resources, the expected results and the planning associated.

Pourquoi l'utiliser ?

Objectif

• Élaborer une feuille de route cohérente et réaliste permettant d'atteindre les objectifs.
• Piloter l'avancement des actions opérationnelles.
• Aligner l'ensemble de l'organisation sur la mise en œuvre de la stratégie.
• Définir les priorités dans la mise en œuvre des actions.

« Stratégie » est un terme militaire signifiant la conduite de l'armée.

Contexte

En fonction des conclusions de l'analyse stratégique et de la clarification des objectifs, les orientations et les leviers achats prioritaires auront été choisis. L'acheteur aura alors besoin de formaliser et de partager le plan d'actions associé, notamment auprès de son manager.

Méthodologie et conseils

Le plan d'action stratégique doit avant tout être opérationnel. Vous devez vous assurer de la faisabilité de tous les plans d'actions en tenant compte de la disponibilité des ressources et des contraintes locales. En effet, la charge de travail que peut représenter le plan d'actions doit être considérée en amont : il vaut mieux un plan d'actions de quatre actions mises en œuvre que dix non réalisées. L'enjeu est d'identifier les priorités et d'être crédible sur ce que vous annoncez.

La construction du plan d'actions est d'autant plus efficace qu'elle se fera avec les personnes concernées. Le travail en commun facilitera l'appropriation et la communication future.

Ce plan stratégique doit être la base de la communication de la mise en œuvre opérationnelle. En cela, une mise à jour de l'avancement des plans d'actions et des résultats obtenus doivent être communiqués régulièrement. ■

Comment l'utiliser ?

Étapes

• Listez les actions à mener en fonction des leviers achats que vous souhaitez mettre en œuvre.
• Définissez-en les priorités en fonction de l'impact potentiel (économies, risque évité...) et la facilité de mise en œuvre. Identifiez l'ordre de chaque action (antériorité, parallèle...).
• Planifiez les ressources (pilote et contributeurs) et les moyens nécessaires tant en coûts qu'en moyens techniques.
• Précisez le résultat attendu en précisant bien le périmètre concerné, le moyen de mesure retenu et l'objectif visé.
• Enfin, planifiez les actions dans le temps avec une date de début et une échéance.

Avantages

✔ Le plan d'actions peut concerner une famille donnée ou l'ensemble d'un portefeuille. Il s'adresse à tous les acheteurs

✔ Il permet de partager les moyens d'actions et les objectifs à atteindre avec l'ensemble des parties prenantes ce qui posera les bases d'une coopération efficace.

Précautions à prendre

✔ Certaines actions peuvent être complexes et faire l'objet d'une véritable gestion de projet. Il est alors préférable de détailler le projet dans un document à part.

La consultation

Dans le prolongement du sourcing (*cf.* dossier 4), l'acheteur procède à la sélection finale du ou des fournisseurs avec qui il négociera et contractualisera sur un périmètre défini.

Efficience et professionnalisme

Le processus de consultation suit également un principe d'entonnoir. Il permet de concentrer l'effort des achats sur un nombre de plus en plus réduit de fournisseurs pour finalement n'en retenir qu'un, voire deux. De plus les principes déontologiques d'équité et de transparence sont respectés :

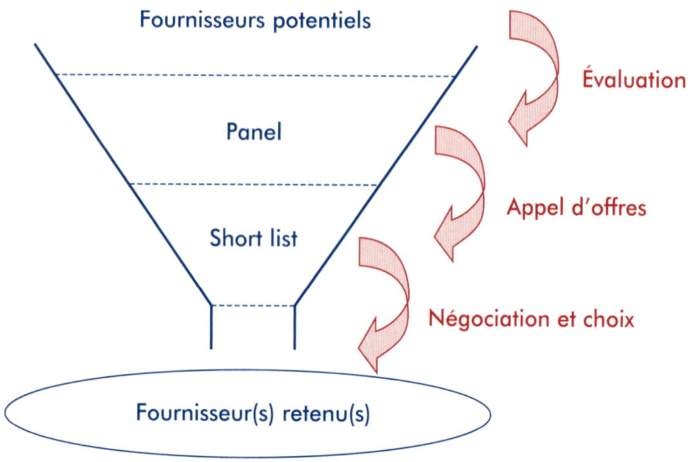

1. Évaluation

C'est par une visite chez le fournisseur que s'effectue cette qualification, homologation, accréditation, agrément ou référencement du fournisseur, ces termes étant employés indifféremment. Il s'agit de vérifier sur place les réponses indiquées sur le RFI (*cf.* outil 20) par les « fournisseurs potentiels », c'est-à-dire présélectionnés. Le but est de s'assurer de leur aptitude à travailler ponctuellement ou régulièrement avec l'entreprise. On constitue ainsi un panel de fournisseurs.

2. Appel d'offres

Seuls les fournisseurs au panel peuvent être interrogés pour répondre à un besoin précis formalisé dans le cadre d'un appel d'offres. Un courrier très formel et complet indique aux fournisseurs le besoin à servir, ainsi que le déroulement de la consultation et certains impératifs qualité, temporels, juridiques comme l'engagement de confidentialité par exemple.

3. Négociation et choix

À partir des réponses jugées recevables d'après quelques critères rédhibitoires, on procède à un premier dépouillent des offres grâce à une grille multicritères pondérée. Celle-ci permet d'identifier les points à négocier, c'est-à-dire qui doivent être améliorés pour correspondre aux objectifs de l'entreprise acheteuse. En corrigeant la grille avec les nouvelles propositions obtenues en négociation, l'acheteur détermine ainsi la meilleure proposition technico-commerciale à soumettre à son client interne.

Rigueur du pilotage

L'enchaînement de ces étapes, toutes cruciales, débouche sur l'engagement officiel et formel de l'entreprise vis-à-vis d'un ou plusieurs fournisseurs. Les enjeux sont très variés car ils sont fonction de la récurrence de l'engagement (commande ponctuelle *versus* contrat cadre), de sa durée et du volume correspondant. Les opportunités techniques et commerciales sont de même à la hauteur des risques, notamment juridiques, pris par l'entreprise au fur et à mesure que la relation se construit avec le ou les partenaires envisagés. Par exemple l'ingérence peut être lourde de conséquences. Il est grave également de laisser entendre à un fournisseur qu'on va s'engager fermement avec lui alors qu'il ne s'agit que d'une simple demande de prix permettant d'établir un budget prévisionnel.

Dossier

Les OUTILS

Outil 41 La visite d'évaluation fournisseur

Vérifier sur place les réponses au RFI

Domaines	Réponse fournisseur : *Gramon SA*	Besoin	Points à investiguer
1 Structure de l'entreprise	*SA* *1 siège + 1 filiale en Espagne*	*Indépendance*	–
2 Données financières	*43 M€* *Voir Bilan et C de R*	*DAF*	*Signes avant coureur ?* …………………………………… ……………………………………
3 Activité commerciale	…		
4 Innovation	…		
5 Production et technologies	…		
6 Ressources humaines	…		
7 Qualité	…		
8 Achats et supply chain	…		
9 Stratégie de l'entreprise	…		

À partir du RFI

En résumé

Cette grille complète celle du RFI. Elle vous donne une grande efficience pour la visite d'évaluation d'un fournisseur que vous prévoyez d'intégrer à votre panel. Il s'agit en effet de vérifier et d'approfondir sur place les réponses obtenues sur le RFI rempli par le fournisseur.

Insight

This grid is an extension the RFI's. It makes your supplier evaluation visit more effective when you plan to have this supplier enter the panel. You verify and detail on the spot answers given by the supplier in the RFI form.

Pourquoi l'utiliser ?

Objectif

Confirmer qu'un fournisseur est effectivement apte à faire partie de votre « panel » de fournisseurs consultables.

« Je ne crois que ce que je vois » (saint Thomas)

Contexte

Suite à la présélection d'un fournisseur réalisée à l'aide d'un questionnaire RFI (*cf.* outil 20), vous jugez utile d'effectuer une visite de cette entreprise avec un spécialiste du domaine qui vous intéresse plus particulièrement (technique, qualité, organisationnel...).

Comment l'utiliser ?

Étapes

- Complétez le RFI en notant les informations ou documents manquants, à préciser ou à vérifier.
- Déterminez la (ou les) personne(s) de votre entreprise qui devra vous accompagner ainsi que les interlocuteurs (PDG, commercial, chef de produit, responsable technique, logistique...) à rencontrer lors de la visite.
- Informez le fournisseur de votre venue : objet, date, durée et interlocuteurs.
- Réalisez la visite en notant vos remarques à l'aide de la grille.
- Si vous vous êtes déplacé avec un collègue, croisez les informations obtenues et préparez la synthèse. Faites un débriefing à chaud en présence des personnes concernées chez votre fournisseur.
- Confirmez vos conclusions par écrit moins d'une semaine après.

Méthodologie et conseils

- La préparation de la visite est cruciale, surtout si vous venez à plusieurs et rencontrez de nombreuses personnes. Le temps étant toujours compté, étudiez le plus possible le RFI avant la visite et faites parvenir les éventuels documents manquants.
- Si vous êtes plusieurs, répartissez-vous les rôles : qui investigue quoi ? Pour les items très critiques ou difficiles, prévoyez de poser la même question chacun de votre côté pour ensuite croiser vos points de vue.
- En soignant le débriefing, vous construisez la confiance avec vos interlocuteurs dont vous aurez besoin pour réussir les affaires à venir.

Avantages

✔ Vous avez l'occasion de rencontrer d'autres personnes que l'habituel vendeur et ainsi d'avoir une vision plus complète de votre futur fournisseur.

✔ Cette première visite constitue un excellent test d'évaluation de la qualité de votre future collaboration. En cas d'incompréhension, voire « d'incompatibilité » relationnelle, il est encore temps de réagir.

Précautions à prendre

✔ Sortez des sentiers battus, notamment ceux sur lesquels le fournisseur risque de vous amener systématiquement. Gardez toutefois un comportement éthique en évitant l'ingérence et toute attitude inquisitrice pouvant nuire à la relation que vous souhaitez mettre en place. Jouez plutôt la transparence en expliquant vos propres enjeux.

• • •

Comment être plus efficace ?

Quitte à se déplacer, autant en profiter !

Certes vous cherchez à obtenir la réponse à des questions précises inscrites sur votre grille, mais essayez aussi d'obtenir des informations précieuses pour l'avenir :

- quels sont les motivations et le dynamisme de l'équipe dirigeante ? quelles perspectives et vision a-t-elle ?
- que savent vos interlocuteurs de la concurrence et du marché ?
- quels autres produits ou savoir-faire pourraient intéresser votre entreprise ?
- comment mesurent-ils eux-mêmes leur propre performance et quels indicateurs pouvez-vous réutiliser ?
- etc.

S'il s'avère finalement que ce fournisseur n'est pas « apte », vous aurez au moins amélioré votre connaissance du domaine. En outre, vous serez encore plus pertinent pour la visite des autres fournisseurs.

Pistes d'amélioration

Indiquer au fournisseur ce qu'il doit améliorer afin d'atteindre le niveau requis est indispensable quand très peu de fournisseurs sont présélectionnés. Vous pouvez ainsi conditionner votre décision finale à la mise en œuvre d'un plan d'amélioration. Il faudra bien sûr à nouveau vous déplacer pour constater les résultats attendus. De manière générale, donner des conseils d'amélioration à un fournisseur est toujours très utile pour lui et crédibilise votre démarche. En outre le fait qu'il l'applique est de bon augure pour les relations futures.

Choix entre plusieurs fournisseurs

Domaines	%	Fournisseur 1 Note	Fournisseur 1 Note pondérée	Fournisseur 2 Note	Fournisseur 2 Note pondérée	Fournisseur 3 Note	Fournisseur 3 Note pondérée
1 Structure de l'entreprise	5 %	10	0,5	9	0,45	10	0,5
2 Données financières	20 %	6	1,2	8	1,6	4	0,8
3 …							
Total	100 %		6,2		7,8		5,5

Utilisez cette grille multicritère pondérée (*cf.* outil 45) pour différentier plusieurs fournisseurs :

- soit pour décider chez qui vous allez effectuer une visite d'évaluation d'après les scores tirés du RFI (*cf.* outil 20) de chacun ;
- soit après la visite de plusieurs fournisseurs pour n'en retenir qu'un par la simple comparaison des « scores » tirés des RFI de chaque fournisseur.

Exemple de **Grille préparatoire à la visite d'évaluation d'un fournisseur**

Domaines	Réponse fournisseur : *Gramon SA*	Besoin	Points à investiguer
1 Structure de l'entreprise	SA *1 siège + 1 filiale en Espagne*	*Indépendance*	–
2 Données financières	*43 M€* *Voir Bilan et C de R*	*DAF*	*Signaux faibles ?* ....
3 Activité commerciale	*Industrie et négoce 3 clients : Galinet (22 %) – Biron (17 %) – Caret (12 %)*	*– Au moins 1 en dehors du nôtre* *– Au moins 1 référence connue*	*Détails sur les clients et projets réalisés* ....
4 Innovation	*BE = 9 personnes*	*> 3 % effectif*	*Exemples de réalisations* ....
5 Production et technologies	*200 à 300 produits/jour* *Soudage & assemblage composants électroniques et mécaniques*	*250 à 300* *Au moins modules électroniques*	*Vérifier les volumes et cadences.* .... *Niveaux de compétence ?* ....
6 Ressources humaines	*215 personnes* *Ci-joint*	*Réactivité*	*Quels interlocuteurs ?* ....
7 Qualité	*ISO 9001 – ISO 14000*	*Au moins ISO 9001*	–
8 Achats et supply chain	*3 entrepôts (Siège + Paris + filiale)*	*Proximité sud*	–
9 Stratégie de l'entreprise	*Voir plaquette jointe*	*Compatible sur 2 ans*	*Quelle connaissance de notre marché ?* ....

• Commentaires

Les « points à investiguer » correspondent aux réponses jugées « floues » ou nécessitant des compléments appréciables uniquement sur place :

– **données financières :** l'étude classique des ratios financiers donne une vision uniquement à moyen terme du fournisseur. Une baisse brutale des commandes, le départ de membres clés du personnel, une tension sociale... aux conséquences immédiates s'apprécient bien plus facilement sur place ;

– **activité commerciale – innovation – production et technologie :** l'observation de réalisations concrètes permet une réelle appréciation du niveau de compétence du fournisseur ;

– **ressources humaines :** la réactivité se mesure aussi par des critères très subjectifs ;

– **stratégie de l'entreprise :** il s'agit ici d'obtenir des informations plus générales pouvant alimenter vos analyses marketing et non limitées au présent fournisseur. ■

Le dossier d'appel d'offres

Lancement formalisé d'un appel d'offres

Lettre d'accompagnement	• Contexte et objectifs généraux de la demande • Personnes joignables concernant : – les aspects techniques (directement liés au produit ou à la prestation attendue) – les aspects qualité – les aspects économiques et autres points • Liste des documents joints • Déroulement de la consultation : – règles (dont éventuellement la confidentialité, l'accusé-réception) – planning • Critères principaux de choix
Spécifications du besoin	• Cahier des charges : – contexte détaillé de la demande – objectifs – environnement – cycle d'utilisation du produit-prestation – fonctions – contraintes • Standards, normes internes ou autres spécifications générales
Éléments particuliers	• Forme éventuellement imposée pour les réponses : – offre technique – offre commerciale (décomposition de prix, structure de coût…) – plan de productivité – support (tableau, masque de saisie) ou format (électronique ou pas) • Points spécifiques propres au domaine : – nombre de solutions minimums à présenter – niveau d'innovation attendue – … • Impératifs contractuels (non négociables)

En résumé

Pour consulter précisément des fournisseurs présélectionnés, des informations et documents clés sont à rassembler au sein du dossier d'appel d'offres : le cahier des charges très détaillé mais aussi tout le contexte lié au besoin et à son environnement.

Insight

In order to precisely send a request for quotation to preselected suppliers, key information and key documents are to be gathered in a request for proposal file: very detailed specifications and all details concerning the need context.

Pourquoi l'utiliser ?

Objectif

• Cadrer le processus d'appel d'offres, en termes de planning et modalités de réponse.
• Décrire la demande de manière exhaustive.
• Poser les bases d'une relation future éventuelle.
• Donner et suivre toutes les informations données à chacun des fournisseurs

Contexte

Dans le cadre d'une consultation formelle, l'entreprise acheteuse souhaite déterminer le (ou les) fournisseurs qui satisferont à un besoin très précis. À partir des quelques fournisseurs présélectionnés et évalués (*cf.* outils 20 et 41), l'acheteur procédera à son appel d'offres à l'aide d'un dossier ad hoc.

Équité et transparence de traitement des fournisseurs interrogés

Comment l'utiliser ?

Étapes

• Obtenez toutes les spécifications détaillées :
  – décrivant spécifiquement le produit ou la prestation attendu ;
  – liées à l'environnement du produit ou de la prestation.
• Faites expliciter les informations liées à l'utilisation du produit ou au déroulement de la prestation.
• Organisez avec l'ensemble des parties prenantes internes du projet (*cf.* outil 8) le déroulement de la consultation, notamment le planning.
• Rédigez le courrier destiné aux fournisseurs présélectionnés accompagné de l'ensemble des informations et documents requis.

Méthodologie et conseils

• Le RFI (*cf.* outil 20) est censé avoir été réalisé, voire même bien avant d'avoir obtenu le cahier des charges détaillé.
• Le travail collaboratif avec vos clients internes prescripteurs ou/et futurs utilisateurs du produit ou de la prestation est indispensable, notamment pour valider le contenu technique.
• En restant à l'écoute des remarques que les fournisseurs, experts de leur domaine, ne manqueront pas de formuler à vis-à-vis de l'expression de votre besoin, vous éviterez des erreurs et profiterez de leurs savoir-faire. ■

Avantages

✔ Vous gagnerez du temps pour les futures consultations de même nature.

✔ Vous pourrez justifier en interne, comme auprès des fournisseurs et de la loi, du bon déroulement de votre démarche.

✔ Le dépouillement qui suivra sera d'autant plus facilité que votre RFQ aura été rigoureux.

Précautions à prendre

✔ Certains domaines d'activité sont soumis à des réglementations très spécifiques (code des Marchés publics, ordonnance du 6 juin 2005, notamment).

✔ Vérifiez la forme des documents fournis par vos interlocuteurs internes et faites-en valider le fond. L'aide d'une assistance à maîtrise d'ouvrage peut s'avérer nécessaire pour les achats techniquement complexes.

✔ Pensez à demander si la consultation a un caractère confidentiel ou non avant même de communiquer avec un fournisseur.

Notification d'intention de participer à un appel d'offres

Notification d'intention de participation — Avant le : 28/05/2010

Appel d'Offres : Conception d'équipements IT — Réf. : AF27N

Votre contact pour cet Appel d'Offre : E. DURAND, Acheteur

Nous avons sélectionné votre entreprise pour participer à l'Appel d'Offre ci-dessus.

Merci de répondre aux questions ci-dessous :

Fournisseur : *FOURNA SA*

Participerez-vous à cet Appel d'Offres ? OUI ☐ NON ☐

Pour quelles raisons ? ....
....
....

Nom : ....

Fonction : ....

Date : .... /......... /........

Signature

En résumé

Plus qu'un simple accusé de réception, la notification d'intention de participer permet à l'acheteur de vérifier très tôt que suffisamment de fournisseurs répondront à son appel d'offres. Les deux informations clés contenues dans ce petit document (date de réponse et nom de l'interlocuteur) crédibilisent et soutiennent la démarche.

Insight

More than just an acknowledgement of receipt, the Notification of Intent to Participate document allows the buyer to very early check that enough suppliers will participate to the request for quotation process. The two key data (answer date & contact name) included in this small document support the process and give credibility to it.

Pourquoi l'utiliser ?

Objectif

- Fiabiliser les réponses des fournisseurs consultés pour un appel d'offres.
- Maximiser le taux de réponses.

Contexte

Pour des appels d'offres importants, en complément du RFQ (*cf.* outil 42), l'acheteur a intérêt à ajouter cette petite étape de « confirmation » avant de poursuivre sa démarche de consultation. Inspirée des marchés publics, cette pratique se met en œuvre très tôt dans la procédure d'appel d'offres.

Comment l'utiliser ?

Étapes

- Évaluez l'enjeu (montant, achat stratégique ou critique...) pour valider la pertinence de cette phase supplémentaire dans votre consultation.
- Déterminez la date de réponse souhaitée, ainsi que le nom de l'interlocuteur du fournisseur (l'acheteur le plus souvent ou son assistant...).
- Analysez les réponses et procédez aux ajustements éventuels à plus ou moins long terme :
  - relancez les « récalcitrants » le jour même où la réponse est attendue ;
  - adaptez le cas échéant la consultation en cours si vous n'obtenez que très peu de réponses ;
  - notez les points clés pour les prochaines consultations.

Méthodologie et conseils

Il faut insister sur l'importance de remplir la zone de *verbatim* en cas de refus.

Deux précautions valent mieux qu'une

Par ailleurs, si peu de fournisseurs acceptent de participer :

- contactez celui ou ceux à qui vous teniez et essayez de connaître les véritables raisons de leur refus ;
- la recherche d'autres fournisseurs devient nécessaire ;
- ajustez votre RFQ (forme ou/et fond) en fonction des raisons invoquées pour les refus : modalité (e-sourcing *versus* courrier classique...), aspects techniques, saisonnalité, conjoncture, risques... Tenez en compte pour les futures affaires en :
  - revoyant le jalonnement du projet, les contraintes techniques, les interlocuteurs... ;
  - étendant le périmètre de sourcing en amont de l'appel d'offres, vérifiant les capacités techniques ou logistiques... ■

Avantages

✔ Cet outil très simple permet de réagir très tôt afin d'obtenir des offres techniques et commerciales correspondant aux attentes de vos clients internes.

✔ Vous améliorez le suivi du processus de consultation et gagnerez du temps pour les prochains appels d'offres.

Précautions à prendre

✔ Gardez un format très simple à ce document en limitant le nombre d'informations données et demandées, beaucoup étant déjà contenues dans le courrier d'appel d'offres.

✔ Attention à bien réfléchir aux conséquences avant d'ajuster votre consultation ; certains fournisseurs pourraient en profiter...

La grille de dépouillement

Utilisez un tableau de critères pondérés

Critères	%	Fournisseur 1		Fournisseur 2		Fournisseur 3	
		Note	Note pondérée	Note	Note pondérée	Note	Note pondérée
Prix total	60 %	9	5,4	8	4,8	4	2,4
Offre technique							
Délai de livraison							
Total	100 %		6,7		7,2		5,6

En résumé

Grâce à la grille de dépouillement pondérée d'un appel d'offres, l'acheteur est à même de proposer le meilleur choix parmi plusieurs solutions concurrentes. En impliquant ses clients internes dans ce système d'évaluation chiffrée, il rassure quant à la rigueur de sa démarche. En communiquant les résultats, il joue la transparence vis-à-vis d'eux.

Insight

With the request for quotation analysis and choice matrix, the buyer can suggest the best choice among several proposals in competition. Involving his internal customers, he makes them more confident in the process wich appears to be rigorous. By communicating the results, they can appreciate his transparency efforts.

Pourquoi l'utiliser ?

Objectif

- Comparer objectivement des offres technico-économiques de plusieurs fournisseurs.
- Identifier les points forts et les domaines d'amélioration des propositions.

Proposer un choix objectif.

Contexte

Suite à l'envoi d'un dossier d'appel d'offres (*cf.* outil 42), les fournisseurs répondent sous forme de propositions commerciales. En analysant les offres suivant un même format, l'acheteur prépare la phase de négociation qui permettra de retenir la meilleure proposition en collaboration avec son client interne.

Comment l'utiliser ?

Étapes

À partir du dossier d'appel d'offres :

- établissez la liste des **critères** permettant de différentier les solutions proposées par chaque fournisseur ;
- associez un **indicateur** le plus objectif à chaque critère ainsi qu'une échelle de **notation** ;
- éliminez tout de suite les offres dont un critère comporte une note **éliminatoire** ;
- hiérarchisez les critères en indiquant leur **poids** en pourcentage ;
- calculez la **note globale** obtenue par chaque fournisseur ;
- **communiquez** les résultats à votre client interne puis préparer les points d'amélioration éventuels à aborder en négociation avec les quelques fournisseurs retenus à ce stade.

Méthodologie et conseils

- L'utilisation d'un nombre maximum d'**indicateurs en euro** pour évaluer chaque critère vous procure une grande facilité car cette unité est universellement comprise. Par exemple, les délais et le jalonnement de paiement correspondent à un effort financier (ou pas) de la part de votre entreprise.
- S'il est impossible de trouver un indicateur objectif, utiliser un système de notation (de 1 à 10 par exemple) qui confronte l'avis de plusieurs personnes. C'est souvent utilisé en achat de prestations intellectuelles pour « canaliser la subjectivité » : compréhension du sujet par l'intervenant, robustesse de la démarche proposée...
- En cas d'erreur ou autre résultant en une modification à apporter aux spécifications, pensez à informer tous les fournisseurs interrogés.

Avantages

✔ Grâce à cette technique, le service achats fait preuve de transparence et d'objectivité dans les choix proposés à ses clients internes. En outre, il peut conserver les résultats.

✔ Vous gagnez du temps, car cette grille est réutilisable pour des consultations similaires.

Précautions à prendre

✔ Une grille de structure trop rigide risque de vous priver d'offres originales de la part de fournisseurs innovants. Toutefois, attention aux vendeurs qui sous prétexte d'être très différents des concurrents ajoutent des critères qui dépassent le véritable besoin de votre client interne (surqualité).

✔ Sauf dans le cadre légal de marchés publics, ne communiquez que vos critères principaux aux fournisseurs interrogés.

• • •

Comment être plus efficace ?

Au final, c'est bien « le mieux disant » qui doit l'emporter sur « le moins disant ». Pourtant, la manière d'appliquer ce principe peut dans certains contextes sembler contradictoire.

L'alignement technique

Pour un besoin relativement simple, précis, où l'on n'attend pas d'innovation particulière et pour lequel les solutions proposées par les fournisseurs sont facilement comparables, le dépouillement des offres se fait très rapidement en deux phases :

- *phase préalable d'alignement technique* : l'acheteur élimine les offres qui ne sont pas conformes au besoin tel qu'exprimé par le client interne. En cas de nécessité (peu d'offres recevables d'emblée, incompréhension ou erreur flagrante) l'acheteur et le prescripteur peuvent demander aux fournisseurs de reconsidérer leur offre technique ;
- *phase finale* : c'est le prix, ou mieux le coût complet (*cf.* outil 33), le plus bas qui détermine la meilleure offre, après négociation.

Le e-sourcing

Les outils électroniques mis à disposition des acheteurs apportent davantage de formalisme et de transparence quant au processus conduisant au choix du meilleur fournisseur pour un besoin donné. Ils ne font rien de plus et même si l'ultime étape optionnelle (enchère en ligne) consiste à ne faire varier que le prix, le système propose de tenir compte de tous les critères pondérés de sélection.

Critères discriminants

Outre les critères globaux déjà pris en compte lors de la présélection (*cf.* outils 20 et 42) et ceux du cahier des charges certains autres liés au produit ou à la prestation peuvent faire la différence :

- le coût complet (TCO), comme déjà vu ci-dessus ;
- l'empreinte carbone sur tout ou partie du cycle de vie du produit ;
- l'offre dite de « progrès » ou de « maintien à niveau » ;
- le niveau d'innovation proposé ;
- tout autre service, prestation ou option souvent différentiante représentant une réelle valeur pour l'entreprise acheteuse.

Variante à la grille pondérée

Plutôt que d'utiliser une pondération en pourcentage, on préfère jouer sur l'amplitude de l'échelle de mesure : par exemple, noter le délai sur 10 et le prix sur 40 indique que ce dernier est 4 fois plus important.

Efficacité et rigueur des achats

L'esprit critique reste de mise face à une arithmétique même rigoureuse ! En effet, un changement dans la pondération des critères peut faire varier sensiblement le classement des fournisseurs. La transparence est facilement démontrable puisqu'elle repose sur le fait que l'acheteur communique sur sa démarche organisée basée sur le principe de l'entonnoir associée à des livrables, essentiellement le cahier des charges et les grilles de tri.

L'objectivité, tout en restant forcément relative, est amenée à son plus haut niveau d'acceptation par l'entreprise. Le principe de critères quantifiables et d'implication des clients internes démontre cela. L'arithmétique donne le côté rationnel et mesurable. Cependant les critères sont définis puis mesurés par des personnes.

Exemple de **Grille de synthèse**

• Contexte

Cinq fournisseurs présélectionnés ont été interrogés, un a décliné et un autre a été éliminé par l'acheteur. Les offres comprenaient dix postes qui ont été regroupés en quatre postes.

• Extrait des données « brutes » interprétées

Critères	Fournisseur 1		Fournisseur 2		Fournisseur 3		Fourn. 4	Fourn. 5
	Donnée	Appréciation	Donnée	Appréciation	Donnée	Appréciation		
Prix brut		*108 000 €*		*93 500 €*		*95 000 €*		*123 000 €*
Transport	*DDP*	*0,00 €*	*DDP*	*0,00 €*	*EXW*	*3 400 €*		
Garantie	*1 an*	*1 540 €*	*Sur devis*	*2 310 €*	*2 ans*	*770 €*		
Prix total		*109 540 €*		*95 810 €*		*99 170 €*		
Offre technique	*Annexée*	*7/10*	*Annexée*	*5/10*	*Annexée*	*9/10*		
Délai de livraison	*3,5 sem.*	*10/10*	*5 sem.*	*5/10*	*4 sem.*	*10/10*	*9 sem.*	
Plan de progrès	*Annexé*	*8/10*	*Annexé*	*7/10*	*Annexé*	*8/10*		

• Tableau de synthèse

Critères	%	Fournisseur 1		Fournisseur 2		Fournisseur 3		Fourn. 4	Fourn. 5
		Note	Note pondérée	Note	Note pondérée	Note	Note pondérée		
Prix total	*55 %*	*1*	*0,55*	*7*	*3,85*	*5*	*2,75*		
Offre technique	*30 %*	*7*	*2,10*	*5*	*1,50*	*9*	*2,70*		
Délai de livraison	*5 %*	*10*	*0,50*	*5*	*0,25*	*10*	*0,50*		
Plan de progrès	*10 %*	*8*	*0,80*	*7*	*0,70*	*8*	*0,80*		
Total	*100 %*		*3,95*		*6,20*		***6,75***		

• Commentaires

Prix Total

Il est calculé à partir du prix « brut » proposé auquel on a ajouté deux autres postes indiqués par les fournisseurs :

– transport : coût = 0 € pour les deux fournisseurs proposant un prix *Delivered Duty Paid* (DDP), c'est-à-dire rendu sur site. Pour le troisième proposant un *Ex-Work* (EXW), l'acheteur a fait chiffrer à 3 400 € ;

– garantie : elle est estimée à partir de statistiques du coût des pannes et pour une durée comparable ;

– prix total : l'échelle de notation a été déterminée en fonction du budget du client interne.

Offre technique et plan de progrès

Le prescripteur donne à l'acheteur la note attribuée à chacun des produits proposés.

Délai de livraison

Bien que « le temps c'est de l'argent », ici on a préféré se donner une échelle de notation : de 1/10 pour six semaines à 10/10 pour quatre semaines, éliminatoire sinon. ■

Dossier 8

Négociation et contractualisation

En achats, tout se négocie, car le prix n'est pas le seul facteur à maîtriser dans le contrat à passer avec un fournisseur. La maîtrise des outils de négociation représente ainsi une des compétences fondamentale de l'acheteur. La variété des interlocuteurs et des enjeux rendent l'exercice plus ou moins difficile.

La négociation d'achats

Nous la définissons comme étant le moyen ultime pour l'acheteur de faire bouger son interlocuteur de sa position initiale vers son objectif achat.
Sur le terrain, l'entretien de négociation peut revêtir différentes formes depuis le « marchandage », où l'on quémande du rabais, à la « guerre de positions » et jusqu'à la collaboration « gagnant-gagnant » permettant de satisfaire les intérêts de chacun. Sa durée varie également, du passage en force « spot » aux longs débats portant sur des sujets ne se limitant pas au prix ; l'acheteur doit donc être proactif et s'adapter au contexte.

Se préparer et agir

Investir du temps dans les phases préparatoires est une fois de plus une clé de succès et il s'agit de soigner aussi bien le fond que la forme.
Pour le fond, l'acheteur se trouve à la phase finale de « l'entonnoir » de sélection. Il doit maintenant décider des points, dits « clauses », à aborder avec chacun des fournisseurs qu'il va rencontrer. En mettant à l'ordre du jour des sujets plus généraux, il couvre tous les risques juridiques connexes

et se dote de leviers supplémentaires afin d'économiser ses précieux « arguments » et de canaliser les concessions à faire. Grâce à sa « grille de négociation », il rassemble tous les éléments indispensables. Il la remplit spécifiquement à l'aide de plusieurs outils génériques, comme « le clausier » ou « l'argumentaire ».
En ce qui concerne la forme, de nombreux aspects plutôt subjectifs sont à prendre en compte très tôt. Les notions de « pouvoir », de tactiques pour convaincre face à des enjeux importants, requièrent un diagnostic préalable.

Piloter l'entretien et conclure

En face à face avec le vendeur ou au téléphone, le comportement, c'est-à-dire la forme de l'entretien, soutient « le fond ». Par exemple, l'outil de « synchronisation » renforce la communication interpersonnelle. L'évaluation des éléments de motivation personnels du vendeur est à prendre en compte à l'aide du « SONCAS » et, dans l'éventualité d'un blocage, l'acheteur peut s'en sortir en mettant en œuvre le « DESC ». Par ailleurs, la grille de négociation devient maintenant un véritable tableau de bord permettant de se diriger quoiqu'il arrive vers les objectifs assignés à chaque clause.
Une fois les entretiens de négociation terminés, le choix définitif se fera sur proposition de l'acheteur mais toujours sous la responsabilité de ses clients internes. La formalisation s'effectue à l'aide de la « grille de nomination ». Pour ce qui est de la formalisation externe, c'est-à-dire la contractualisation, le « clausier juridique » représente le soutien minimum nécessaire à un acheteur non-juriste.

Les OUTILS

Outil 45 L'hexamètre de Quintilien

Couvrir tous les aspects d'une affaire

<table>
<tr><th></th><th>Combien ?</th></tr>
<tr><td>Qui ?
Interlocuteurs, responsable, décideur, prescripteur, utilisateur…</td><td rowspan="6">Effectif
Quantité
Volume
Poids
Longueur
Prix
Coût
Temps
…</td></tr>
<tr><td>Quoi ?
Sujet, clause, position, action, phase, opération…</td></tr>
<tr><td>Où ?
Lieu, distance, périmètre, environnement, contexte…</td></tr>
<tr><td>Quand ?
Date, planning, jalon, durée, fréquence…</td></tr>
<tr><td>Comment ?
Moyens, matériel, équipement, modalités, procédure, référentiel…</td></tr>
<tr><td>Pourquoi ?
Intérêt, politique, stratégie, contrainte, objectif, motivation…</td></tr>
</table>

En résumé

L'hexamètre de Quintilien, plus connu sous le nom de « QQOQCP », est une méthode systématique soutenant la recherche de sujets à aborder lors d'un entretien de négociation ou à l'occasion de toute rencontre avec divers interlocuteurs.

Son efficacité est augmentée grâce à l'approche en « sept dimensions », correspondant à la typologie de thématiques apparaissant de manière récurrente en achats.

Insight

The Quintilien's hexameter, best known as « WWWWHW », is a systematic method supporting the search for topics to be addressed during a negotiation meeting or during any meeting with various partners.

Its efficiency is enhanced with the "seven dimensions" approach, covering all types of usually occurring purchasing topics.

Pourquoi l'utiliser ?

Objectif

Viser l'exhaustivité dans l'élaboration d'un dossier et chercher à en couvrir les aspects qualitatifs et quantitatifs.

Contexte

Cet outil s'utilise pendant la préparation d'une négociation ou, plus généralement, avant de rencontrer les interlocuteurs clés au sujet d'une affaire ou d'un projet Vous listez ainsi tous les points auxquels il faut impérativement penser afin de construire l'ordre du jour.

Comment l'utiliser ?

Étapes

• Abordez chacun des six postes (Qui, Quoi, Où, Quand, Comment et Pourquoi) en vous posant les questions comme suggéré dans le tableau. Notez toutes les idées qui vous viennent sans filtrage et impliquez des collègues dans la recherche. Quantifiez chaque poste (Combien).
• Pour vous permettre d'aller encore plus loin concernant sur les six postes, envisagez successivement les sept dimensions proposées ci-dessous.
• Après chaque utilisation, complétez votre tableau de nouvelles questions pour les prochaines fois.

Méthodologie et conseils

La rigueur de cet outil réside dans son exhaustivité et non pas dans l'ordre d'utilisation. Ainsi, dès que vous butez sur une question, essayez-en une autre. De même, revenez régulièrement en arrière.
En complément de l'approche « classique » de ce « fameux » hexamètre, nous vous proposons de changer d'angle de vue. Les **sept dimensions** permettent de couvrir tous les sujets de fond typiquement présents dans toute problématique achats, notamment en négociation :

Quintilien : rhéteur et pédagogue latin du Ier siècle apr. J.-C.

• Stratégique : politique, management, organisation, changement, projet, éthique, relationnel...
• Commerciale : marketing, gestion de la relation fournisseurs, risque fournisseur...
• Financière : prix, coûts, marge, rendements, productivité, rentabilité, pérennité...
• Technique : filières économiques, produits, prestations, savoir faire, technologie...
• Logistique : *Supply Chain*, délais, planification, jalons, processus...
• Qualité : niveaux requis, référentiel, évolutions, progrès permanent...
• Juridique : droit applicable, obligations, responsabilités, commande, contrat, usages... ■

Avantages

✔ Cette démarche s'appuyant sur quelques fondements simples de la créativité vous permet de rapidement balayer très largement un sujet.

✔ Si un document personnel venait à vous manquer, grâce à cet outil vous pouvez rapidement retrouver les points fondamentaux.

Précautions à prendre

✔ Ne cherchez pas à classer précisément à tout prix dans « la bonne rubrique » les points que vous énumérez, l'essentiel est de trouver des idées nouvelles par tous les moyens.

Les six leviers du pouvoir

Évaluer le véritable rapport de force

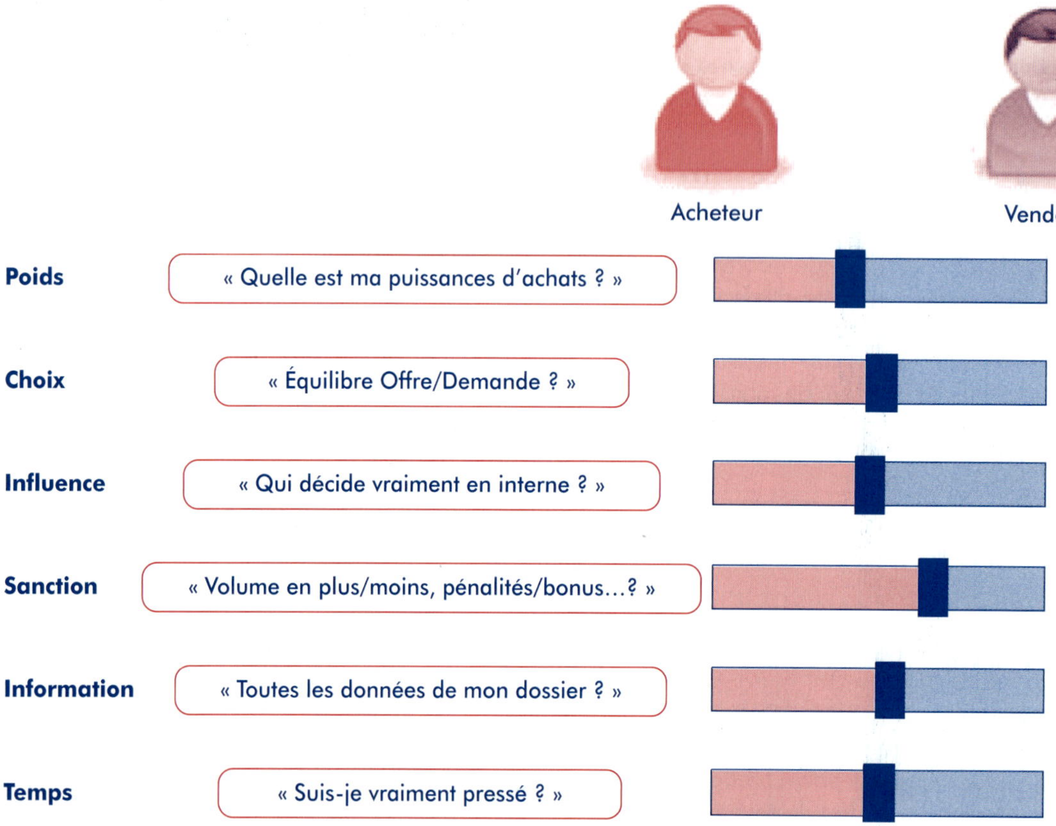

Source : d'après *Négocier et défendre ses marges*, Philippe Korda, Dunod, 4e éd., 2010.

En résumé

En amont d'une négociation, l'acheteur évalue le rapport de force entre lui et le vendeur. Pour se faire et au-delà des clichés, il estime précisément chacun des six leviers de pouvoir dont il dispose :

- Poids : le montant d'achats par rapport au C.A. de l'interlocuteur.
- Choix : les alternatives possibles dans cette affaire.
- Influence : le rôle réel des acteurs du processus d'achat.
- Sanction : les « carottes et bâtons » activables.
- Information : tout ce qu'il sait sur l'affaire et son contexte.
- Temps : les contraintes de planning.

Insight

Prior to a negotiation, the buyer evaluates the balance of power involving between him and the seller. That for and beyond clichés, he precisely assesses each of the six levers of power wich are available:

- *Weight: Purchasing amount against his negotiating partner's turn over.*
- *Choice: Possible alternatives for this deal.*
- *Influence: Actual role of people in the purchasing process.*
- *Sanction: "The carrots or the sticks" he could handle.*
- *Information: All that he knows about this deal and its context.*
- *Time: Planning constraints.*

Pourquoi l'utiliser ?

Objectif

• Connaître plus finement et objectivement le réel rapport de force entre vous et le vendeur.
• Adopter des stratégies et postures adaptées à l'atteinte de vos objectifs.

Contexte

Cette analyse doit faire partie de la préparation d'une négociation associée à celle des enjeux (*cf.* outil 47).

Le pouvoir en négociation : la capacité à faire bouger l'autre de sa position initiale.

Comment l'utiliser ?

Étapes

• Évaluez intrinsèquement chacun des six leviers.
• En miroir, estimez ceux du vendeur et finalisez votre stratégie.
• Réajustez au cours de l'entretien et faites un bilan (REX) à la fin dans la perspective de futures négociations.

Méthodologie et conseils

Il y a des impacts, parfois insoupçonnés, à condition de mettre distinctement en évidence la nature de chacun des leviers.
• **Poids :** c'est votre puissance d'achat exprimée en montant achats comparé au chiffre d'affaire du fournisseur ou du vendeur lui-même (*cf.* outil 22).
• **Choix :** selon l'adage « le client est roi ». Pourtant face à un monopole, par exemple, l'acheteur se trouve bien démuni, la décision d'achats étant externe (du côté du fournisseur) !
• **Influence** : parmi vous et les parties prenantes à l'acte d'achats (*cf.* outil 8), qui est ou qui peut être impliqué dans le choix du fournisseur de manière formelle mais surtout informelle ?
• **Sanction** : il s'agit d'évaluer votre capacité à doser la pression sur le fournisseur. Pouvez-vous lui confier plus ou moins de volume (quota de répartition entre lui et ses concurrents) sur l'affaire en cours ou d'autres ?
• **Information** : toutes les données dont vous disposez au sein du dossier vous donnent de l'ascendant. Connaître l'évolution de la réglementation, des marchés, des savoir-faire techniques… ne doit pas être l'apanage des vendeurs !
• **Temps** : en en conservant la maîtrise, vous gardez l'avantage. Consacrer suffisamment de temps à la préparation d'un entretien, laisser parler l'autre, investiguer davantage, interrompre momentanément les discussions… sont de réels « plus » et permettent en outre d'augmenter l'action des autres leviers. ■

Avantages

✔ Une plus grande sérénité dès le début de l'entretien, car quelque soit le diagnostic, vous êtes conscient de la situation et plus à même d'interagir de manière efficace.

Précautions à prendre

✔ Prenez garde à l'influence des clichés sur vous et votre entourage. Conscient de ce risque, réalisez une analyse la plus objective possible.

✔ La comparaison à l'autre ne doit pas constituer l'objectif unique de l'outil.

✔ Les niveaux de pouvoir subit également les effets subjectifs suivants : la volonté de (ou la propension à) exercer réellement ce pouvoir, la perception que l'interlocuteur en a.

Outil 47 La matrice enjeu-pouvoir

Le diagnostic qui permet de trouver la bonne tactique de négociation

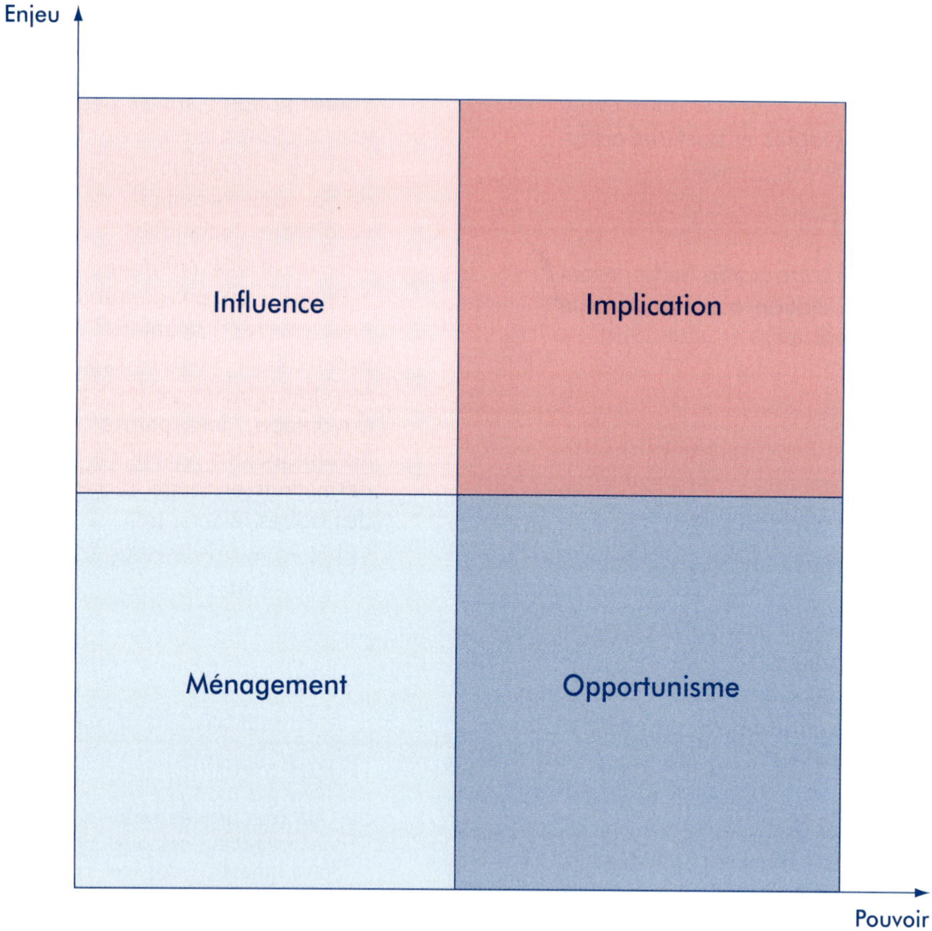

En résumé

Mis à part les rares négociations où les positions de l'acheteur et du vendeur sont parfaitement compatibles, l'acheteur doit envisager la typologie des situations qu'il peut rencontrer. La matrice enjeu-pouvoir distingue quatre cas en fonction de l'enjeu pour l'acheteur et de son pouvoir face au vendeur :

- Ménagement : s'économiser au maximum.
- Opportunisme : obtenir très vite le peu qu'il y a à gagner.
- Implication : rester leader de la négociation.
- Influence : convaincre à tout prix.

Insight

Apart from rare negotiations when buyer's and seller's positions are perfectly compatible, the buyer has to estimate the kind of situation he could be involved in. ***The stake and power matrix*** *sets aside four possibilities function of the stake for the buyer and the balance of power:*

- *Economy: Save time and energy.*
- *Opportunism: Get quickly the very little to be gained.*
- *Involvement: Remain the leader of the negotiation.*
- *Influence: Convince at all costs.*

Pourquoi l'utiliser ?

Objectif

• Identifier la tactique la mieux adaptée à la négociation que vous devez mener.
• Mobiliser seulement l'énergie personnelle nécessaire

Contexte

Quand l'acheteur entame la préparation d'une négociation, quelques paramètres clés sont à prendre en compte. Ils sont liés au contexte de l'affaire et aux relations avec ses interlocuteurs internes (hiérarchie, demandeurs, prescripteurs) et le vendeur en face.

Comment l'utiliser ?

Étapes

• Caractérisez le niveau d'enjeu de l'entretien que vous allez mener.

L'enjeu : quelle(s) conséquence(s) si cette négociation échoue ? Le niveau d'enjeu est élevé quand les conséquences s'avèrent importantes ou graves : objectifs non atteints sur un achat stratégique (*cf.* outil 35), forte pression de la part des clients internes ou/et de votre hiérarchie, pas d'alternative à la solution de ce fournisseur…

Le pouvoir : votre capacité à faire bouger le vendeur de sa position initiale dans le contexte de cet entretien-ci.

• Estimez votre niveau de pouvoir face au vendeur que vous allez rencontrer.
• Si vous avez suffisamment de temps avant l'entretien, tentez rapidement d'augmenter votre niveau de pouvoir (*cf.* outil 46), sinon allez directement à l'étape suivante.
• Préparez-vous à adopter la posture tactique adaptée à votre situation d'après votre position sur la matrice enjeu-pouvoir.

Parfois, il faut savoir marcher sur des œufs.

Méthodologie et conseils

• La zone **« Ménagement »** : l'enjeu étant faible, il vaut mieux utiliser son énergie sur des négociations plus importantes. Laissez venir votre interlocuteur et rien ne presse car il y a peu à gagner et à perdre.
• La zone **« Opportunisme »** : la préparation du dossier doit être très courte étant donné le peu d'enjeu et l'entretien se mène tambour battant car vous pouvez profiter de votre pouvoir.
• La zone **« Implication »** : profitez de votre pouvoir pour mener les débats, utilisez tout votre leadership pour convaincre votre interlocuteur au mieux de vos intérêts.
• La zone **« Influence »** : c'est la situation la plus critique dans laquelle vous devez faire preuve de beaucoup de « doigté » et de persuasion. C'est en vous adaptant finement à votre interlocuteur (*cf.* outils 53 et 54) que vous l'amenez petit à petit là où vous le souhaitez. ■

Avantages

✔ Le diagnostic est facile et rapide à mettre en place, même quand vous disposez de peu de temps. En adoptant immédiatement la bonne posture, vous serez plus serein notamment quand la situation ne vous est pas *a priori* favorable.

Précautions à prendre

✔ Il y a souvent un décalage entre la réalité du contexte de la négociation et la perception que vous en avez, notamment quand vous subissez une pression forte. De plus, le rapport de force réel ou perçu peut se modifier en cours d'entretien.

Outil 48 Le clausier de négociation

La check-list des points possibles à discuter

Appel d'offres : AR3-1 **Fournisseur :** FOURNASA **Date :** 15/06/2010

	Points faibles	Points flous	Possibles	Au cas où...		Points faibles	Points flous	Possibles	Au cas où...
Confidentialité – Secret			✓		Assurances				
Non concurrence (& exclusivité)				✓	Assistance – Formation		✓		
Système d'informations					Documentation				
Prix		✓			Productivité	✓			
Indices – Formule de révision			✓		Plan de progrès				
Remise – Rabais – Ristourne					SAV – Maintenance				
RFA (conditionnelle ou non)					Pièce de rechange – Consommables				
Prix net-net					Fin de vie – Déchets – Recyclage				
Report de tarif					Investissement – Financement				
Conditions de paiement – Échéancier		✓			Frais d'analyse – Test – Homologation				✓
Avances – Acomptes – Escompte					Normes – Réglementation – Référentiels				
Pénalités de retard				✓	Plan marketing				
Bonus			✓		Communication – Evênementiel – PLV				
Quantités – Volumes					Promotions				
Minimum de commande/livraison					Positionnement en gondole				
Stockage – Consignation					Marchandising				
Délai d'intervention	✓				Gratuits				
Délai de remplacement					Qualité				✓
Délais de livraison	✓				Reprise casse – Périmés – Invendus				
Conditionnement – Emballage					Délai limite de consommation (DLC)				
Transport – Incoterms					Traçabilité				
Livraison					Clauses juridiques spécifiques		✓		
Installation – Mise en service					Clauses techniques spécifiques		✓		
Réception – Recettage									
Garanties	✓								

Source : d'après *Toute la fonction achats*, P. Petit, Dunod, 2008.

En résumé

Le clausier de négociation est une check-list permettant d'envisager tous les sujets qui sont susceptibles d'être abordés au cours des négociations. Pour un appel d'offres spécifique, l'acheteur en tire une liste précise destinée à l'entretien prévu avec chaque fournisseur retenu.

Insight

This necociation clause check-list makes it possible to consider all points that might be addressed during negotiations. For each particular invitation to tender, the buyer gets out of it a specific list of points to address with each selected supplier.

Pourquoi l'utiliser ?

Objectif

- Prévoir de manière exhaustive tous les points à aborder en négociation.
- Anticiper les thèmes qu'abordera le vendeur.
- Profiter des négociations antérieures.

Contexte

À l'issue du dépouillement de son appel d'offres, l'acheteur doit lister les points qu'il abordera spécifiquement avec chacun des fournisseurs qu'il a prévu de rencontrer. Il s'agit d'une des toutes premières phases de la préparation de la négociation.

Tout se négocie !

Comment l'utiliser ?

Étapes

- À partir de la grille de dépouillement (*cf.* outil 44), cochez les points faibles et les points flous de l'offre.
- En vous basant notamment sur l'historique des relations avec le fournisseur sur tout le processus achats, choisissez :
  - les clauses « possibles » (que le vendeur voudra vraisemblablement aborder) ;
  - celles qui pourraient servir votre tactique de négociation (*cf.* outil 51).
- Interrogez vos interlocuteurs internes afin d'identifier des clauses spécifiques à ajouter (techniques, juridiques).
- Complétez votre check-list générique pour de futures négociations.

Méthodologie et conseils

- Les deux premières colonnes indiquent les clauses qu'il faudra impérativement aborder lors de l'entretien avec le vendeur :
  - « **Points faibles** » : ils constituent les domaines que le fournisseur devra améliorer car ils sont en deçà de vos objectifs ou ne correspondent pas aux intérêts de votre entreprise (prix trop élevé, protocole Qualité insuffisant...).
  - « **Points flous** » : l'entretien devra clarifier tout avant la phase formelle de contractualisation ; il peut s'agir d'erreurs ou bien de « pièges » tendus par le fournisseur...
- Les colonnes suivantes correspondent aux points que vous n'aborderez qu'en cas de nécessité :
  - « **Possibles** » : il s'agit de s'imaginer parmi les points que vous n'avez pas encore retenus, ceux que le vendeur, lui, pourrait souhaiter discuter.
  - « **Au cas où** » : ce sont des sujets sans enjeu présentement pour vous, mais qui pourraient servir de « monnaie d'échange » lors de l'entretien (citer le nom de votre entreprise, décaler un jalon de livraison partielle...). ■

Avantages

- ✔ Vous gagnez du temps et de l'efficacité au fur et à mesure que vous utilisez la liste et la complétez.
- ✔ Ce document est facilement partageable entre acheteurs qui peuvent mutualiser leurs efforts pour continuer de l'améliorer.

Précautions à prendre

- ✔ Tout en restant très exhaustif, évitez de détailler chaque point de cette liste.
- ✔ Cette liste doit rester distincte de celle qui établira toutes les clauses devant figurer au contrat que vous passerez le cas échéant avec le présent fournisseur (*cf.* outil 57).

L'argumentaire

La check-list des arguments de négociation

Appel d'offres : AR3-1	Fournisseur : FOURNASA		Date : 15/06/2010		
	Général	Particulier		Général	Particulier
Notoriété	✓		Information en feed back		
Activités Gammes - Marques			Système d'information performant		
Taille (Groupe, réseau,...)			Dématérialisation		
Implantations (nombre, localisation)	✓		Centralisation des paiements	✓	
Position de leader		✓	Cotation en bourse		
Connaissance du marché			Solvabilité	✓	
Économie de frais de prospection			Garantie de paiement		
Référence (marques, savoir faire)		✓	Engagement long terme		
Forte croissance			Participation à l'investissement		✓
Plannings prévisionnels			Partenariat (sécurité)		
Prise de décision rapide	✓		Communication élargie (média)		
Centralisation des achats	✓		Salons (visibilité)		
Essais en laboratoire (gratuits)			Référencement (fidèlisation)		
Tests en environnement réel (gratuits)		✓	Qualité – Progrès mutuels		
Innovation - Renouvellement			Suivi commercial réduit		
Expérience	✓		Relations avec les Pouvoirs Publics		
Similitude avec affaire(s) précédente(s)	✓		Produits dérivés		✓
Transmission de compétence					
Transfert de savoir-faire					

Source : d'après *Toute la fonction achats*, P. Petit, Dunod, 2008.

En résumé

L'argumentaire est une liste qui permet à l'acheteur de peaufiner la préparation de chaque entretien de négociation. Le choix pertinent de « bons » arguments est essentiel dans la perspective de convaincre le vendeur autrement qu'en le menaçant d'emblée ou qu'en lui octroyant prématurément des concessions.

Insight

*With **the argument** checklist the buyer can improve the preparation of each negotiation meeting. Choosing "good" arguments is key in the perspective of convincing the seller without immediate threats or too early concessions.*

Pourquoi l'utiliser ?

Objectif

- Disposer du maximum d'arguments efficaces afin de convaincre le vendeur.
- Profiter des expériences antérieures

Contexte

Pour chacune des clauses que l'acheteur prévoit d'aborder, l'acheteur choisit à l'avance ceux qui inciteront le mieux le vendeur à accepter de bouger de sa position initiale lors de l'entretien de négociation.

Argumentaire : liste d'arguments permettant d'élaborer une argumentation.

Comment l'utiliser ?

Étapes

- Cochez les arguments « généraux » qui devraient globalement intéresser votre interlocuteur en vous basant sur la connaissance du vendeur et de son entreprise.
- À partir de la liste des clauses retenues (*cf.* outil 48), choisissez maintenant les arguments « particuliers », c'est-à-dire ceux correspondant spécifiquement à l'affaire en cours : mise en place d'un interlocuteur dédié pour diminuer les risques financiers du fournisseur à cause d'incompréhensions techniques ou organisationnelles...
- Complétez continuellement votre check-list générique pour de futures négociations.

Méthodologie et conseils

- Il est inutile d'encombrer la liste avec des arguments dits « menaces », c'est-à-dire ceux qui expriment ce que perdrait le vendeur en refusant de faire un geste vers vous (« vos concurrents sont bien moins chers, vous allez perdre toute l'affaire et les suivantes... »).
En effet, ils sont très faciles à trouver et ne s'utilisent que dans deux cas :
  – pour faire rapidement bouger le vendeur quand il semble ne pas percevoir l'enjeu pour lui et/ou que votre niveau de pouvoir est suffisamment élevé (*cf.* outil 47) ;
  – en dernier recours, une fois que vous avez utilisé tous vos autres arguments.
  Notons qu'un mauvais usage des « menaces » provoque l'effet inverse à celui escompté. C'est le risque que prennent sans le savoir les négociateurs impatients et mal préparés !
- Un argument gagne en efficacité en s'exprimant sous forme de bénéfice pour votre interlocuteur (*cf.* outil 50) : « notre expérience du sujet permettra à votre entreprise de progresser... ».

C'est donc votre connaissance sans cesse améliorée du fournisseur et de son contexte qui permet d'améliorer quantitativement et qualitativement votre argumentaire. Celui-ci est précieux car constitué d'éléments rares, n'utilisez donc qu'un seul argument à la fois. Attendez la réponse du vendeur avant d'en sortir un nouveau ! ■

Avantages

✔ Cette liste permet de mutualiser et d'enrichir régulièrement ce « soutien technique précieux » entre acheteurs d'une même entreprise ou d'un même réseau.

Précautions à prendre

✔ Pensez à utiliser de nouveaux arguments face aux vendeurs que vous rencontrez très régulièrement.

la méthode APB

L'argumentation précise

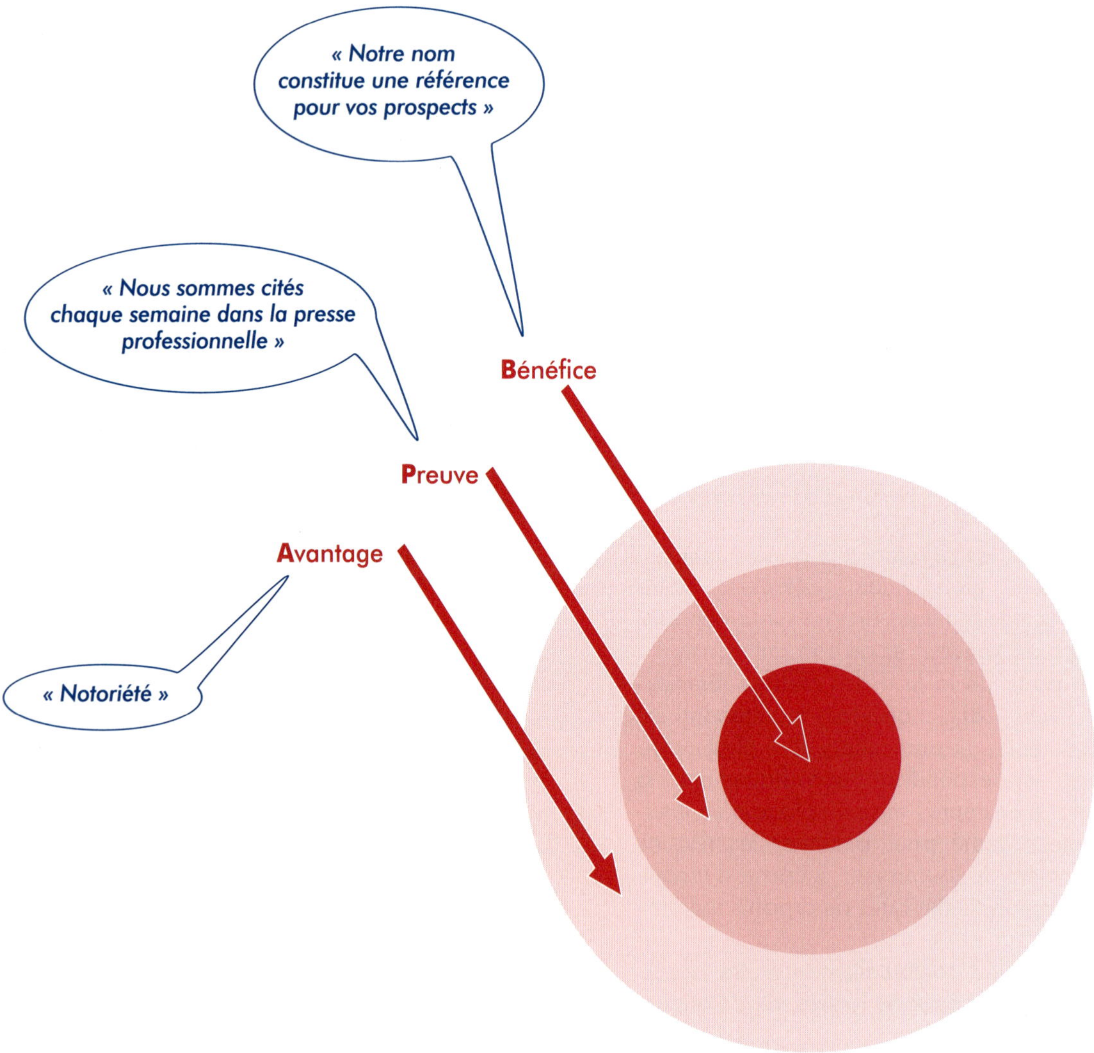

En résumé

Dans une négociation un peu difficile, on peut convaincre son interlocuteur par l'utilisation d'un « Avantage » bien choisi, soutenu par une « Preuve » avérée et renforcé par le « Bénéfice » que cette personne en retire.

Insight

In a slightly difficult negotiation, one can convince the seller using a well-chosen "Advantage", supported by proven Facts, then reinforced by the Benefits the seller will get out of it.

Pourquoi l'utiliser ?

Objectif

Renforcer l'impact d'un argument en rendant tangibles les affirmations avancées et en montrant explicitement à l'autre personne où se situe son intérêt.

Ciblez, visez et tapez dans le mille !

Contexte

En négociation, dès qu'il s'agit de convaincre finement un vendeur ou tout interlocuteur un peu perplexe, voire « résistant », vous pouvez avoir besoin de vous concentrer en tout premier lieu sur le « fond ». Ce genre de situation peut survenir notamment quand :

- le sujet est objectivement compliqué (nombreux intervenants, nombreuses hypothèses…) ou techniquement complexe (technologies, approches très innovantes et multiples…) ;
- votre interlocuteur semble ou prétend avoir du mal à percevoir son propre intérêt dans la solution que vous lui proposez, par exemple l'échelonnement d'une livraison/d'un paiement, une prise en compte partage des risques sur un projet de développement.

Comment l'utiliser ?

Étapes

- **Avantages** : parmi les points forts de la solution, option, modalité ou condition, etc. que vous souhaitez faire accepter, choisissez ceux qui auront un réel impact sur votre interlocuteur.
- **Preuves** : pour chacun d'eux, établissez le plus factuellement et objectivement possible les fondements c'est-à-dire la (ou les) preuve(s) explicite(s) de ce qui est avancé (document officiel, exemple reconnu, témoignage d'expert…).
- **Bénéfices** : montrez concrètement à l'autre les avantages qu'il tirera en acceptant ce qui est proposé (atteinte de ses objectifs ou réponse à des motivations personnelles).

Méthodologie et conseils

- Anticipez en identifiant les domaines d'intérêt de votre interlocuteur : objectifs de chiffre d'affaire, de prise de part de marché, de références, de reconnaissance personnelle, d'innovation…
- L'impact sur votre interlocuteur des « preuves » et des « bénéfices » seront décuplés en soignant aussi la « forme » de votre discours (*cf.* outils 53 et 54).
- Pour certains sujets plus complexes, poser quelques questions permet de valider que vous obtenez l'adhésion. ■

Avantages

- ✔ L'aspect péremptoire des affirmations rend l'argument irréfutable.
- ✔ L'autre acceptera volontiers puisque son intérêt est clairement identifié.
- ✔ Vous gagnez du temps et économisez vos arguments.

Précautions à prendre

- ✔ Vérifiez à l'avance les véritables intérêts de votre interlocuteur pour éviter clichés et incantations inutiles, voire produisant l'effet inverse de celui escompté.
- ✔ Évitez l'exagération et le bluff en ce qui concerne les preuves, puisqu'elles peuvent être vérifiées par la suite.
- ✔ Ne partez pas en croisade en « sur-étayant » vos propos.

Outil 51 La grille de négociation

Une vision globale et détaillée du contenu

Clauses		Offre	Objectif	Argument	Limite	Valeur
À aborder	…					
	Délai	4 mois	2 mois	« Vous vous mettez au standard du marché final »	3 mois	750 €/sem.
Pour concessions	…					

En résumé

La grille de négociation est fondamentale pour le négociateur, car ellel sert avant, pendant et après chaque entretien de négociation. Toute sa préparation y est synthétisée à partir des sujets (« clauses ») qu'il a choisi d'aborder avec le vendeur. Pour chacune correspondent un objectif et une limite précis. Les arguments permettent d'atteindre l'objectif avant de faire usage des concessions. La dernière colonne permet de quantifier les valeurs d'échange.

Insight

The negociation grid is key for the negotiator, because it can be used before, during or after each negotiation meeting. His entire preparation is synthesized inside, based on topics ("clauses") he has decided to address with the seller. Specific objective and limit are linked to each clause. Arguments allow the reach of objectives before using concessions. The last column is for quantifying the exchange value.

Pourquoi l'utiliser ?

Objectif

- Se doter de tous les éléments factuels permettant d'atteindre ses objectifs lors d'un entretien de négociation.
- Suite à un entretien de négociation, garder une trace écrite précise :
  - des points d'accord obtenus ;
  - de l'état d'avancement des sujets restant en suspend.

Contexte

Lors de la préparation d'une négociation, cette grille vous donne une vision exhaustive des clauses à aborder.

En cours d'entretien avec le vendeur, vous l'utilisez comme un « tableau de bord » pour gérer les débats.

« Anticipation, flexibilité et réactivité »

- Pour que l'outil reste efficace, les seules clauses à mentionner sont :
  - celles dont l'offre initiale du fournisseur est insuffisante par rapport à votre objectif ;
  - celles qui ont une valeur transactionnelle (concession/contrepartie) potentielle.
- Principe du « donnant-donnant » : une **concession** est ce que vous pouvez céder au fournisseur et qui représente peu de contrainte ou d'enjeu pour votre entreprise. En échange, vous demanderez une **contrepartie** pour servir une clause dont l'atteinte de l'objectif est primordiale pour vous (« à aborder »).

Comment l'utiliser ?

Étapes

- Listez toutes les clauses que vous souhaitez aborder en distinguant celles qui sont impératives de celles qui sont accessoires (*cf.* outil 48).
- Rappelez pour chacune la proposition du fournisseur, indiquez l'objectif nominal que vous vous êtes fixé ainsi que la limite à ne pas dépasser. Quantifiez si possible en euros l'échelle de valeur d'éloignement entre l'objectif et sa limite. Par exemple, une semaine de stock représente environ 750 € pour votre entreprise.
- Préparez un ou des arguments soutenant l'atteinte de l'objectif (*cf.* outil 49).

Méthodologie et conseils

- L'ordre des colonnes correspond à la chronologie d'utilisation de la grille lors de l'entretien. Mais lors de la préparation, vous procédez en suivant les étapes ci-dessus.

Avantages

- ✔ Grâce à ce tableau de bord, vous restez précis, factuel et centré sur chaque objectif.
- ✔ Vous évitez nombre de litiges face à un vendeur « difficile » car vous êtes à même de citer précisément l'état d'avancement des débats.
- ✔ La gestion des concessions/contreparties est quantifiée.

Précautions à prendre

- ✔ Attention à garder votre grille à l'abri des regards indiscrets !
- ✔ Certaines hypothèses (pertinence d'un argument, chiffrages...) établies pendant votre préparation seront à réévaluer rapidement lors de l'entretien pour vous éviter quelque déconvenue.

• • •

Comment être plus efficace ?

Une grille encore plus complète pour une tactique plus fine

En plus des six colonnes actuelles, vous pouvez ajouter d'autres rubriques correspondant aux deux périodes d'utilisation.

Lors de la préparation :

- Limite estimée du vendeur : aucune certitude si ce n'est que l'offre initiale du vendeur est toujours surévaluée.
- Difficulté des clauses : s'il n'y a pas de compatibilité apparente entre l'offre limite du vendeur et votre objectif limite, la clause sera sujette à conflit... De plus, en classant vos clauses par ordre de difficulté croissante, vous augmentez vos chances de réussite pour les clauses « conflictuelles ». Réciproquement, si en cours d'entretien vous êtes bloqué sur une clause, choisissez d'en aborder une plus facile quitte à revenir plus tard sur celle qui « fâche ».

En cours d'entretien ou juste après, pensez à noter :

- le résultat que vous avez finalement obtenu en vérifiant qu'il se trouve dans l'intervalle acceptable pour vous ;
- les informations obtenues. Les arguments utilisés par le vendeur pour vous convaincre et toute autre information relative au fournisseur lui-même ou au marché pourront vous resservir.

	Clauses	Offre	Objectif	Argument	Limite	Valeur	Limite du vendeur	Difficulté des clauses	Résultat obtenu	Informations obtenues
À aborder	...									
	Délai	4 mois	2 mois	« Vous vous mettez au standard du marché final »	3 mois	750 €/sem.	3 mois	Difficile	3 mois	Le fournisseur a besoin de charge
Pour concessions	...									

L'efficience du négociateur achats

Les arguments que vous avez prévus ont l'avantage de représenter un effort quasiment nul pour votre entreprise, mais ils ont l'inconvénient d'être rares. Par conséquent, il faut les économiser et les utiliser habilement.

Le silence est le premier outil (encore gratuit) à utiliser, dès que vous avez annoncé l'objectif à atteindre. Ensuite, quelques questions judicieuses (*cf.* outil 52) incitent le vendeur à justifier son offre et provoquent très souvent un mouvement de repli de sa part. Vous poursuivez dans cette dynamique en utilisant un premier argument qui, par définition, lui indique ce qu'il gagne en avançant dans votre sens. Vous continuez ainsi tant que possible. Ce n'est que quand les arguments viennent à manquer qu'il faut proposer une concession, en prenant soin de vérifier d'obtenir la contrepartie escomptée de la part du fournisseur.

Une autre technique plus élaborée consiste à discuter plusieurs clauses en même temps, en jouant sur le maintien de l'équilibre entre ce que vous céder d'un côté et obtenez de l'autre ailleurs. La clé de réussite à ce jeu risqué est de maîtriser l'unité de conversion placée à l'avance dans la colonne « valeur ».

Exemple de **Grille de préparation**

	Clauses	Offre	Objectif	Argument	Limite	Valeur
À aborder	Garantie	1 an	2 ans	« Vous valorisez la fiabilité de vos produits »	1,5 an	1,5 €/unité
	Prix	208 €	180 €	« Vos concurrents sont plus agressifs »	200 €	CA = 1M€/an
	Délai	4 mois	2 mois	« Vous vous mettez au standard du marché final »	3 mois	750 €/sem.
	Prototype	1 500 €	Gratuit	« Vous risqueriez de perdre le marché pour si peu ? »	1 500 €	0,05 % du CA
	Productivité	0	3 %/an	« Vous permet d'être sollicité pour de nouveaux marchés »	2 %/an	1 %/an =10 k€
Pour concessions	Durée contrat	3 ans	3 ans	« Sécurité pour vous »	4 ans	
	Pénalités de retard	0	0,5 %/jour	« Moins de risques pour vous »	0	
	Monté en cadence	2 mois ?	1 mois	« Plus de souplesse technique pour vous »	2 mois	
	Service en ligne	0	Aux heures et jours ouvrés	« La fidèlisation de nos équipes »	0	

• Commentaires

Garantie : l'acheteur s'est servi des propres arguments (« points forts ») du vendeur en matière de qualité de ses produits ; puisqu'ils sont réputés plus fiables que la moyenne, la durée de la garantie peut être étendue !

Prix : c'est un « argument menace » qui est choisi étant donné le niveau de « pouvoir » de l'acheteur et le fait que cette proposition initiale du fournisseur est forcément élevée.

Délai et prototype : l'objectif est facilement atteignable et l'enjeu (valeur d'échange) très faible, mais la valeur transactionnelle vue du vendeur peut être supérieure.

Productivité : attention aux chiffres, car la pondération % - durée est source de confusion !

Clauses « Pour concession » : l'acheteur a prévu des « monnaies d'échange » de peu d'enjeu pour lui (pas de valeur intrinsèquement). ■

Le questionnement

La liste des questions à poser

Objectif	Questions
Découvrir	**Ouverte : réponse libre**
Quelles informations me manquent ou pourraient me manquer ?	– *Quelle est la stratégie de votre groupe ?* – *Parlez-moi SVP de votre activité commerciale actuelle ?* – *Pourquoi souhaitez-vous travailler avec notre entreprise ?* – *Décrivez-nous l'organisation de votre production ?* – *Présentez-nous votre offre ?* – *Expliquez SVP votre système de pilotage de la performance ?* – –
Vérifier	**Semi-fermée : format de réponse imposé**
Qu'est-ce qui est imprécis ?	– *Quelle est votre capacité de production en pièces par heure ?* – *Suivant quels indicateurs mesure-t-on la performance du module 3 ?* – *Quel organisme acréditateur utilisez-vous ?* – *Vous travaillez en 1, 2 ou 3 équipes quotidiennes ?* – –
Verrouiller	**Fermée : réponse par oui ou non**
Qu'ai-je besoin de vérifier précisément ?	– *Votre capacité de production est-elle supérieure à 500 pièces par jour ?* – *Votre entreprise est-elle ISO 9001 ?* – *Utilisez-vous un savoir faire spécifique à votre entreprise ?* – *Nous sommes bien convenus d'un prix net de 57,53 € ferme sur 2 ans ?* – –

En résumé

En fonction du besoin en information requis, l'acheteur prévoit les questions à poser à ses différents interlocuteurs. Et pour obtenir « le fond », il faut soigner la forme en utilisant la typologie adaptée : découvrir ce qu'on ignore ou faire préciser ce que l'on croit savoir.

Insight

Depending on the need for information, the buyer prepares the questions to ask his different interlocutors. In order to get the "substance", you need to take care over the form by using the proper typology: discover what is ignored or get details on what is supposed to be known.

Pourquoi l'utiliser ?

Objectif

• Augmenter la quantité et la qualité des informations clés à gérer pendant l'entretien de négociation.
• Aller plus rapidement « au fait ».

Contexte

À tous les stades d'une négociation et même lors des entretiens préliminaires (notamment au téléphone), l'acheteur doit utiliser habilement les connaissances de tous ses interlocuteurs pour les comparer aux siennes.

« J'ai des questions à toutes vos réponses », Woody Allen.

Comment l'utiliser ?

Étapes

Le plus tôt possible recensez :

• les informations ou documents que tous les participants à l'entretien doivent posséder, dans la bonne version (date, indice, référentiel, profils et responsabilités des participants...) ;
• les domaines pour lesquels des informations vous manquent certainement : besoin non exprimé par votre client interne, situation récente du fournisseur qui aurait pu vous échapper, actualité du marché, style de votre nouvel interlocuteur...
• les informations en votre possession mais qui nécessitent des éclaircissements : point technique incompréhensible, décomposition économique vague, libellé juridique flou...
• les informations en votre possession qui doivent juste être vérifiées : le prix inclut bien les frais de transport, la productivité sera applicable à partir de 3e trimestre de l'année 1, nous sommes convenus que nous rédigeons le contrat en anglais...

Choisissez ensuite le type de question le plus approprié : ouverte, semi-fermée ou fermée.
Écoutez, vérifiez (faites valider) en reformulant puis notez la réponse.

Méthodologie et conseils

• **Les questions ouvertes** incitent votre interlocuteur à s'exprimer librement. Ce qui vous permet de découvrir des points que vous ignorez. Il y a un risque de se perdre si vous avez à faire à un bavard ou à l'extrême inverse un introverti qui se trouvant déstabilisé ne fournira que des informations de plus en plus laconiques.
• **Les questions fermées** ou **semi-fermées** permettent d'avoir le niveau élevé de précision qu'*a priori* vous attendez. Pas de bavardage, que des données claires et précises permettant de clore de longs débats et d'en éviter d'autres : excellent, donc, pour conclure et verrouiller un point d'accord. ■

Avantages

✔ En prenant le temps de lever très tôt toutes ambiguïtés, vous installez les bases solides et claires de l'entretien. Vous gagnez ainsi en efficience immédiate.

✔ Vos interlocuteurs internes et externes apprécieront votre professionnalisme ce qui augmentera votre crédibilité.

Précautions à prendre

✔ En soignant le libellé de vos questions, l'écueil de « l'interrogatoire » sera évité.

✔ Le fond et la forme des réponses de vos interlocuteurs sont plus importants que vos questions !

Outil 53 La synchronisation

Ajuster sa communication verbale et non verbale

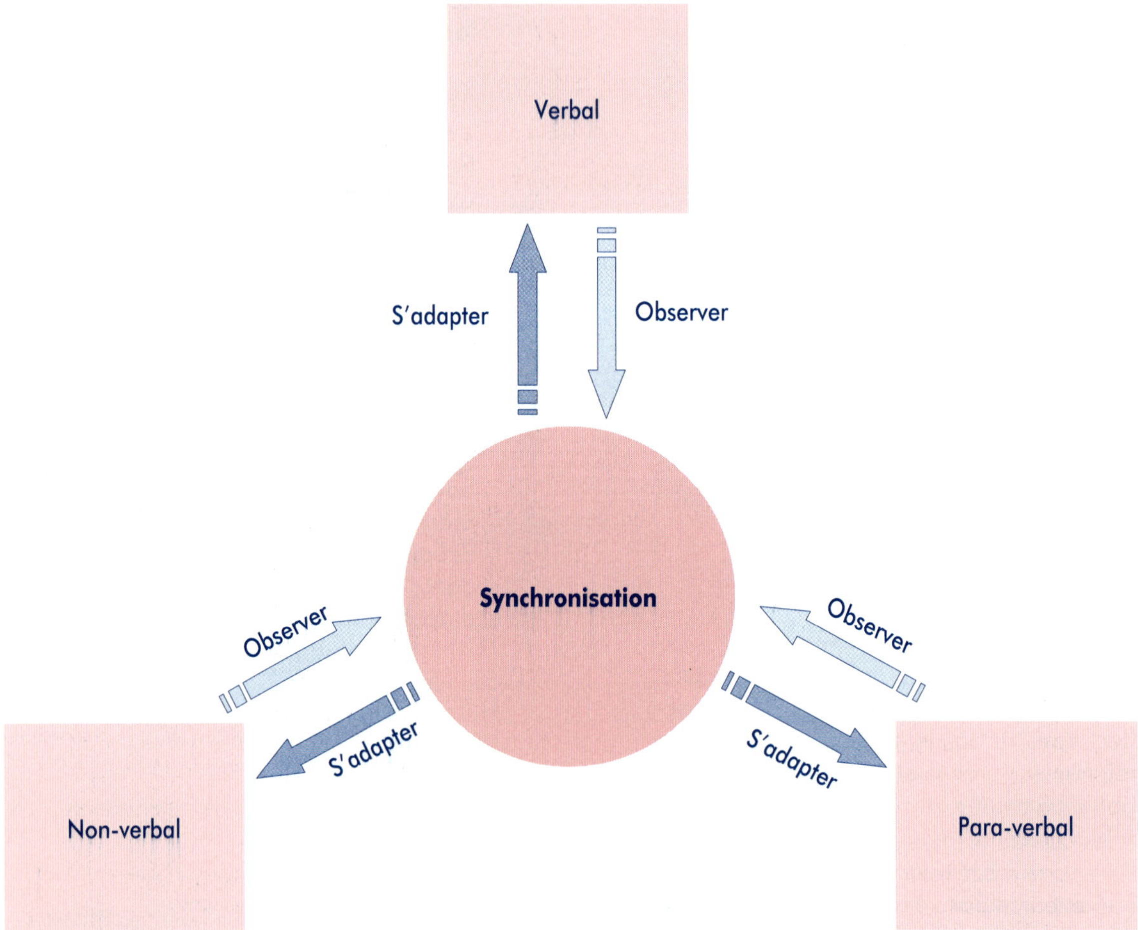

En résumé

La symétrie constatée lors d'une discussion entre plusieurs personnes se corrèle très bien avec la qualité de leurs échanges : ils atteignent leurs objectifs tout en maintenant un climat de confiance.

Pour augmenter l'impact de sa communication, l'acheteur repère les canaux de communication utilisés par son interlocuteur et adapte la forme de son discours :

- verbal (visuel, auditif ou kinesthésique) ;
- paraverbal (voix, rythme, volume, débit...) ;
- non verbal (posture globale, gestes, mouvements, expressions...).

Insight

The symetry observed during a discussion between several persons correlates very well with the quality of the dialog: reach of objectives and confidence.

In order to increase his communication impact, the buyer observes the channels used by his interlocutor and adapts the form of his speech:

- *Verbal (visual, auditory or kinesthetic).*
- *Paralanguage (voice, rhythm, volume, speed...).*
- *Non verbal (posture, gesture, movements, facial expression...).*

Pourquoi l'utiliser ?

Objectif

• Augmenter l'impact de votre communication pour l'atteinte de vos objectifs.
• Utiliser d'autres vecteurs bien plus efficaces que le sens littéral des mots.

Être sur la même « longueur d'onde » et rester « en phase »

Contexte

Dans l'exercice de votre fonction, vous vous trouvez souvent en situation de chercher à augmenter l'impact de vos échanges face à des interlocuteurs nombreux et très différents :
• lors d'entretiens de négociation avec des fournisseurs ;
• pour recueillir des d'informations de vos interlocuteurs internes ;
• pour fournir des informations capitales ou délicates.

Comment l'utiliser ?

Étapes

• Observez finement l'autre afin de repérer son registre préférentiel d'expression :
  – verbal (visuel, auditif ou kinesthésique) ;
  – paraverbal (voix, ton, rythme, volume, hauteur, débit…) ;
  – non verbal (posture globale, gestes, mouvements répétitifs, expressions du visage, respiration).
• Adoptez progressivement l'une des modalités de votre interlocuteur.
• Vérifiez l'impact produit (l'incite ou pas à s'exprimer davantage).
• Poursuivez sur cette même modalité et tenez-en éventuellement une autre.

Méthodologie et conseils

• L'écoute du vocabulaire utilisé par votre interlocuteur permet de trouver son registre « verbal » :
  – pour les visuels, « Vous voyez ce que je veux dire », « À première vue », « Faire toute la lumière », etc. ;
  – pour les auditifs, « Bien entendu », « Faire la sourde oreille », « Donner le ton », etc. ;
  – pour les kinesthésiques, « Je sens bien ce projet », « Prendre à cœur », « Garder le contact », etc.
• Les premières mises en pratique de l'outil sont facilitées en restant d'abord sur des contextes à faible enjeu et avec des interlocuteurs que vous connaissez bien.
• Pour que la méthode fonctionne bien, il faut que le mode choisi vous convienne à vous aussi. De même, la pratique doit être graduelle : position globale du corps (debout, assis, inclinaison…), puis les gestes, puis certaines expressions du visage, quelques caractéristiques vocales… ■

Avantages

✔ Vous créez un climat favorable et propice aux échanges. Ceux-ci sont plus agréables et donnent davantage de résultats.

✔ Les échanges avec vos interlocuteurs seront plus fluides et pérennes.

✔ Les informations obtenues seront indéniablement plus riches.

✔ Vous développez la confiance par l'intérêt porté à votre interlocuteur

Précautions à prendre

✔ Respectez votre interlocuteur en préférant clairement l'imitation subtile à la « singerie ».

✔ Adoptez exclusivement des attitudes où vous vous sentez à l'aise.

✔ Au début, vérifiez que vous n'avez pas tendance à vous concentrer uniquement sur la forme en oubliant finalement ce à quoi vous voulez en venir.

Le SONCAS

Les six motivations de l'interlocuteur

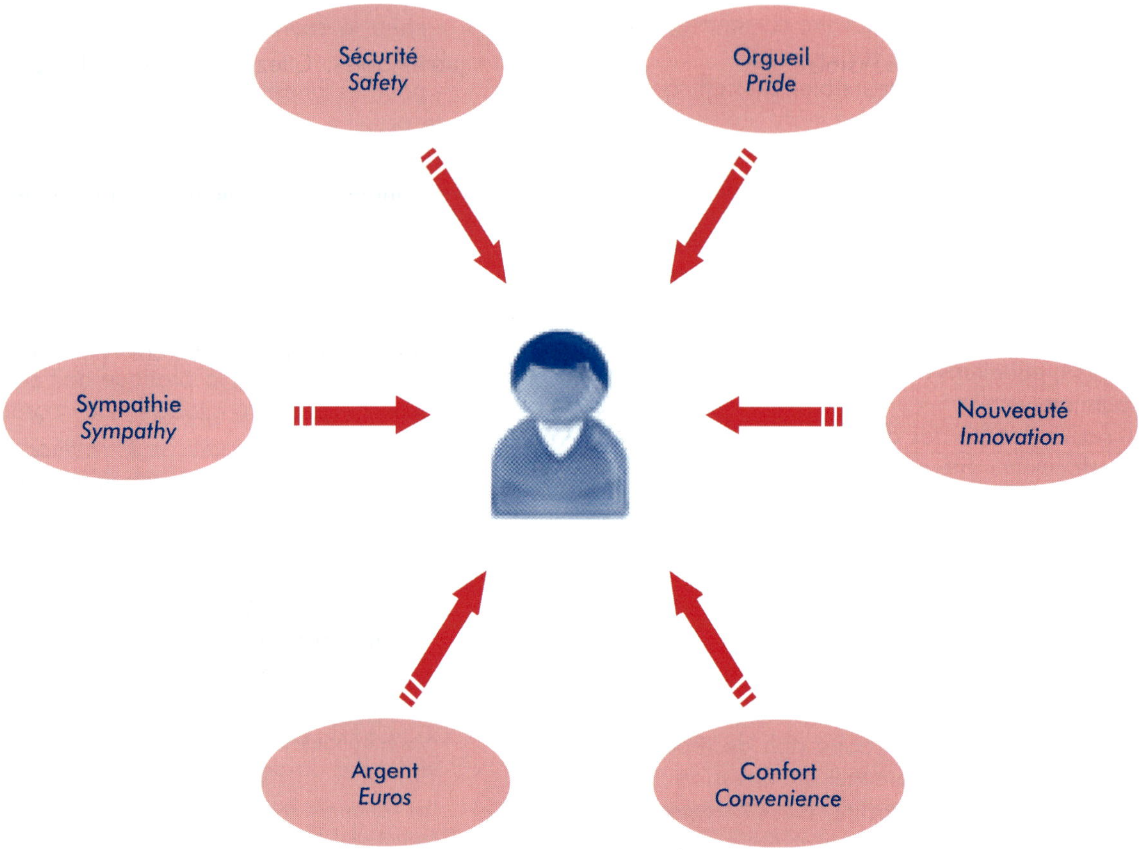

En résumé

Le SONCAS représente les six principaux domaines de motivations des interlocuteurs de l'acheteur :

- Sécurité : besoin d'être rassuré, de maîtriser les risques.
- Orgueil : être mis en valeur, reconnu pour sa position dans l'entreprise.
- Nouveauté : aime l'innovation et les nouveaux projets.
- Confort : facilité de mise en œuvre des actions.
- Argent : souhait de ramener systématiquement à la valeur vénale.
- Sympathie : sensible à la qualité de la relation interpersonnelle.

Insight

The SPICES represents the six main motivation domains of buyer's negotiation partners:

- *Safety: need to be reassured, to control risks.*
- *Pride: need to be singled out and recognised for his position in his company.*
- *Innovation: likes new product and projects.*
- *Convenience: easy deployment of actions.*
- *Euro: all is to be money valuated.*
- *Sympathy: sensitive to interpersonal relationships.*

Pourquoi l'utiliser ?

Objectif

• Cerner ce à quoi votre interlocuteur est plus particulièrement sensible.
• Orienter la forme du discours pour mieux convaincre.

Contexte

Dès le début d'un entretien de négociation, vous devez rapidement adapter la manière d'obtenir ce que vous avez prévu en préparant votre dossier. C'est ainsi le cas face :
• à un vendeur ;
• aux prescripteurs et autres clients internes lorsqu'il s'agit d'obtenir leur collaboration sous forme d'information à collecter ou d'implication personnelle ;
• à votre hiérarchie lorsqu'il s'agit de négocier vos objectifs d'achats par exemple.

Comment l'utiliser ?

Étapes

• Avant l'entretien, recueillez des informations sur vos interlocuteurs afin d'établir un premier « diagnostic ».
• Dès le début d'un entretien et tout au long de celui-ci, restez particulièrement sensible à la forme du discours tenu par l'interlocuteur (vocabulaire utilisé, attitudes associées...) pour confirmer le premier diagnostic.
• Adaptez progressivement le discours en ciblant la ou les motivations particulièrement sensibles.
• Vérifiez ce qui a, de fait, le plus d'impact et continuez dans ce sens.

Méthodologie et conseils

Motivations et sensibilités personnelles.

• Il s'agit d'une ou plusieurs motivations très spécifiques à la personne qui se superposent aux intérêts plus profonds liés au poste et à l'organisation.
• Les motivations « Sécurité », « Confort » et « Argent » sont les plus aisées à détecter car elles sont associées à des dimensions quantifiables. Citez à votre tour des chiffres et des faits tangibles sous forme de « preuves » indiscutables :
  – Sécurité : couverture des risques, garanties de paiement, protocoles écrits...
  – Confort : cadre de travail, expériences antérieures réussies, nombre de personnes mobilisées...
  – Argent : montant d'achats, perspectives d'évolution...
• Les trois autres sont très subjectives et il vous faut donc tirer partie de la relation :
  – Orgueil : valorisez ouvertement votre interlocuteur, reconnaissez l'importance de son rôle dans l'affaire...
  – Nouveauté : projet sans précédent, innovation produit, approche méthodologique originale...
  – Sympathie : essayez l'humour, soignez « l'ambiance », prenez davantage le temps de discuter de sujets connexes... ■

Avantages

✔ L'approche mnémotechnique facilite la mise en œuvre de l'outil.

✔ Ce seul outil, simple d'utilisation, s'applique à tous les interlocuteurs de l'acheteur, quelle que soit leur position.

Précautions à prendre

✔ Prenez garde à vérifier vos hypothèses afin d'éviter de « cataloguer » l'autre. Attention ainsi aux clichés et *a priori* (tous les vendeurs ne sont pas d'abord sensibles au chiffre d'affaires !).

✔ Face à plusieurs interlocuteurs en même temps, attention à vous adapter à chacun.

Outil 55 Le DESC de Bower

Débloquer une situation en quatre étapes

Description des faits	« *La discussion concernant ce deuxième point technique dure depuis 2 heures et demi.*»	> Rester objectif quant à la situation
Expression de votre ressenti	« *Je suis ennuyé car il reste encore trois autres sujets à voir.* »	> Utiliser le « je » sans mentionner votre interlocuteur
Solutions possibles	« *Si nous consultions chacun un expert dans ce domaine ?* »	> Acceptables par chacun
Conséquences positives	« *Cela nous permettra d'avoir une vision claire afin de choisir le bon protocole réutilisable pour les projets suivants* »	> Explicitement pour votre interlocuteur

En résumé

Le DESC de Boxer est une technique de communication permettant de sortir positivement d'un entretien bloqué qui repose sur les principes de l'assertivité. Elle requiert un minimum de maîtrise des émotions afin de suivre à la lettre ses quatre étapes successives :

- la **D**escription factuelle et neutre de la situation présente ;
- l'**E**xpression du ressenti ;
- la recherche d'une **S**olution acceptable ;
- la valorisation des **C**onséquences positives.

Insight

The Bower's DESC is a communication technique which is to be used when one wants to positively get out of a stabled meeting. It is based on assertiveness. It requires a minimum control of emotions in order to follow to the letter the four following steps:

- *A factual and neutral* ***D****escription of the current situation.*
- ***E****xpressing feelings.*
- *Searching for a satisfactory* ***S****olution.*
- *Reinforcing the positive* ***C****onsequences.*

Pourquoi l'utiliser ?

Objectif

Sortir rapidement d'une situation d'entretien bloqué, tout en préservant vos intérêts et la relation avec votre interlocuteur.

Contexte

En plein milieu d'une discussion, vous vous apercevez que les esprits s'échauffent, vous sentez que la situation commence à vous échapper et que chacun campe sur ses positions. Il est encore temps de réagir avant que l'issue ne soit favorable à personne et que la relation avec ce fournisseur soit définitivement interrompue.

Développé par Sharon Anthony et Gordon H. Bower, *Asserting Yourself*, Addison-Wesley, 1976.

Comment l'utiliser ?

Étapes

- **D**écrivez objectivement les faits (dites : « La discussion dure depuis 2 heures et quart » au lieu de : « Nous discutons depuis trop longtemps »).
- **E**xprimez votre ressenti personnel face à la situation (crainte, agacement, peur…) en utilisant le « je » et surtout pas le « vous ».
- Suggérez ou recherchez ensemble une **S**olution acceptable pour vous deux, c'est-à-dire compatible avec les intérêts de chacun.
- Explicitez les **C**onséquences positives que présente la solution pour votre interlocuteur, notamment en ce qui concerne la poursuite des relations commerciales entre vos deux entreprises.

Méthodologie et conseils

- Il est important ici d'avoir pris de la distance par rapport à vos émotions pour pouvoir rester factuel, neutre et ne pas tomber, par exemple, dans l'accusation ou le jugement (« Vous faites exprès de traîner en longueur. Vos réponses sont vagues… »). En restant fixé sur vos objectifs, vous éviterez l'écueil du « vouloir avoir raison » dans le but de « défendre votre bon droit » ; même si avez raison, cette attitude n'est pas efficace à ce stade. Attendez plutôt que la tension soit retombée pour éventuellement revenir sur le sujet qui vous dérange.
- N'imposez surtout pas de solution. Proposez plutôt d'en rechercher une ensemble. Cette activité, centrée sur un objectif commun, permet déjà de « faire baisser la pression ».

À la limite, la solution peut consister à proposer d'interrompre définitivement l'entretien, à condition bien sûr que vous ayez un « plan B » permettant de vous dispenser du présent fournisseur. Dans certains cas, cette menace « habilement présentée » peut provoquer un brusque retour vers vous du vendeur. ■

Avantages

- ✔ Cette technique produit un effet efficace et immédiat. Grâce à elle, vous évitez de faire des concessions inconsidérées « de guerre lasse ».
- ✔ Elle s'utilise aussi au téléphone, par courrier ou e-mail.

Précautions à prendre

- ✔ Pour ne pas provoquer l'effet inverse en mettant « malencontreusement » de l'huile sur le feu, les recommandations sont à respecter à la lettre et sans verser dans la mièvrerie en la confondant avec l'empathie !

Outil 56 La grille de nomination fournisseur

Entériner très officiellement le choix du fournisseur

Critères	Fournisseur 1	Fournisseur 2	Fournisseur 3
Économiques	0,55	3,85	2,75
Non économiques	3,40	2,35	4,00
Total	**3,95**	**6,20**	**6,75**
Risques fournisseur	3	2	3
CHOIX FINAL	–	–	X

Commentaires

– Dérive tarifaires à garder sous contrôle car…
– Pérennité financière théorique Ok, mais…
– …

Participants	Personnes en copie
Achats :	*D. Projet :*
Qualité :	*Marketing :*

En résumé

Cette étape ultime du processus de sélection d'un fournisseur en représente la synthèse globale : le choix est entériné collégialement au vu de toutes les informations (stratégiques, qualité, techniques, économiques et financières), depuis la présélection jusqu'à la projection sur la durée de vie totale du produit.

Insight

This final step of the supplier selection process is a global synthesis: the choice is a group decision taking into account all data (strategy, quality, technique, cost & finance), from the pre-selection and with a projection through the complete product life cycle.

Pourquoi l'utiliser ?

Objectif

- Impliquer les différentes parties prenantes dans la décision.
- Officialiser formellement en interne le choix collégial d'un fournisseur finalement retenu.
- Intégrer l'ensemble des paramètres liés au processus d'achats permettant de choisir.
- Mettre sous contrôle la procédure d'attribution d'un marché.

Contexte

Au terme du processus de sélection d'un fournisseur, un comité de nomination se réunit afin d'entériner le choix du fournisseur retenu quand l'enjeu essentiellement économique est très important (coût complet supérieur à 100 k€ par exemple).

And the winner is...

Comment l'utiliser ?

Étapes

- À partir de l'analyse de risques (*cf.* outil 26), de la grille de dépouillement (*cf.* outil 44) et du résultat des entretiens de négociation, rassemblez-les données dans le tableau de nomination.
- Envoyez ce tableau aux membres du comité de nomination et réunissez-les pour entériner le choix final avec l'ordre du jour suivant :
  - rappel du contexte (projet client ou produit éventuel, enjeux stratégiques...) ;
  - revue de la grille de dépouillement détaillée et au global : notes comparées liées au coût complet (*cf.* outil 33), notes comparées non liées aux coûts, note d'évaluation des risques (*cf.* outil 26) ;
  - discussion des participants et choix du ou des fournisseurs retenus.
- Faites-leur parvenir le compte rendu de la réunion et prévenez officiellement chaque fournisseur.

Méthodologie et conseils

- Le comité est composé des experts et décideurs impliqués dans l'appel d'offres, c'est à dire parmi les représentants des achats (direction, projet, famille...) du prescripteur (marketing, études...) de la direction de projet, du commercial et de la qualité.
- Les critères de risques utilisés très en amont de la phase de pré-sélection (pérennité financière par exemple) sont ici repris synthétiquement, en plus de ceux purement liés à l'appel d'offres. Ils permettent d'évaluer toutes les phases à venir du cycle de vie du produit acheté : conséquences de production (interfaçage avec les autres composants achetés ou fabriqués par l'entreprise...), conséquences pour le ou les clients finaux et le marché aval...
- Afin de conserver de bonnes relations, il est judicieux d'indiquer aux fournisseurs concernés pourquoi ils ne sont pas retenus. Seul le Code des marchés publics impose de fournir systématiquement et en détail cette information. ■

Avantages

✔ Cette courte étape formelle du processus d'achats permet de garder une trace des choix pris évitant ainsi des retours en arrières préjudiciables aux bonnes relations internes et avec les fournisseurs.

Précautions à prendre

✔ La réunion du comité doit rester courte et se limiter aux marchés réellement à enjeu. En outre, chaque partie prenante doit être présente, sinon dûment représentée.

Outil 57 Le clausier juridique

Anticiper les risques principaux

Clauses	Risques à couvrir	Contenu
Objet du contrat	Erreurs ou omissions par manque d'expertise	Correspond au cahier des charges Obligations fondamentales du fournisseur
Documents contractuels	Contradictions entre plusieurs clauses ou documents	Liste et ordre des documents de référence en annexe
Prix	Flou Dérives Avenants imprévus	Montant ou les critères de calcul Nature (forfait, bordereau, dépense contrôlée) Circonstances qui pourraient amener à renégocier le prix
Conditions de paiement	Menaces, retards de livraison Pénalités	Délai de paiement (30 jours...) Modalités de calcul de l'escompte Pénalités en cas de retard de paiement
Sauvegarde	Avenants imprévus Menaces, retards de livraison	Conditions extérieures pour renégocier tout ou partie du contrat (taux de change...)
Sous-traitance	Intervenants incompétents Dangers physiques Infraction au Code du travail	En définit les limites
Durée	Dérives de planning	Début, fin et jalons éventuels.
Transfert de propriété	Frais imprévus Retards	Indique quand l'acheteur devient propriétaire (après livraison, paiement, achèvement...)
Incoterms	Frais imprévus Retards	À partir de quand les dommages sont à la charge de l'acheteur Obligations en matière de garde et d'assurance du produit
Assurances	Frais imprévus Retards	Couverture des préjudices causés par le fournisseur
Garantie contractuelle	Frais imprévus Arrêts	Durée, le périmètre (pièces, main-d'œuvre...), les conséquences (assistance, remplacement...)
Vices cachés	Frais imprévus Arrêts	Améliore la règle légale (nature, conséquences...)
Cessibilité	Changement, fusions, acquisitions	Empêche le transfert de l'exécution du contrat
Résiliation	Faillites Frais non récupérés	Définit les conditions et les effets

En résumé

Grâce à cette check-list, l'acheteur anticipe la rédaction du contrat prévu avec le fournisseur retenu. Il permet de connaître les clauses à détailler spécifiquement dans le document final étant donné les risques inhérents à l'affaire en question.

Insight

With this check-list, the buyer anticipates the writting of the contract with the nominated supplier. He knows the clauses that have to be specifically detailled in the final document in connection with the specific risks to be addressed

Pourquoi l'utiliser ?

Objectif

• Identifier les clauses essentielles permettant de couvrir les risques principaux liés à la relation commerciale avec un fournisseur.

• Préparer la rédaction du contrat par un expert juridique.

Contexte

Chaque fournisseur finalement retenu par le comité de nomination (*cf.* outil 56) a négocié avec vous les obligations réciproques engageant vos deux entreprises pour la réalisation du produit ou de la prestation attendue. Ce clausier vous permet de préparer ou modifier la rédaction formelle du contrat sous la responsabilité de l'expert juridique désigné par votre entreprise.

Prévoir même le pire.

Méthodologie et conseils

Sans être parfaitement exhaustif, ce clausier permet d'établir les engagements contractuels correspondant à l'obtention de la prestation attendue par votre client interne. Cependant, il faut surtout décrire les conséquences de dérives et d'aléas, même si par définition ils sont censés ne jamais arriver.

Par ailleurs, certains risques sont à couvrir avant et après la réalisation opérationnelle (fuites d'informations clés, recyclage de matières dangereuses...). Ces problèmes font souvent l'objet de contrats spécifiques en plus du contrat principal. ■

Comment l'utiliser ?

Étapes

Commencez votre investigation des risques à partir des données existantes :

• consultez dans votre entreprise les données concernant des affaires similaires : contrats spécifiques, contrats types, litiges, contentieux... ;

• consultez les diagnostics fournisseurs spécifiques établis lors du sourcing (*cf.* outils 22, 25 et 26) ;

• reprenez les notes que vous avez prises sur votre grille pendant la négociation (*cf.* outil 51) ainsi que les remarques corollaires émises au moment de la nomination du fournisseur par le comité (*cf.* outil 56).

Poursuivez par des données supplémentaires en prenant chacun des items du clausier et procédez à la phase de rédaction du contrat avec un juriste ou de la commande pour les cas plus simples.

Avantages

✔ Vous obtenez une vision globale et synthétique du futur contrat.

✔ Ce travail d'anticipation facilite la négociation purement contractuelle avec votre fournisseur mais auparavant avec votre propre juriste !

✔ En améliorant la complétude du contrat, le suivi de la prestation du fournisseur dispose d'un référentiel très formel.

Précautions à prendre

✔ Assurez-vous de l'équilibre des obligations réciproques entre le fournisseur et votre entreprise.

✔ Évitez de confier cette tâche directement à un juriste moins au fait de la relation fournisseur actuelle.

Gestion de la relation fournisseurs et pilotage de la performance

C'est à partir de la signature du contrat que commence la gestion de la relation avec le fournisseur. C'est une phase où l'objectif premier est de vérifier la performance du fournisseur dans la mise en œuvre des dispositions prévues au contrat. L'acheteur doit impérativement conserver la maîtrise de ce dispositif et plus généralement du management du panel fournisseurs.

L'évaluation de la performance du fournisseur

• Le minimum : le suivi de contrat

Au travers de sa négociation, l'acheteur a pu obtenir un certain nombre d'engagements et de garanties. Il devra vérifier que le fournisseur mais également sa société appliquent bien les termes du contrat afin de s'assurer de la pérennité de ces gains.

• L'indispensable : l'évaluation de la performance du fournisseur

Cette performance est évaluée suivant cinq axes : qualité, coûts, délais, innovation, management. Le dispositif d'évaluation de performance fournisseur sur l'ensemble des responsabilités qui lui sont conférées sera d'autant plus important qu'elle entrera en compte dans la performance des achats.

La dynamique de gestion du panel et de la relation fournisseurs

La relation avec les fournisseurs s'inscrit dans une dynamique globale de gestion du panel des fournisseurs du portefeuille achats, l'objectif étant de travailler avec les meilleurs fournisseurs du moment.

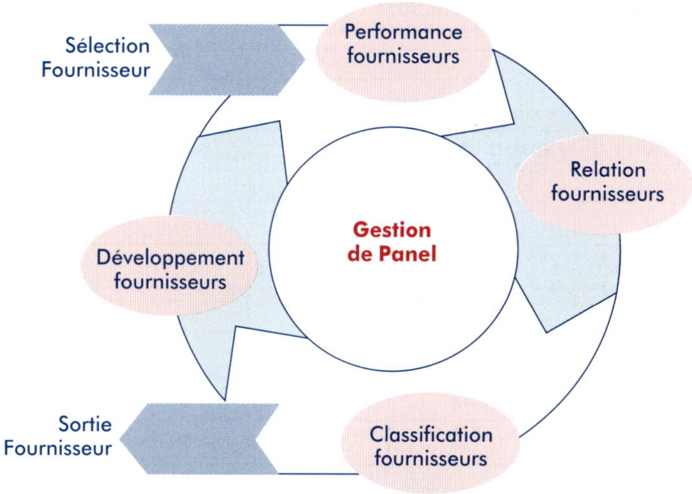

La première étape consiste à consolider les performances du fournisseur sur l'ensemble du portefeuille suivant les cinq axes d'évaluation. Pour certains fournisseurs clés, un état des lieux sur la qualité des relations peut être entrepris pour vérifier la convergence des stratégies de chacune des sociétés.
Ces deux évaluations entrent en compte dans la classification des fournisseurs qui conduit à l'attribution d'un statut permettant de distinguer les fournisseurs stratégiques des autres fournisseurs conventionnels et d'orienter leur future évolution au sein du panel.
Elle peut se traduire pour certains par une sortie du panel, pour d'autres par une démarche de développement fournisseur ou de plan de progrès pour maintenir une amélioration continue de leurs performances et ainsi créer les conditions d'une relation long terme.

Pilotage des activités et tableau de bord

La performance des fournisseurs n'est qu'un élément de la performance globale des achats. En tant que responsable de son activité, l'acheteur doit mettre en évidence et communiquer sa valeur ajoutée au travers d'un tableau de bord et d'un plan de communication adapté, mettant en valeur toute la démarche achats entreprise au travers des neuf étapes du processus.

Dossier

Les OUTILS

Outil 58 La fiche d'avancement de prestation

Le point sur le déroulement de la mission confiée à un prestataire

Fiche d'avancement de prestation

Identification de la mission :			
Nature de la prestation :			
Nom du fournisseur :			
Date du point d'avancement	jj/mm/aaaa	**Type**	❑ Périodique ❑ Exceptionnel

Participants :	Client	
	Fournisseur	

Synthèse du point d'avancement			Commentaires (éléments factuels justifiant l'appréciation)
Globalement sur la mission :	☺	☹	
Le niveau de qualité des livrables est	❑	❑	
Le niveau technique de la prestation est	❑	❑	
Les ressources mises en œuvre sont	❑	❑	
L'avancement général est globalement	❑	❑	
Le pilotage/encadrement de la mission est	❑	❑	
La réactivité/l'anticipation est	❑	❑	

Des actions correctives doivent-être mises en oui / non
Si oui, lesquelles :

Quoi :	Quand	Qui

Prochain point prévu le : jj/mm/aaaa

En résumé

La fiche d'avancement de prestation est le compte rendu d'un point périodique avec le fournisseur sur l'avancement d'une prestation intellectuelle ou d'un service dont il a la charge. L'outil évalue :

- le niveau de qualité des livrables ;
- le niveau technique de prestation ;
- les ressources mises en œuvre ;
- le respect du planning ;
- le pilotage/encadrement de la mission ;
- la réactivité/l'anticipation.

Insight

This progress report sheet is the check point with the supplier of the on going service that it has in charge. The tool evaluates:

- *The quality level of the deliverables.*
- *The service level.*
- *The resources allocated.*
- *The respect of timing.*
- *The management of the mission.*
- *Reactivity and anticipation.*

Pourquoi l'utiliser ?

Objectif

• Contrôler la bonne application du contrat.
• Mettre en place les actions correctives dès que nécessaire.
• Communiquer l'avancement de la mission aux clients internes.

Contexte

Il peut s'écouler plusieurs semaines entre la notification du contrat et le démarrage d'une prestation. Les personnes qui ont négocié le contrat ne sont pas nécessairement les mêmes que celles qui exécuteront le contrat ou qui contrôleront son application. Vous utiliserez cette fiche pour vos achats de service et notamment de prestations intellectuelles qui nécessitent un pilotage particulier.

« La confiance n'exclut pas le contrôle » (proverbe africain)

Comment l'utiliser ?

Étapes

• À partir du contrat, identifiez :
  – les engagements (objet du contrat, principales missions du fournisseur, obligations à votre charge) ;
  – les livrables (planning, documents produits à l'occasion de la prestation...) ;
  – les échéances (date de début, date de fin, délai de livraison, périodicité de la prestation)
  – les interlocuteurs (responsable du contrat, responsable du suivi...) ;
  – les aspects financiers (prix convenu, nature des prix...) ;
  – les moyens de pression (pénalités de retard, délai de préavis, formalité de résiliation...) ;
  – les contrôles/les points d'arrêt prévus.
• Prévoyez l'organisation des points de contrôles : formalités préalables, indicateurs à surveiller, fréquence des contrôles, identité des contrôleurs.
• Réalisez les contrôles périodiques prévus au contrat, ainsi que certains contrôles inopinés.
• Faites un point périodique avec le fournisseur sur les résultats de ces contrôles et sur la prestation en utilisant cette fiche comme compte rendu.
• Traitez les écarts par la mise en œuvre d'actions correctives.

Méthodologie et conseils

Vous veillerez à piloter la mission et non les intervenants. Concentrez-vous sur les obligations contractuelles (livrables, planning...) plutôt que sur l'humeur des intervenants. La responsabilité contractuelle du fournisseur peut être mise en jeu chaque fois qu'il manque de façon quelconque à l'une des obligations qui sont à sa charge par le contrat. Les conséquences de cette responsabilité sont définies dans le cadre de la garantie contractuelle. ■

Avantages

✔ La fiche synthétise d'une manière factuelle la situation.

✔ Elle permet une réaction rapide aux dérives.

Précautions à prendre

✔ Ce document est un document de pilotage de la mission. Il ne remplace pas les dispositions relatives à l'émission des réclamations fournisseurs.

La fiche de performance fournisseur

Mesurer la performance du fournisseur

Fiche de Performance Fournisseur

	Fournisseur :	date
		acheteur

Bilan Mensuel

	Indicateur	Résultats	Objectif	Notation sur 5	Coefficient de pondération	note	Commentaires
Qualité	Certification ISO9001:2008	certifié	certifié	5	1	3,5	Deux incidents ce mois-ci
	Taux de conformité	95 %	98 %	3	3		
Coûts	Productivité	3 %	3 %	4	3	3,2	
	Compétitivité	faible	compétitif	2	2		
Service/Délais	Ponctualité	90 %	95 %	3	3	3,5	Un retard significatif
	Reactivité	très bonne	bonne	5	1		
Innovation	Nombre d'idée d'amélioration	1	1	5	1	5	
Management	Management de la relation	bonne	bonne	4	1	4,5	
	signature des CGA	signée	signée	5	1		

Notation mensuelle 3,625 / 5

Tendance

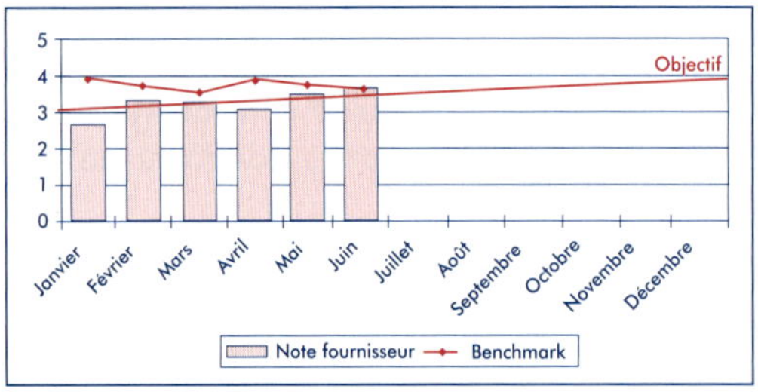

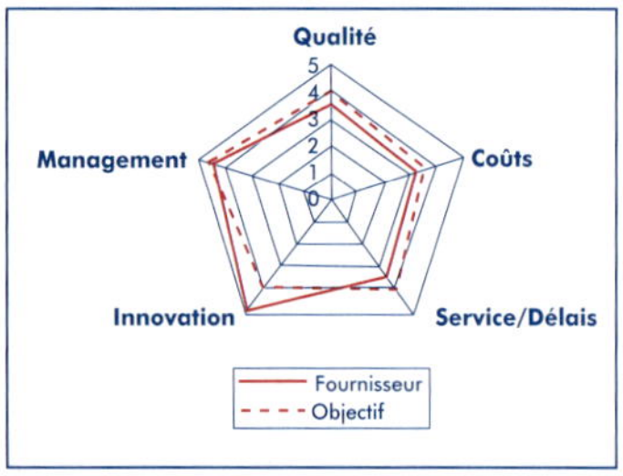

Évaluation finale

- ☐ A très satisfaisant
- ☑ B satisfaisant
- ☐ C insuffisant
- ☐ D très insuffisant

Actions à mettre en œuvre

- ☑ Plan de progrès à communiquer à la prochaine revue de compte
- ☐ Plan d'actions correctifs à communiquer d'ici 1 mois
- ☐ Mesures conservatoires immédiates à communiquer sous 1 semaine
- ☐ N/A

En résumé

La fiche de performance fournisseur établit selon des critères de performance l'évaluation et la notation du fournisseur en cinq dimensions : qualité, coûts, délais, innovation et management.

Insight

The Supplier Score Card establishes upon key performance criteria the supplier evaluation and score in five dimensions: Quality, Cost, Delivery/Service, Innovation and Management.

Pourquoi l'utiliser ?

Objectif

• Communiquer au fournisseur un retour objectif sur sa performance.
• Établir une mesure servant de base aux plans d'amélioration futurs.
• Comparer les performances du fournisseur avec celles des autres fournisseurs de la famille.

Il est difficile d'améliorer ce que l'on ne mesure pas.

Contexte

Une étape essentielle du pilotage de la performance fournisseur est de l'évaluer ! D'ailleurs, dans le cadre de la démarche ISO 9001, l'évaluation et le suivi des performances fournisseurs sont exigés. Au-delà des contraintes normatives, l'enjeu pour vous est de mettre en place une véritable dynamique de progrès continu centrée sur la performance plutôt que la simple conformité.

Comment l'utiliser ?

Étapes

• Établissez en accord avec vos clients internes les critères de performance, appelés indicateurs, relatifs à la performance attendue sur les dimensions qualité, coût, délais/service, innovation et management.
• Pondérez les critères en fonction de l'importance de chacun.
• Définissez une échelle de performance permettant une notation (objectifs…) et un référentiel de comparaison (historique, performance des autres fournisseurs…).
• Évaluez de 0 à 5 pour chaque fournisseur sa performance sur la période donnée, à défaut mensuelle.
• En fonction des pondérations, calculez la note globale fournisseur et établissez votre évaluation finale :
  – A : très satisfaisant ;
  – B : satisfaisant ;
  – C : insuffisant ;
  – D : très insuffisant.
• Communiquez au fournisseur sa performance via les revues fournisseurs en insistant sur les points marquants et clarifiez ce que vous attendez de lui en termes de plan d'actions.

Méthodologie et conseils

Il faut rendre l'évaluation la plus factuelle et objective possible pour éviter qu'elle soit contestable. Vous aurez intérêt à valider que le fournisseur accepte le mode de calcul des indicateurs sur lesquels il est jugé et ses résultats obtenus.
Une visualisation de la performance n'est rien sans un contrat de progrès. Une bonne pratique est d'engager des plans de progrès avec les dix fournisseurs les moins performants de votre portefeuille.

Avantages

✔ Permet d'établir la liste des meilleurs fournisseurs et de les distinguer.

✔ Outil simple et visuel.

Précautions à prendre

✔ La remontée d'information de performance du fournisseur à un niveau groupe est souvent fastidieuse. Elle devra s'appuyer sur un système d'information performant automatisant le plus possible la collecte des données.

✔ Ne pas confondre les critères de performances effectives du fournisseur avec ceux de l'évaluation *a priori* du fournisseur lors du sourcing.

• • •

Comment être plus efficace ?

La sélection des indicateurs clés de performance des fournisseurs est évidemment une étape essentielle de l'évaluation. Il s'agit de déterminer les indicateurs qui refléteront le mieux la contribution du fournisseur à la performance achats.

Vous veillerez à ce que les indicateurs soient :

- **Pertinents :** représentatifs de l'activité demandée au fournisseur et en ligne avec vos objectifs, ils incitent à l'action.
- **Actualisés :** ils sont suivis régulièrement donnant une information en temps réel. La fréquence doit permettre d'être réactif. En cela une évaluation annuelle du fournisseur est insuffisante.
- **Fiables :** faciles à mesurer, non discutables ou interprétables. Ils doivent mesurer le progrès réalisé au fil du temps. Soyez précis dans le mode d'évaluation, notamment dans la mesure qualitative.
- **Objectivés.** la performance est relative. Un objectif SMART (*cf.* outil 36) doit toujours être associé avec un indicateur.

De par la nature des indicateurs, leur mesure va prendre une forme radicalement différente selon qu'elle concerne les achats de biens matériels ou de service. L'évaluation peut porter sur des critères d'ordre quantitatif (combien) ou qualitatif (comment).

La différence de pondération et potentiellement de mode de calcul auront pour conséquence des évaluations spécifiques à chaque famille d'achats.

Les indicateurs les plus courants sont :

- qualité :
  - quantitatif : conformité aux exigences contractuelles et conformité produit (coût de non-qualité, taux de rebuts, nombre de non-conformités) ;
  - système qualité (audit d'évaluation spécifique, certification ISO...) ;
  - qualitatif : satisfaction des clients internes, qualité de la prestation fournie, qualité des livrables.
- coût :
  - quantitatif : respect des prix objectifs, dérive budgétaire, productivité annuelle... ;
  - qualitatif : le positionnement prix perçu par rapport au marché, adéquation prix/prestations.
- délais/service :
  - quantitatif : ponctualité, respect du planning, des délais de livraison, des délais de développement, taux de service... ;
  - qualitatif : réactivité, flexibilité, adaptabilité.
- innovation :
  - quantitatif : avancement en recherche et développement, suggestions d'amélioration, benchmarking ;
  - qualitatif : force de proposition, créativité des recommandations et des conseils.
- management : c'est la rubrique la plus large dont l'objectif est de mesurer l'implication du management dans les objectifs généraux que vous lui avez assignés :
  - quantitatif : adhésion à la politique achats de l'entreprise, signature de la charte de développement durable, certification OHSAS... ; pérennité financière (*cf.* outil 25) ;
  - qualitatif : management de la relation et qualité des contacts humains (écoute, compréhension, l'implication, amabilité, disponibilité...) ; pilotage de la mission et gestion de l'équipe ; factures claires, complètes, compréhensibles, correspondant bien aux devis.

Exemple : **Évaluation d'un fournisseur de prestations intellectuelles**

Fiche de Performance Fournisseur

Fournisseur : DL groupe

date : 20/04/2010

acheteur

Bilan Mensuel

	Indicateur	Résultats	Objectif	Notation sur 5	Coefficient de pondération	note	Commentaires
Qualité	Qualité de la prestation fournie	bonne	bonne	4	2	3,5	
	Conformité aux exigences contractuelles	90 %	100 %	3	2		
Coûts	Dérive budgétaire	0 %	0 %	4	2	4	
Service/Délais	Tenue des délais	insuffisant	bonne	2	5	2,0	en retard sur le planning prévu sur le projet XX
	Reactivité	bonne	Très bonne	4	1		
	Flexibilité	moyenne	Très bonne	3	1		
Innovation	créativité des recommandations	bonne	bonne	4	1	4	
Management	Management de la relation	bonne	bonne	4	3	3,75	
	reporting	moyenne	bonne	3	1		

Notation mensuelle **3,056** / 5

Tendance

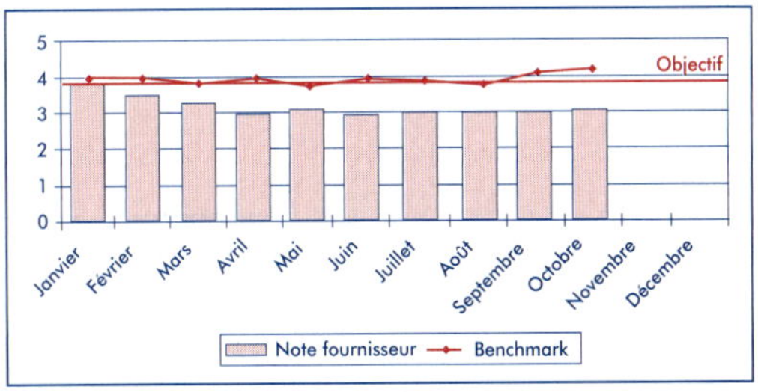

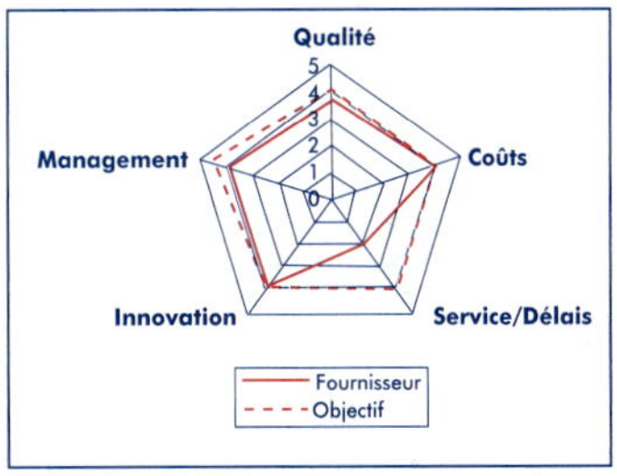

Évaluation finale

- ☐ A très satisfaisant
- ☐ B satisfaisant
- ☑ C insuffisant
- ☐ D très insuffisant

Actions à mettre en œuvre

- ☑ Plan de progrès à communiquer à la prochaine revue de compte
- ☑ Plan d'actions correctifs à communiquer d'ici 1 mois
- ☐ Mesures conservatoires immédiates à communiquer sous 1 semaine
- ☐ N/A

Malgré un bon niveau de qualité de la prestation et un bon relationnel, l'évaluation du fournisseur fait clairement apparaître une insuffisance dans la tenue des délais, pourtant un des critères les plus important pour le client (pondération 5). Et sur cet indicateur, il est clairement en décalage avec l'objectif et avec les résultats des autres fournisseurs.

Quoi qu'il en soit, l'acheteur cherchera à connaître les causes des retards, qui peuvent être autant internes que chez le fournisseur et à construire les plans d'amélioration conjoints adaptés. ■

Le modèle RAP (*Relationship Assessment Process*)

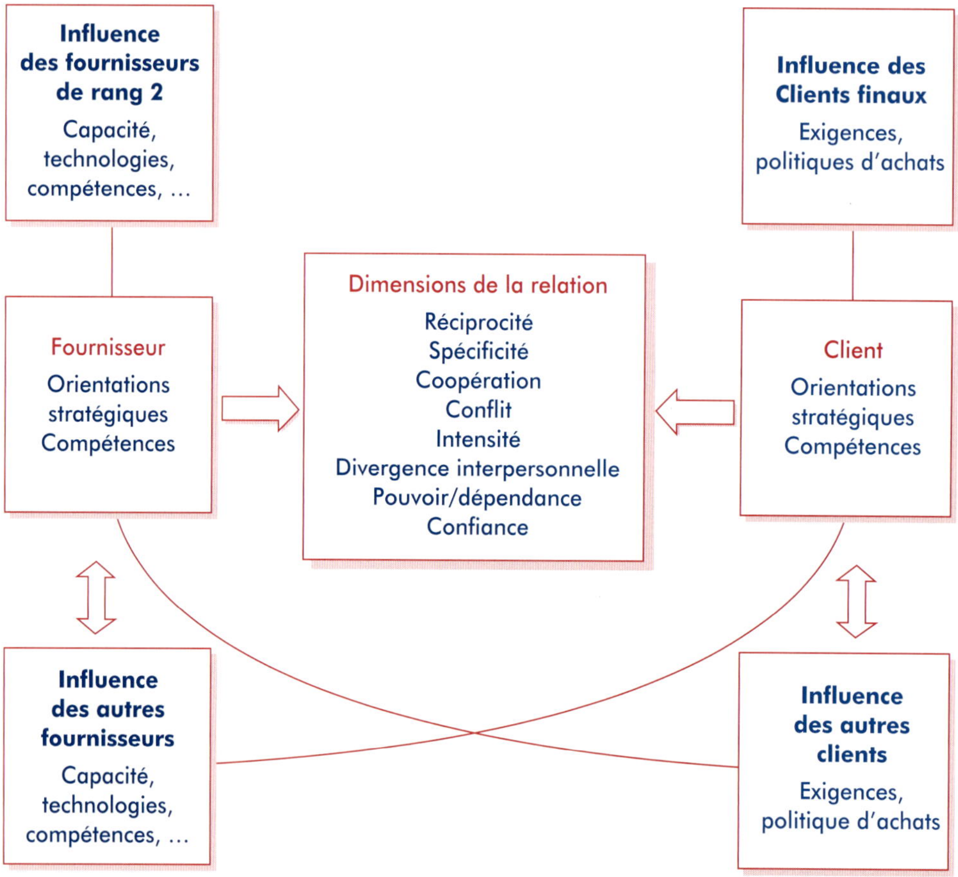

Source : Thomas E. Johnsen, Rhona E. Johnsen et Richard C. Lamming.

En résumé

Le RAP (*Relationship Assessment Process*) développé et amélioré par Thomas E. Johnsen, Rhona E. Johnsen et Richard C. Lamming est un modèle s'attachant à évaluer la relation globale client-fournisseur plutôt que la simple performance du fournisseur. Il couvre les huit dimensions de la relation qui sont : réciprocité, spécificité, coopération, conflit, intensité, divergence interpersonnelle, pouvoir/dépendance, confiance.

Insight

*Developed and improved by Thomas E. Johnsen, Rhona E. Johnsen et Richard C. Lamming, RAP (Relationship Assessment Process) is a model **evaluating the supply relationship** rather than only the supplier. It covers the eight dimensions: mutuality, particularity, co-operation, conflict, intensity, interpersonal inconsistency, power/dependence and trust.*

Pourquoi l'utiliser ?

Objectif

• S'assurer que le niveau des relations développées est bien en ligne avec les enjeux achats.
• Gérer les différences de vue et les conflits associés à la relation.
• Améliorer la relation à moyen/long terme.

« Quand deux tigres se battent, l'un est sûr de perdre » (proverbe chinois)

Contexte

La qualité des relations avec les fournisseurs stratégiques est déterminante (*cf.* outil 37). Plus la collaboration stratégique ou opérationnelle est efficace, plus la valeur ajoutée pour les deux sociétés est élevée. Le modèle RAP offre un cadre pour l'évaluation de cette relation. Vous l'utiliserez avec les fournisseurs que vous avez identifiés comme stratégiques ou clés dans un cadre de relations long terme.

Comment l'utiliser ?

Étapes

• Établissez un questionnaire d'une vingtaine de questions maximum portant sur :
  – le niveau de réciprocité de la relation : la recherche des intérêts de chacun, convergence des objectifs et des priorités, convergence des stratégies... ;
  – le caractère spécifique et particulier de la relation : organisation spécifique, processus adapté... ;
  – la qualité de la coopération : travail en commun, transparence ;
  – le traitement des conflits : résolution des problèmes ensemble dans un climat cordial et professionnel ;
  – l'intensité de la relation : implication de la direction, nombre de personnes impliquées suffisant... ;
  – l'absence de divergence interpersonnelle : conflits de personnes, voix discordantes au sein des entreprises, différences culturelles sources d'incompréhension ;
  – le niveau d'interdépendance des deux sociétés ;
  – le niveau de confiance dans ses interlocuteurs.
• Déclinez ce questionnaire pour le fournisseur et pour votre entreprise.
• Faites remplir ces questionnaires par les acteurs clés de la relation dans votre entreprise et chez votre fournisseur (minimum trois chacun).
• Établissez une synthèse et investiguez les champs d'amélioration de la relation avec votre fournisseur.

Méthodologie et conseils

Le grand principe dans cette évaluation est celle du 360 degrés. Il est indispensable d'interroger directement son fournisseur.
L'analyse du questionnaire en commun est déjà un bon exercice de collaboration.
Soyez le plus ouvert et objectif possible.
En fait, plus que la perception des deux parties, l'intérêt de cette analyse est l'identification des différences de points de vue entre les deux sociétés.

Avantages

✔ La démarche vous incite à vous mettre à la place du fournisseur.

Précautions à prendre

✔ L'évaluation de la relation, même si elle est réciproque, reste subjective. Restez le plus factuel et objectif possible.

• • • ▶

Comment être plus efficace ?

Changer de paradigme

La démarche simple de l'évaluation de la performance du fournisseur par le client peut être perçue comme arrogante et condescendante, d'autant plus que le client n'a pas toujours la compétence ou les ressources pour décrypter la réelle performance du fournisseur. Elle peut surtout être contre-productive dans de nombreux cas de collaboration stratégique.

Quand on rentre dans une évaluation de la relation client-fournisseur sous des dimensions comme la réciprocité ou la coopération, on doit changer de paradigme.

Le grand principe qui va conditionner la réussite de la relation est **la réciprocité.**

Ce principe a été démontré par d'importantes recherches notamment par Robert Axelrod, professeur à l'université du Michigan, avec la stratégie gagnante : *Tit for tat* ou « un prêté pour un rendu ». Il ressort de ces recherches trois réflexes à appliquer :

- **bienveillance et courtoisie** : toujours commencer par coopérer et s'y tenir tant que l'autre coopère aussi ;
- **réactivité et indulgence** : arrêter immédiatement de coopérer quand l'autre trahi, mais revenir à la coopération dès que l'autre coopère ;
- **clarté et lisibilité** : adopter une stratégie limpide et systématique pour permettre à l'autre d'anticiper les conséquences de ses actions.

Exemple de questionnaire

Pour investiguer les huit dimensions de la relation, vous pouvez utiliser ces questionnaires.

	Questionnaire Client	Pas du tout d'accord	Plutôt pas d'accord	Plutôt d'accord	Tout à fait d'accord
1	Dans la collaboration, votre fournisseur recherche autant votre l'intérêt que le sien.		1		
2	Les objectifs et plans d'action engagent autant que le fournisseur			1	
3	Vo				
4	Vo				
5	Vo				
6	Do				
7	Le				
8	Vo				
9	Le				
10	Vo				
11	Le				
12	Le				
13	La				
14	Il				
15	Le				
16	Vo				
17	Vo				
18	Vo				
19	Vo				
20	Vo				

	Questionnaire Fournisseur	Pas du tout d'accord	Plutôt pas d'accord	Plutôt d'accord	Tout à fait d'accord
1	Dans la collaboration, votre client recherche autant votre l'intérêt que le sien.		1		
2	Les objectifs et plans d'action engagent autant le client que vous		1		
3	Votre entreprise et le client ont une vision partagée des priorités			1	
4	Vous avez adapté votre organisation ou vos méthodes en fonction du client				1
5	Vous avez des revues de compte spécifiques au client			1	
6	Dans les plans d'actions, vous travaillez plutôt ensemble que chacun de votre coté			1	
7	Le client est transparent sur son fonctionnement				1
8	Vous avez l'impression de participer à une œuvre commune		1		
9	Le climat de la relation est plutôt cordial et bienveillant				1
10	Vous arrivez à résoudre les conflits en commun			1	
11	Le nombre de personnes impliquées dans la relation est adapté à l'enjeu		1		
12	Les rencontres entre les deux sociétés sont fréquentes et suffisantes			1	
13	La direction de chaque société est suffisamment impliquée dans la relation			1	
14	Il n'y a pas de conflit ou d'incompatibilité de personne			1	
15	Les messages reçus du client sont cohérents selon les différents contacts		1		
16	Votre entreprise est dépendante du client			1	
17	Votre entreprise est capable d'imposer des actions au client contre son gré		1		
18	Vous faites confiance au client dans sa capacité à respecter ses engagements			1	
19	Vous faites confiance à vos interlocuteurs			1	
20	Vous êtes satisfait de la relation avec votre client			1	

Exemple : **Opérateur dans le domaine de l'énergie avec un de ses fournisseurs stratégiques**

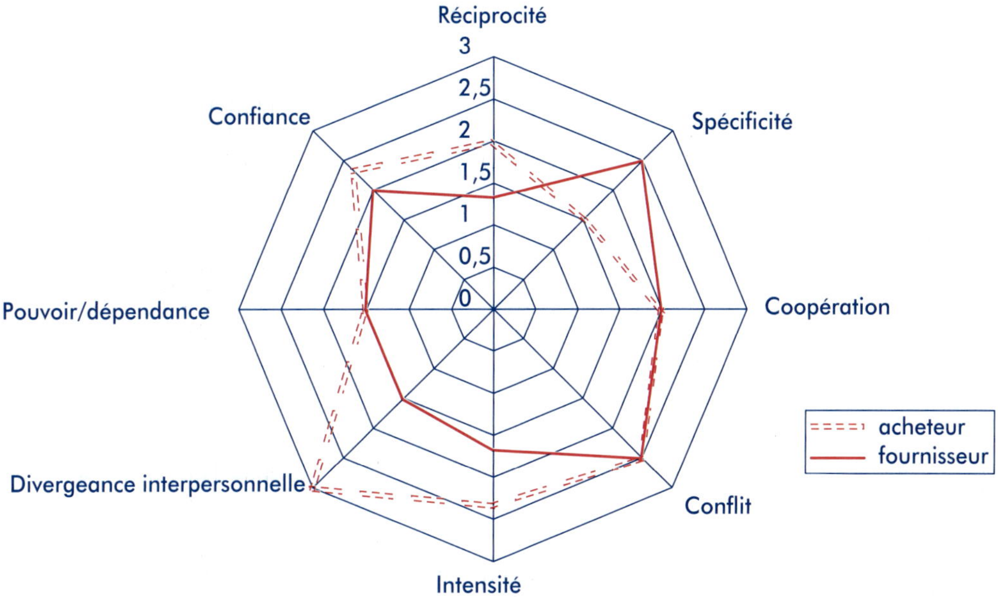

Ci-dessus une synthèse des évaluations de l'entreprise acheteuse (quatre évaluations) et du fournisseur (trois évaluations) :

Les résultats montrent que la qualité de la relation est plutôt bonne avec quelques points d'amélioration :

– réciprocité : les deux parties ont l'impression que chacun cherche son propre intérêt au détriment de celui de l'autre ;

– spécificité et intensité : le fournisseur s'est apparemment plus adapté au client que l'inverse. Il estime que le client n'a pas mobilisé suffisamment de ressources dans la relation en face de l'enjeu ;

– divergence interpersonnelle : le fournisseur fait clairement apparaître un manque de cohérence des messages reçus du client selon les interlocuteurs ;

– pouvoir limité : même si les entreprises se sentent dépendantes l'une de l'autre, aucune n'est capable d'imposer des actions à l'autre. Ce qui tend à montrer une certaine interdépendance. Le retour du fournisseur qui n'estime pas qu'il participe à une œuvre commune est peut-être le reflet de cette interdépendance, voire un appel à plus d'implication.

Tous ces points devront être creusés avec le fournisseur pour établir des plans d'amélioration conjoints.

En résumé, la relation peut être beaucoup plus productive en trouvant un meilleur équilibre entre les deux sociétés et en recherchant plus d'intérêts communs à travailler ensemble. Un nouveau projet ? ■

Outil 61 La classification des fournisseurs

L'attribution d'un statut unique pour chaque fournisseur

Famille d'achats	Informations Fournisseur			Montant d'achats 2008 consolidé en K€	Montant d'achats 2009 consolidé en K€	Taux de dépendance économique	Contribution stratégique	Niveau de Performance	Relation avec le fournisseur	Statut	actions en cours
	Groupe	Société	Chiffre d'affaire (M€)								
Moteurs	Motors intl	Motors company	120	8 654	9 690	8,1 %	Stratégique	A	Très bonne	P	
	LKB	Durand	45	1 250	1 140	3 %	Opérationnel	B	Bonne	P	
	LKB	Yu an	98	4 500	6 210	6,3 %	Opérationnel	A	Très bonne	P	
	SFX holding	SFX motors	50	3 000	2 900	5,8 %	Opérationnel	C	Bonne	S	plan de progrès en cours
	Wang	Whang sha	750	0	100	–	Tactique	?	Bonne	N	nouveau fournisseur. Première livraison mars 2010
	DMM	DMM	120	1 200	500	0,4 %	Tactique	D	Mauvaise	E	Plan de désengagement en cours
	Power SA	Power SA	56	233	0	–	–	–		I	

En résumé

Le développement de l'activité avec un fournisseur dépend de nombreux éléments comme sa performance réelle, la qualité de relation ou encore son taux de dépendance (cf. outil 22). Ce tableau apporte une classification des fournisseurs d'une famille d'achats en plusieurs catégories :

- P : les fournisseurs dits « au panel » avec lesquels vous souhaitez maintenir ou développer l'activité ;
- S : les fournisseurs avec lesquels vous suspendez temporairement l'attribution de nouveaux marchés ;
- N : les nouveaux fournisseurs que vous faites rentrer au panel ;
- E : les fournisseurs avec lesquels vous vous désengagez et ceux qui restent indésirables.

Cette classification est partagée avec l'ensemble des acteurs achats de l'entreprise.

Insight

*The development of business with a supplier depends on many parameters such as its true performance, the quality of relationship or its penetration rate (see tool 22). This chart provides a **classification of suppliers** in specific groups:*

- *The panel suppliers with who you want to keep or develop the business.*
- *The "on hold" suppliers with who you temporary hold the business.*
- *The "new" entrants that you are getting into the panel.*
- *The suppliers that are into a phasing out process or the forbidden one.*

This classification is shared among all purchasing actors of the company.

Pourquoi l'utiliser ?

Objectif

• Distinguer les fournisseurs stratégiques des autres fournisseurs conventionnels et orienter leur évolution au sein du panel.
• Partager en interne le statut alloué à chaque fournisseur et les actions engagées dans le cadre le la mise en œuvre de la gestion de panel.
• Communiquer d'une seule voix la position de la société vis-à-vis de son fournisseur.

Une vision synthétique et dynamique du panel fournisseur.

Contexte

Dans le cadre d'une gestion dynamique du panel, il est important d'être cohérent vis-à-vis des fournisseurs. Un fournisseur ne peut pas être indésirable pour certains et au panel pour d'autres.
Cet outil est utile pour les acheteurs leaders ou famille voulant communiquer un statut unique des fournisseurs.

Comment l'utiliser ?

Étapes

• Pour une famille donnée, consolidez la performance et l'évaluation de la relation de chaque fournisseur de la base de fournisseurs actifs.
• Considérez les actions stratégiques (*cf.* outil 40) et la contribution stratégiques (*cf.* outil 37) qui les concernent.
• Déterminez le statut de chaque fournisseur :

P – au panel : conforme au niveau de performance attendu, en adéquation avec la stratégie
⇨ consultable pour tout nouvel appel d'offres.

S – fournisseur en suspens : Ne remplit pas temporairement la performance attendue ou est en inadéquation avec la stratégie achats
⇨ non consultable pour le moment mais restant dans la base de fournisseurs actifs.

N – nouveau fournisseur potentiel étant en phase de test
⇨ consultable au cas par cas par dérogation.

E – fournisseur actuellement sous contrat, mais qui est sous plan d'action pour être retiré de la base des fournisseurs actifs.

I – anciens fournisseurs déjà sorti du panel ou identifiés comme indésirables
⇨ non consultable.

• Partagez avec tous les acteurs concernés les statuts ainsi que les actions engagées vis-à-vis des fournisseurs.
• Communiquez au fournisseur son statut.

Méthodologie et conseils

L'attribution du statut est de la responsabilité d'une seule personne dans l'entreprise, qui est généralement l'acheteur famille de la société.
L'usage d'un code couleur (ici en dégradés de rouge) permettra une distinction claire du panel (ou vert, orange rouge par exemple).
Le tableau est avant tout dynamique et doit être mis à jour à chaque évolution de statut. ■

Avantages

✔ Le tableau est évolutif : vous pouvez ajouter au tableau des critères de gestion de panel qu'il vous semble important de suivre (certification, localisation...).

Précautions à prendre

✔ La démarche peut être fastidieuse pour des familles hors production non travaillées avec beaucoup de fournisseurs.

Outil 62 Le plan de progrès fournisseur

Les sept étapes d'un plan d'amélioration réussi

Diagnostic	Initialisation	Définition et acceptation des objectifs	Analyse des causes	Plan d'actions	Revue de l'efficacité	Validation Clôture
Dossier fournisseur basé sur des audits détaillés et sur une évaluation de performance Constitution équipe Motivation fournisseurs	Réunion d'initialisation Présentation du diagnostic, des interlocuteurs, des conséquences éventuelles du plan de progrès Définition du planning général	Négociation des objectifs Contrat de progrès avec engagement de résultat	Analyse des causes Identification des outils d'amélioration	Construction et mise en œuvre d'un plan d'actions détaillé pour chaque cause et en ligne avec les objectifs	Analyse en continu des progrès présentés par le fournisseur Réunions de suivi régulières	Confirmation de l'atteinte des objectifs Audit de validation sur la même base que l'audit de diagnostic

En résumé

Le plan de progrès est une démarche structurée en sept étapes qui consiste, pour les fournisseurs à enjeu, à améliorer la performance sur un indicateur spécifique. Elle comporte des phases de préparation, de cadrage, de chantiers de résolution de problèmes et de clôture, qui engagent conjointement le fournisseur et le client.

Insight

Progress plan is a structured seven steps approach, consisting, for the high stake suppliers, in improving the performance on a specific Key Performance Indicator. It includes preparation, kick-off, problem solving methodology and closure phases that commit jointly the suppliers and the client.

Pourquoi l'utiliser ?

Objectif

- Améliorer les performances des fournisseurs et ainsi répondre aux attentes des clients internes.
- Créer une relation avec les fournisseurs stratégiques basée sur le progrès continu.

Contexte

L'interdépendance client-fournisseur née de l'intégration des fournisseurs et de la concentration des marchés, force à progresser ensemble et à conduire des plans de progrès avec les fournisseurs. Le plan de progrès concerne tous les fournisseurs à enjeu pour votre entreprise, c'est-à-dire principalement les fournisseurs de classe A (*cf.* outil 2).

Le plan de progrès repose sur la démarche *Plan Do Check Act* de Deming

Comment l'utiliser ?

Étapes

- Identifiez les fournisseurs éligibles au plan de progrès.
- Établissez le diagnostic de la situation basé sur le dossier achats (historique des performances, contrat, compte rendu d'audit, benchmark...).
- Constituez une équipe multifonctionnelle d'utilisateurs et de prescripteurs.
- Trouvez les motivations du fournisseur à s'impliquer dans un plan de progrès.
- Au travers de la réunion d'initialisation, obtenez :
  - l'assentiment du fournisseur sur les constats initiaux ;
  - l'adhésion et l'engagement du fournisseur pour mettre en œuvre le plan de progrès et y engager tous les moyens nécessaires.
- Définissez et faites accepter les objectifs. Contractualisez le partage des gains.
- Validez l'analyse des causes et le plan d'actions du fournisseur.
- Effectuez des revues de l'efficacité du plan d'actions.
- Validez les progrès constatés et clôturez le plan de progrès.

Méthodologie et conseils

Conduire un plan de progrès monopolise beaucoup de ressources. Il est recommandé de n'en mener qu'avec un nombre limité de fournisseurs qui seront choisis en fonction :

- des enjeux :
  - contribution majeure à la stratégie du groupe,
  - importants potentiels de productivité,
  - solutions innovantes représentant des avantages concurrentiels différenciant,
  - risques importants ;
- de la qualité des relations actuelles :
  - perspective de collaboration moyen/long terme basée sur un partage des risques/gains,
  - efforts communs pour régler les problèmes : différents/conflits, techniques...,
  - échange ouvert d'information (technique, structure de coût, marché).

Avantages

✔ Le plan de progrès s'applique à n'importe quel indicateur de performance du fournisseur ou de la relation. Il se décline en plan d'amélioration de la qualité du fournisseur, plan de productivité...

Précautions à prendre

✔ Le plan de progrès n'a de sens qu'avec l'implication de tous les acteurs concernés. Un plan de progrès ne se conduit pas entre l'acheteur et le commercial seuls.

• • •

Comment être plus efficace ?

Facteurs clés de succès et d'échec du plan de progrès

Pour les néophytes, la conduite d'un plan de progrès fournisseur est semée d'embûches et de pièges qui peuvent ruiner l'objectif initial. Ci-dessous, un inventaire des points de vigilance.

- Engagement des deux parties :
  - le plan de progrès doit se baser sur des objectifs SMART (*cf.* outil 36), partagés et contractualisés ;
  - la direction du fournisseur doit soutenir la démarche ;
  - la contractualisation du partage des gains est toujours en amont des actions et doit toujours être effectuée sur le même périmètre d'activité ;
  - validez que le fournisseur a les compétences techniques pour résoudre les problèmes. À défaut, obtenez le soutien d'experts internes.
- Pilotage :
  - vous ne conduirez qu'un nombre limité de plans de progrès en même temps (cinq maximum) mais vous les mènerez à terme ;
  - la gestion du temps et du rythme est primordiale. Le risque que le plan de progrès s'éternise et que les acteurs se démobilisent est grand. Il doit rarement durer plus de six mois ;
  - prévoyez des points réguliers dès la réunion d'initialisation ;
  - utilisez des outils visuels comme sur l'exemple ci-contre.
- Communication
  - assurez-vous que vous traitez avec les bons interlocuteurs (manager, experts...) ;
  - basez votre communication sur des faits et des données chiffrées en évitant toute subjectivité ;
  - l'approche et l'état d'esprit doivent être partagés en interne et en externe.

Motivation du fournisseur

Le succès du plan de progrès va largement dépendre de la motivation du fournisseur à conduire cette démarche lourde et chronophage. Voici quelques pistes.

- La « carotte » :
  - construire des politiques de partage de gains chiffrés ou de primes ;
  - donner des perspectives de développement de business ;
  - proposer le support direct d'experts de votre société ;
  - créer des événements autour des meilleurs fournisseurs ;
  - proposer au fournisseur d'être impliqué en amont du processus ;
  - partager les meilleures pratiques ;
  - constituer une base de *success stories* internes et externes soulignant les bénéfices pour les fournisseurs ;
  - pour certaines familles de frais généraux, retenir des solutions standard des fournisseurs ;
  - proposer des formations.
- Le « bâton » (à manier avec discernement) :
  - sortie du panel fournisseur ou mise en suspens (*cf.* outil 61) ;
  - pénalités financières ;
  - être dans la liste des plus mauvais fournisseurs.

Cas d'**entreprise**

Revue d'avancement du plan de progrès qualité entre un équipementier automobile et un de ses fournisseurs d'injection de pièces plastiques.

Plan de progrès fournisseur

Date : 04/07/2010
Révision 3

Période	PPM	Nb incindents	objectif
2010/01	1 560	15	
2010/02	2 630	30	
2010/03	3 320	60	3 200
2010/04	3 104	55	2 660
2010/05	2 560	20	2 120
2010/06	1 212	25	1 580
2010/07			1 040
2010/08			500
2010/09			450
2010/10			400
2010/11			350
2010/12			300

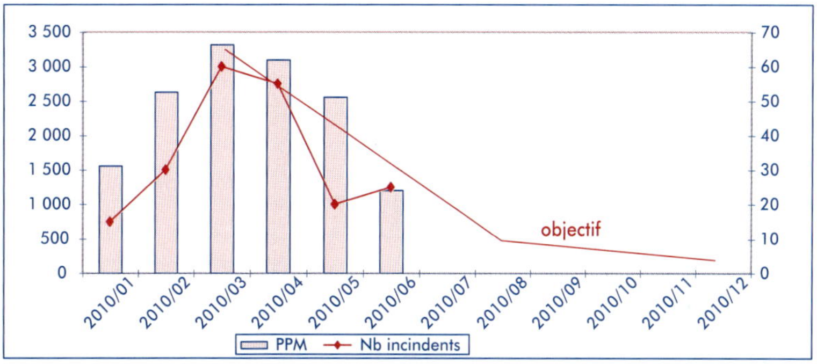

FOURNISSEUR

CAUSE

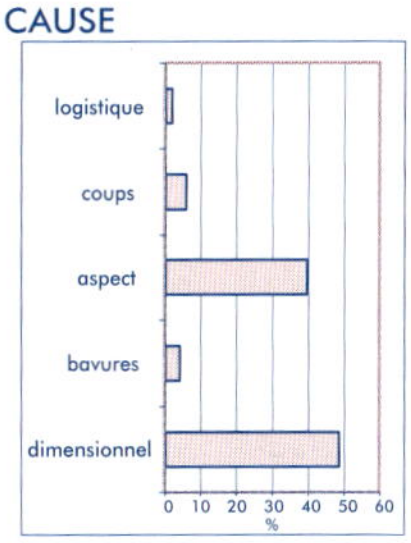

C°		Cumul	2010/01	2010/02	2010/03	2010/04	2010/05	2010/06	2010/07	2010/08	2010/09	2010/10	2010/11	2010/12	%
1	dimensionnel	155	15	38	51	41	10	0							48
2	bavures	13				4	8	1							4
3	aspect	127	17	14	23	18	29	26							40
4	coups	19		5	0	4	10	0							6
5	logistique	6	2	1	1	2	0	0							2
	Nb non-conformes	320	34	58	75	69	57	27							
	Nb livrées		21 795	22 054	22 591	22 230	22 266	22 278							

meeting/Visit :			x					x				
Progress plan :			start									
process audit :			x					x				

(darken the cell if % achieved)

ANALYSE

C°		Resp.	Initial Delay	Current Delay	20 %	40 %	60 %	80 %	completed (date)
1	modification du moule de la pièce X53	xx	mai	mai					30-mai
2	changement matière	xx	avril	mai					04-mai
3	reprise manuelle des bavures	xx	avril	mai					
4	maintenance des plans de joints du moule	xx	août	août					
5	modification du temps de maintien	xx	mars	avril					04-avr
6	acceptation des pièces limites								

Le plan de progrès a démarré au mois de mars suite à une dégradation globale des performances qualité du fournisseur. Un audit processus a permis de constater des dérives dans la maîtrise des processus de fabrication.

La première partie du plan de progrès a vu une réduction importante des rebuts, notamment grâce à la résolution des problèmes dimensionnels par la mise en œuvre des actions 1 et 2. Les résultats sont en ligne avec les objectifs. Il semble que les problèmes logistiques soient également résolus mais aucune action n'est communiquée en ce sens. L'acheteur devra en investiguer les raisons.

Les problèmes de bavures devraient pouvoir être réduits par la maintenance du moule au mois d'août. Des mesures conservatoires sont mises en place pour limiter les non-conformités d'ici là.

En revanche, les problèmes d'aspects ne sont pas résolus. L'action 5 n'a apparemment pas porté ses fruits. La définition conjointe des pièces acceptables et non acceptables devra être considérée dans les plus brefs délais. ■

Outil 63 Le tableau de bord achats

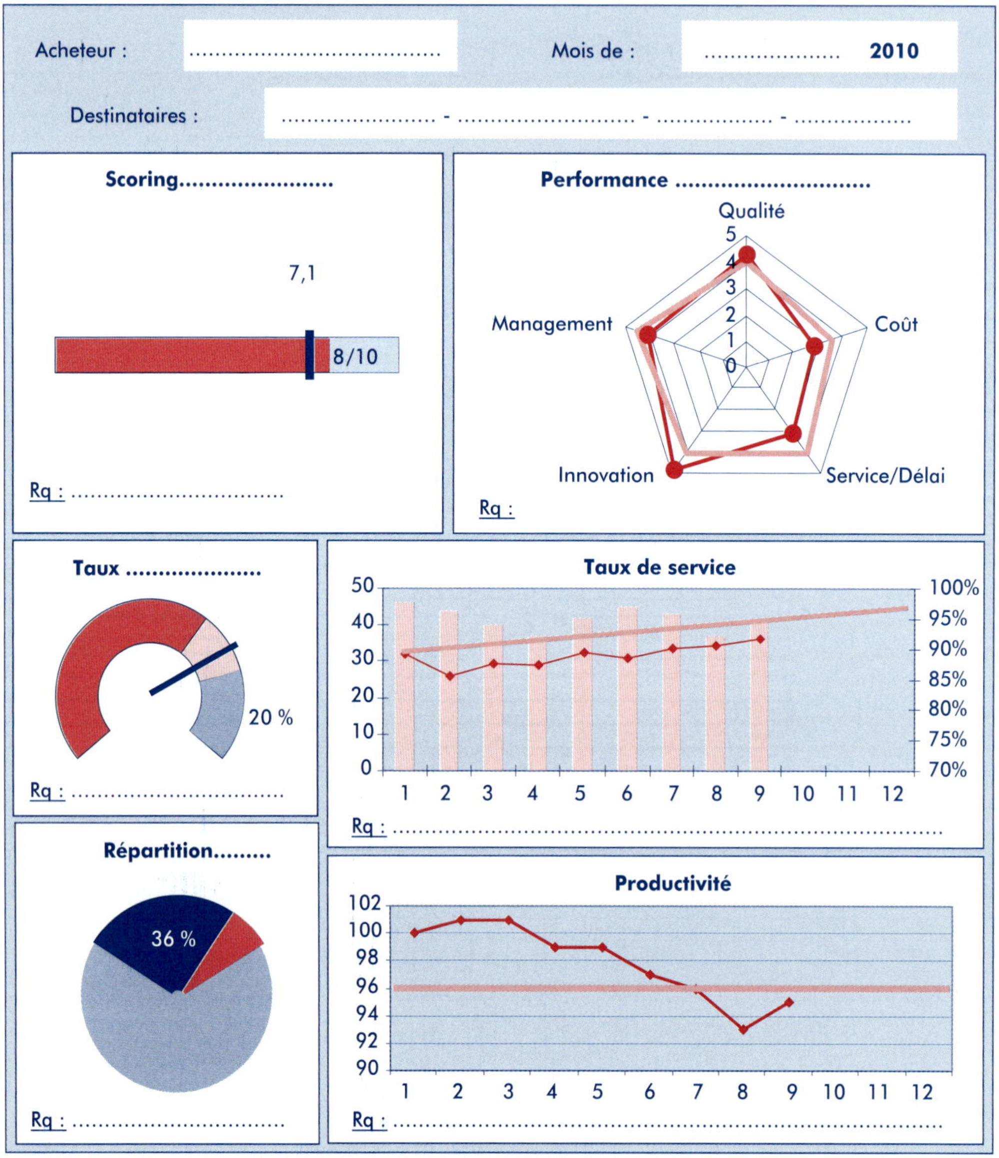

En résumé

Le tableau de bord achats permet à l'acheteur de synthétiser les éléments du pilotage de ses actions en fonction des objectifs qui lui sont assignés. Parmi les nombreux indicateurs possibles, il retient ceux qui sont facilement compréhensibles des interlocuteurs destinataires du document.

Insight

Purchasing dashboards allow buyers to synthesize the monitoring elements of their actions as functions of their professional objectives. Among many possible indicators, he keeps those which can easily be understood by his interlocutors.

Pourquoi l'utiliser ?

Objectif

• Piloter l'activité et rendre compte de la tenue des objectifs.
• Mettre en évidence et communiquer la valeur ajoutée de l'acheteur et des achats.

Performance et transparence des achats

Contexte

À partir des orientations stratégiques de l'entreprise et des achats, le manager comme l'acheteur rendent transparente en interne la réalisation des activités correspondant à leur périmètre d'action (service achats, familles achats, projets). Ces tableaux de bord rassemblent ainsi les éléments de mesure essentiels au pilotage de la performance globale du service achats requis par la direction de l'entreprise.

Comment l'utiliser ?

Étapes

• Identifiez tous les destinataires de votre tableau de bord pour le périmètre achats concerné et caractérisez la fréquence de diffusion souhaitée (mensuelle, voire trimestrielle).
• Rappelez les objectifs qui vous sont fixés, chacun étant associé à un indicateur simple, quantifiable et compréhensible des destinataires du tableau de bord. Choisissez un élément visuel le plus explicite possible (radar...) qui doit comporter les 4 éléments suivants :
- nom de l'objectif ;
- valeur à atteindre ;
- valeur actuelle ;
- remarques succinctes résumant les actions éventuelles à mettre en œuvre.

• Déclenchez une action corrective pour les objectifs dont la réalisation s'avère critique étant donné l'état d'avancement dans le temps et informez.

Méthodologie et conseils

• Un indicateur de performance doit être simple et quantifiable (valeur, indice, ratio ou note) : délai, montant en euros, pourcentage, niveau ABC... Il est préférable d'automatiser la saisie du tableau de bord à l'aide du système d'information achats : vous gagnez du temps et évitez les présomptions de partialité.
• En remettant en cause certains indicateurs (choix, forme et méthode de calcul) environ tous les deux ans, vous conservez le lien avec les orientations de l'entreprise et l'extérieur (benchmarks, marchés fournisseurs). En outre, vous maintenez la cohérence avec vos plans d'action stratégiques (*cf.* outil 40).
• La fréquence de mise à jour est mensuelle pour un suivi stratégique et hebdomadaire pour un suivi opérationnel.

Avantages

✔ Le tableau de bord est un investissement stratégique pour l'entreprise, car il est le support de l'adaptation quasi permanente de sa politique, en permettant de réagir rapidement (actions correctives), d'anticiper (prévisions ou prévention d'évènements), de déléguer la prise de décision aux niveaux opérationnels qualifiés.

Précautions à prendre

✔ Limiter le nombre d'indicateurs (5 environ) maintient une bonne lisibilité. En évitant d'en changer trop souvent, vous conservez la même base de comparaison d'une année sur l'autre.

Comment être plus efficace ?

Le support de la performance

Un tableau de bord peut bien sûr prendre des formes variées (courbes, histogrammes, diagrammes, etc.) pour en faciliter la communication et la diffusion sur différents médias : papier, publications internes, Intranet de l'entreprise... Par ailleurs, il doit être conçu comme un lien de communication au sein de la fonction et en transversal vis-à-vis des autres interlocuteurs internes.

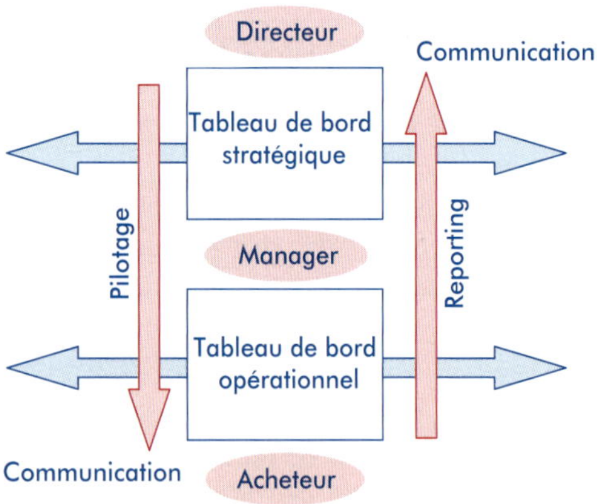

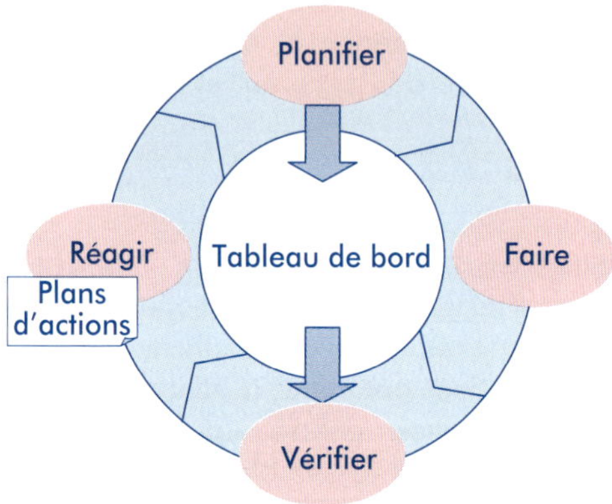

L'amélioration continue

Quelle qu'en soit la forme, le tableau de bord est le support rendant visible la performance de la fonction et de ses acteurs. De plus, il s'inscrit dans le cercle vertueux de l'amélioration continue en faisant le lien explicite entre la stratégie et les résultats obtenus par les équipes achats.

Les indicateurs clés

Le choix des indicateurs est donc essentiel pour soutenir l'alignement stratégique des actions des acheteurs. Les cinq axes proposés correspondent aux quatre de le *balanced score card* stratégique auxquels la direction des achats ajoute « la performance fournisseurs ». Parmi les nombreux indicateurs possibles, les achats choisissent ceux qui s'alignent au mieux sur les orientations stratégiques majeures de la direction de l'entreprise.

	Orientations stratégiques		
Axes achats	Marges	International	Qualité
Economique			
- Gains annuels	X		
-			
-			
Fournisseurs			
- Scoring		X	X
-			
-			
Clients internes			
- Note enquêtes			X
-			
-			
Processus			
- Contrats cadres		X	X
-			
-			
Ressources Humaines			
- Formation financière	X	X	
-			
-			

Exemple de **Tableau de bord**

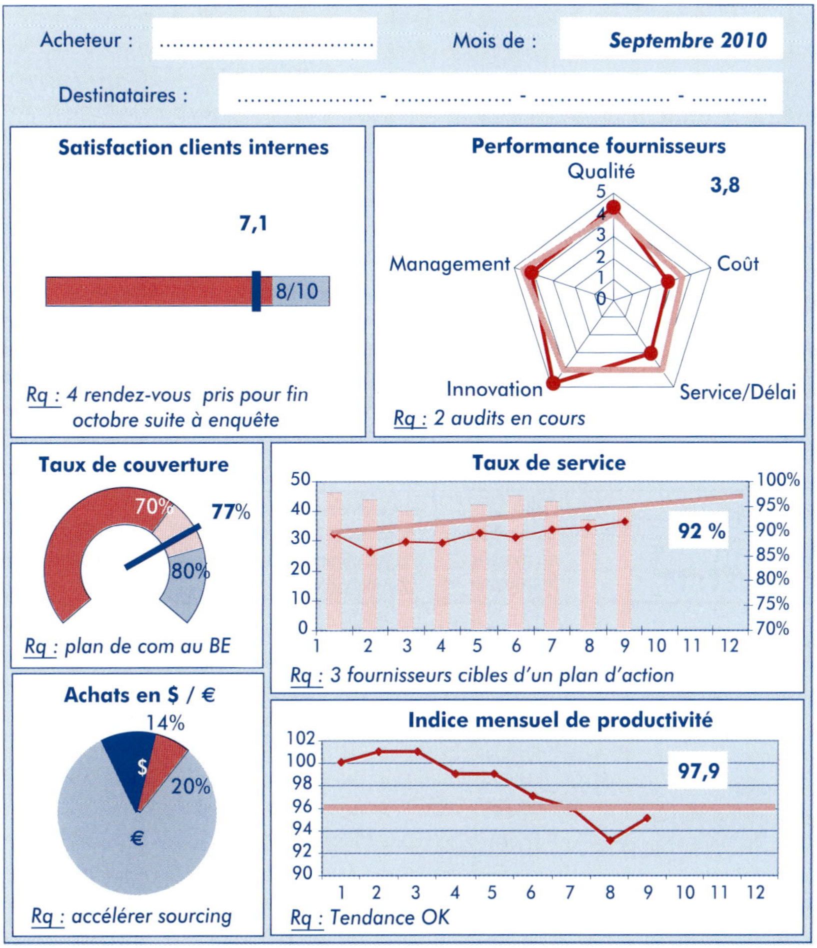

• Commentaires

L'acheteur est spécifiquement mesuré cette année suivant six critères objectivés et négociés lors de l'entretien annuel avec son manager. Ils contribuent à la performance globale du service (et de son manager).

Économique : l'indice base 100 au 31/12 de l'année précédente est suivi mensuellement et cumulé annuellement (97,9). L'équilibre dollar/euro est ici imposé aux achats par la direction financière.

Fournisseurs : la performance moyenne des fournisseurs dont il a la charge est notée suivant cinq critères (*cf.* outil 59) et, plus spécifiquement, le taux de livraisons mensuelles conformes.

Clients internes : résultat moyen des enquêtes semestrielles.

Processus : taux d'utilisation des contrats cadres par les clients internes, travail incitatif de la part de l'acheteur vers de nombreux « récalcitrants ».

Ressources humaines : d'un commun accord entre l'acheteur et son manager, ces objectifs ne sont pas communiqués. ■

Outil 64 Le plan de communication achats

Organiser la communication

Quoi	Pour Qui	Comment	Pour Quoi	Quand	De ou par Qui
Message	**Destinataire (Cible)**	**Moyens (support)**	**Résultat attendu**	**Planning**	**Responsable (ou Emetteur)**
...					
Risque de hausse de l'acier	Les commerciaux Les services techniques	Fiche de synthèse du marché fournisseur	Prise en compte dans les négociations commerciales	06 & 07/10	Acheteur matières premières

En résumé

Outre l'information formelle imposée au travers notamment de reportings et les classiques réunions de service, les achats ont besoin de faire passer des messages afin de soutenir leurs actions au sein de l'entreprise.

Le plan de communication achats se prépare et se mène comme un véritable projet constitué d'étapes caractérisées par :

- un objectif (résultat) ;
- un délai ;
- des moyens pour faire passer un message auprès de certains interlocuteurs ;
- un responsable.

Insight

In addition to formal information required through reportings and usual department meetings, the purchasing department needs to pass messages in order to support its actions within the company.

The communication plan, is to be prepared and deployed like a real project, made of steps defined by:

- *An objective (result).*
- *A lead time.*
- *Means needed to send a message to specific interlocutors.*
- *A person in charge.*

Pourquoi l'utiliser ?

Objectif

- Améliorer l'image de la fonction au travers de *success stories* achats.
- Porter les messages forts de la fonction.
- Obtenir le soutien des interlocuteurs clés pour atteindre ses objectifs.

Contexte

À chaque étape du processus achats, l'acheteur peut se voir confronté à des incompréhensions de la part de certains de ses interlocuteurs : manque de collaboration des clients internes ou des fournisseurs, faible soutien de la part de la direction générale... De manière préventive ou quand cela nuit de fait à l'efficacité de ses actions, il y a lieu d'organiser une communication spécifique. Celle-ci vient en renfort des reportings qui eux sont réguliers et peuvent s'avérer ponctuellement insuffisants.

Mais comment leur faire comprendre ?

Comment l'utiliser ?

Étapes

- Listez et regroupez tous les groupes de personnes avec qui vous êtes en contact directement ou indirectement.
- Identifiez celles concentrant le plus les difficultés rencontrées (« cibles ») et analysez les causes des difficultés pour chacune des cibles identifiées : organisationnelles, humaines, méthodologiques, moyens, information... Croisez avec le contexte et les besoins propres à ces cibles.
- Caractérisez le résultat tangible que vous souhaitez obtenir (quelle amélioration, quel changement de comportement...) et déterminez le message à faire passer pour obtenir ce résultat (intitulé, slogan... libellés en une courte phrase).
- Choisissez-le ou les supports du message les plus adaptés :
  - supports à dominante « information » (descendante) : courrier, mémo, plaquettes, affiches...
  - supports à dominante « communication » (interactive) : réunions, entretiens, colloques, séminaires, évènements...
- Définissez, déployez et suivez les actions.

Méthodologie et conseils

- La redondance étant fortement conseillée en matière de communication, variez les supports de vos messages et, pour en augmenter l'impact :
  - incitez vos interlocuteurs à venir spontanément vers vous (interactivité) ;
  - libellez vos contenus positivement ;
  - restez centré sur les attentes des cibles.
- La planification et le budget sont des contraintes à intégrer au plus tôt, si possible au moment de l'établissement des stratégies achats annuelles. De plus, elles doivent être en rapport avec l'objectif visé : l'envoi d'un e-mailing et l'organisation d'un séminaire avec des intervenants extérieurs.

Avantages

- ✔ Chaque acteur du service achats se sent valorisé et mieux reconnu à tous les niveaux hiérarchiques.
- ✔ Cette démarche didactique donne du sens et de la rigueur aux actions du service.

Précautions à prendre

- ✔ Évitez que la forme prenne le pas sur l'objectif du message et vérifiez la cohérence avec les missions du service achats.

Comment être plus efficace ?

Existence d'un véritable enjeu

La mise en place d'un plan de communication doit rester en ligne avec les stratégies achats du périmètre concerné (*cf.* outil 40). Des problèmes de relations interpersonnelles ne peuvent conduire à l'élaboration d'un plan de communication que s'ils sont (ou peuvent devenir) très fréquents et fortement préjudiciables à l'atteinte des objectifs.

Par ailleurs, le plan de communication est par définition unique et limité dans le temps. On ne doit donc pas le confondre avec l'information formelle et obligatoire des résultats. Pour garder un niveau d'impact important, il doit ainsi se démarquer du reste. Il s'agit bien d'une initiative de l'acheteur et à son manager.

Ajustements fins

- La caractérisation des **cibles** doit se faire en termes d'enjeux pour le service achats en distinguant deux aspects :
  - la sensibilité : influence de la cible sur les décisions achats, de par leur positon hiérarchique ou le volume d'achat les concernant ;
  - la complexité : difficulté d'accès à la cible, à cause du niveau d'expertise de l'achat concerné ou du manque d'intérêt à court terme.

  Par ailleurs, il y a d'autres interlocuteurs à envisager que les « parties prenantes » (*cf.* outil 8) liées directement au processus achats :
  - la structure achats (collègues ou autres services achats de l'entreprise) ;
  - les fournisseurs ;
  - l'environnement achats externe (associations professionnelles, réseaux...).
- Le **message** peut être de quatre types suivant le but visé :
  - informer (message descendant) : entrée en vigueur d'une loi, par exemple ;
  - attirer l'attention : risques juridiques conséquents à cette loi ;
  - convaincre : importance des achats dans la gestion contractuelle de la relation fournisseur ;
  - faire agir : obtenir de l'information en retour, de la collaboration, passer par les achats avant de s'adresser aux fournisseurs...

Si le « signifié » du message correspond directement à l'objectif que vous visez, le signifiant, c'est-à-dire la forme du libellé, doit être adaptée à la cible, car on ne s'adresse pas de la même façon à un fournisseur qu'à un collègue.

Plus généralement en matière de communication avec vos interlocuteurs, pensez à leur culture, à leurs habitudes et demandez éventuellement conseil à la direction de la communication de votre entreprise.

Exemple de **Plan de communication relatif à l'importance du reporting au sein de tout le service achats**

Message	Destinataire (Cible)	Moyens (support)	Résultats attendus	Planning	Responsable (ou Emetteur)
Les reportings achats se formalisent	- Equipes achats	Grilles et tableau de bord	Appropriation des outils	02 à 04.2009	- Direction achats
La mise en place est décidée	- Directions opérationnelles	Annonce en Comité éxécutif	Lancement du projet	06.2009	- Direction Générale
Les caractéristiques et le processus du reporting sont établis	- Equipes achats	e-mailing formel + Intranet achats	Crédibilisation et action	11.2009	- Direction achats
Les règles de fonctionnement et de calcul sont définies	- Contrôle de gestion	e-mailing détaillé +Réunion	Crédibilisation et responsabilisation des acteurs	01.2010	- Managers achats - Acheteurs senior
S'améliorer tout en sécurisant	- Equipes achats - Contrôle de gestion	Ateliers de travail + Intranet partagé	Augmentation de la performance achat perçue	06 & 07.2010	- Managers achats - Acheteurs senior
Les achats apportent de la valeur Les achats maîtrisent leur métier	- Equipes achats - Contrôle de gestion - Directions opérationnelles	Séminaire + post casts sur Intranet entreprise	Confiance Légitimité Crédibilisation	12.2010	- Direction achats
Les fournisseurs stratégiques collaborent à la la performance	- Top 20 fournisseurs	Séminaire fournisseurs	Augmentation de la performance fournisseurs	06.2010	- Direction achats

• Commentaires

La direction achats de ce grand groupe manque de crédibilité et souffre de faible fiabilité des informations qu'elle doit faire remonter à la direction générale. Les acheteurs locaux et leurs managers sont peu zélés par ce genre de tâches « administratives ». Le directeur achats après investigations a décidé de mettre en place un plan de communication dont les sept étapes principales sont résumées ci-dessus.

On note qu'il n'a pas visé et impliqué que ses propres équipes mais également le contrôle de gestion, les autres directions de l'entreprise, les fournisseurs… Ce faisant, il a augmenté la confiance au sein de ses équipes et augmenté la crédibilité de toute la fonction tant en interne qu'en externe.

Ces actions ont couvert un spectre relativement large de modalités de communication, de la note de service au séminaire à l'extérieur de l'entreprise. Le budget total d'environ 80 000 € a été réparti sur deux exercices comptables, le projet s'étant étalé sur 17 mois. ■

Bibliographie

Belorgey P. & Mercier S., *La Boîte à outils du commercial*, Dunod, 2009.

Bourrelly R., *Mieux négocier*, Éditions d'organisation, 2007.

Bruel O, *Management des Achats : Décisions stratégiques, structurelles et opérationnelles*, Économica, 2007.

Fischer R. & Ury W., *Getting to yes, Negotiating Agreement without giving in*, Houghton Mifflin, Boston, 1981.

Perrotin R. & Soulet de Brugiere F., *Le manuel des achats*, Éditions d'Organisation, 2007.

Petit P., *Toute la fonction achats*, Dunod, 2008

Philippart M., Verstreate C. & Wynen S., *Collaborative Sourcing*, Presses universitaires de Louvain, 2005.

Rondot D., *Négocier avec la Process Com®*, Dunod, 2006.

Van Laethem N., *La Boîte à outils du responsable marketing*, Dunod, 2007.

Van Weele A., *Purchasing & Supply Chain Management: Analysis, Strategy, Planning and Practice*, Eyrolles, 2005.

Pour l'éditeur, le principe est d'utiliser des papiers composés de fibres naturelles, renouvelables, recyclables et fabriquées à partir de bois issus de forêts qui adoptent un système d'aménagement durable. En outre, l'éditeur attend de ses fournisseurs de papier qu'ils s'inscrivent dans une démarche de certification environnementale reconnue.

051820 - (I) - (2,2) - CSBM 100° - NOC-MPN
Dépôt légal : avril 2010
Imprimé en France par I.M.E. - 25110 Baume-les-Dames